ライブラリ ケースブック会計学 ③

ケースブック
財務会計

平野　智久　著

新世社

編者のことば
——事例で学ぶ会計学を目指して——

　会計学の講義や演習を担当された教員なら，生きた事例を引き合いに出して簿記の原理や財務諸表の説明をしたときに受講者の目が輝いたという体験を一度ならず，されたことと思う。「必要は発明の母なり」という諺の通り，実務の必要から生まれた知恵がちりばめられた事例には，学習・研究の意欲をそそるような題材が潜んでいる。

　ところが，これまで会計学の分野では，型通りの教科書はあっても，教科書で書かれた内容を裏付けたり，くつがえしたりする事例を系統立てて収集し，解説するというスタイルで編集された書物はほとんどない。そのため，会計学の講義や演習を担当する教員は，有価証券報告書や新聞雑誌記事のなかから，各テーマの教材にふさわしい事例を選び出し，プリントして配付するという作業に多大な労力を費やしておられることが多いように見受けられる。

　「ライブラリ　ケースブック会計学」は，こうした会計学の学習・教育の実状を念頭において，簿記・会計・監査の分野の中心的なテーマに関係する含蓄に富んだ事例を精選し，それぞれの事例を素材にして会計学の体系を説明するとともに，読者に学習・研究のヒントを提供することを目指したライブラリである。この意味で，本シリーズに収められた各書物は教える側のニーズと学ぶ側の興味にかなった新しいタイプの教科書といってよいであろう。また，本ライブラリの各巻の執筆者は，こうしたケースブックの編集に習熟された方々ばかりであり，複雑な事例を平易な語り口で解きほぐす手腕が存分に発揮されている。

　このシリーズに収録された各書物が，会計学の学習と教育にリアリティを注入することに寄与し，会計学を学ぶ楽しみを読者に伝えることができることを願っている。

醍醐　聰

はしがき

　筆者が初めて簿記・会計に触れて半年が経った頃，有形固定資産に係る減損の計算問題を練習していた時のことです。その教科書には模範解答および通り一遍の解説は記載されていましたが，いまひとつ納得できません。そこで講師の先生を訪ねたところ，曰く「計算ができているなら大丈夫だよ」――簿記の答案練習ならばたしかにそうですが，やはり理屈も（少しは）知っておきたいし，暗記に頼った詰め込み型ではいずれ限界がくる。「難解」な計算練習に飽きてしまい，やがて会計学そのものが嫌いになってしまったら…。そのような自身の体験を思い起こしながら，この1冊を纏めました。

　主な読者として，初級簿記を修得して会計学の世界に興味をもった大学生や，日常的に眺めている報道記事の背後にある会計理論を学びたい社会人が想定されています。大学生や社会人の学びには，「模範解答がない，あるいは解決策が複数ある問題に取り組む」といった特徴が挙げられます。初級簿記の講義中に**図表0-1**を示すと，(a)から(c)はもちろんのこと，説得的な論拠でもって(d)を選択する学生も現れます。正解の仕訳を探す作業も大切ですが，それぞ

図表0-1　無料券の簿記処理

【前提】H君はM社で軽食（チョコパイ（120円）と珈琲（100円））をとりました。ただし，珈琲の無料券を呈示したので，今回は現金120円を支払って精算しました。(1)から(4)までのそれぞれの状況におけるM社の仕訳を考えましょう。		
(1) 誰でも閲覧できるM社の公式ウェブページから入手した無料券が呈示された。 (2) 年会費を払っている定期会員に限定して送付した無料券が呈示された。 (3) H君がU社で買い物したレシートに，M社で利用できる無料券も印刷されていた。 (4) M社の株主優待券が呈示された。	(a)	（借）現金　　　　120　（貸）売上　120
^	(b)	（借）現金　　　　120　（貸）売上　220 　　　売上値引　100
^	(c)	（借）現金　　　　120　（貸）売上　220 　　　販売促進費　100
^	(d)	その他の仕訳

(出所) 筆者作成。

はしがき

れの仕訳がなぜ選択されるかを皆さんも想像してみてください。

本文には多くの図表を挿入していますが，文字を羅列するよりも理解しやすいと期待しているからです。同じ理由で，必要な箇所については（正則的な）仕訳を前面に押し出した論述となっています。ここでは仕訳を，財務諸表を作成するための手段を超えて，経済活動を表現する技法として捉えています。そのような考え方が研究にも教育にも有用と感じているからです。もちろん，各種検定試験に出題される一般的な仕訳と異なる場合にはその理由も示しました。もしも複数人で読む機会があるならば，「どうしてこのような仕訳になるのか。ほかにも理屈づけはできないだろうか」といった議論を戦わせることで，皆さん自身の納得できる論理が醸成されるかもしれません。

『ケースブック財務会計』と題する本書は，収益の会計（1-2章），費用の会計（3-6章），資産の会計（7-10章），資金調達の会計（11-14章），電力会社の会計（15章），から構成されています。それぞれ別個の事例を取り扱っているものの，各論点が独立していることは少なく，むしろ，他の箇所との結びつきを意識した学習が有効でしょう。そのように関連する領域については括弧内に示していますので，該当頁をあちらこちらへと渡り歩きながら理解を深めてください。本書で取り扱った事例の多くはただ一度ならず，似通った形でこれからもどこかで起こり得ます。その度に過去の事例との異同点を考えていただければ，著者冥利に尽きる思いです。

なお，執筆に際して，多数の文献や資料にあたっています。厳密な「引用」については鍵括弧を付して示しました。しかし，英文を翻訳する，元号を西暦に変換する，主旨を変えずに要約する，といったように手を加えた部分もあります。参照先を示していますので，皆さんにも原典を確認していただきたいと思います。また，過去の特徴的な事例を切り取って分析を加えた本書は，各社の現在の状況には言及できていませんし，まして各社の経営全般を鳥瞰しているものでもありません。これらの点については，くれぐれも留意していただきたいと思います。

「ライブラリ ケースブック会計学」第3巻の執筆者として推薦いただいた醍醐聰先生（東京大学名誉教授）には感謝の言葉もありません。笠井昭次先生

はしがき

（慶應義塾大学名誉教授）には講義のなかで会計学研究のおもしろさを手解きしていただきました。友岡賛先生（慶應義塾大学教授）からは本質に立ち返る姿勢を学んでいます。学会や研究会での報告原稿を随所に織り交ぜていますので，主宰者の先生方や会場で質問いただいた先生方にも御礼申し上げます。御園生晴彦氏ならびに彦田孝輔氏（株式会社新世社）には原稿の到着を辛抱強く待っていただき，そして本文を読み易く整えていただきました。さいごに，気の向く儘に研究室で過ごすことを許してくれた家族のお蔭で上梓できています，どうもありがとう。

　2018年3月，吾妻小富士に雪うさぎを探して。

平野　智久

目 次

1 収益の会計(1) ―いつ，いくら売り上げたのか―　　1

ケース1　架空売上はどうして計上されたのか　　2
── ミサワホーム九州株式会社

1.1　伝統的な収益認識 ……………………………………………………… 4
1.2　収益の測定および表示 ………………………………………………… 9
1.3　新しい収益認識の考え方 ……………………………………………… 15
ケース1の問題を考える …………………………………………………… 18
　　参照文献(19)

2 収益の会計(2) ―時価評価差額は損益計算に算入すべきなのか―　　21

ケース2　有価証券をいかなる金額で計上するか　　22
── 王子ホールディングス株式会社

2.1　有価証券の保有目的による区分 ……………………………………… 24
2.2　連結財務諸表 …………………………………………………………… 33
2.3　さまざまな利益概念 …………………………………………………… 35
ケース2の問題を考える …………………………………………………… 39
　　参照文献(39)

3 費用の会計(1) ―いつ仕入れた商品がどれほど残っているのか―　　41

ケース3　市況価格の変動は在庫評価に影響を及ぼすか　　42
── 出光興産株式会社

3.1　売上原価の算定 ………………………………………………………… 44
3.2　石油元売における売上原価 …………………………………………… 49
3.3　棚卸資産の期末評価 …………………………………………………… 51
コラム　投資の成果 ………………………………………………………… 56
ケース3の問題を考える …………………………………………………… 57
　　参照文献(59)

目　次

4　費用の会計(2)──現金支給額をもって「人件費」と解釈できるのか── 61

ケース4　未消化の年休は「人件費」に含まれるのか
　　　　　　──日本たばこ産業株式会社　62

- 4.1　現金で支給する人件費 …………………………………… 64
- 4.2　株式報酬型ストック・オプション ……………………… 68
- 4.3　年次有給休暇 ……………………………………………… 74
- コラム　人的資産会計 ……………………………………… 78
- ケース4の問題を考える …………………………………… 78
  - 参照文献(79)

5　費用の会計(3)──将来の損失に対してどのように対処するのか── 81

ケース5　受注した契約からの利益を期待できなくなった
　　　　　　──株式会社東芝　82

- 5.1　引当金会計の論理 ………………………………………… 83
- 5.2　収益認識にまつわる引当金 ……………………………… 87
- 5.3　収益の獲得には貢献しない損失に係る引当金 ………… 93
- コラム　特別修繕引当金の性格 …………………………… 96
- ケース5の問題を考える …………………………………… 98
  - 参照文献(98)

6　費用の会計(4)──長期にわたる負債は当期の損益計算に
　　　　　　　　　　　どのような影響を及ぼすのか── 101

ケース6　長期金利の下落が業績に水を差した
　　　　　　──大和ハウス工業株式会社　102

- 6.1　社　債 ……………………………………………………… 104
- 6.2　リース債務 ………………………………………………… 106
- 6.3　退職給付債務 ……………………………………………… 110
- 6.4　資産除去債務 ……………………………………………… 115
- コラム　動的貸借対照表論 ………………………………… 121
- ケース6の問題を考える …………………………………… 122
  - 参照文献(122)

目 次

7 資産の会計(1) ―資産の利用はどのように示されるのか― 125
ケース7　減価償却方法を変更する意図はどこにあるのか ――株式会社資生堂 126

7.1　減価償却の基本的な考え方 ……………………………………… 127
7.2　減価償却の方法 …………………………………………………… 131
7.3　会計上の見積り …………………………………………………… 135
7.4　減価償却と似て非なる考え方 …………………………………… 140
コラム　会計上の「真実」 …………………………………………… 142
ケース7の問題を考える ……………………………………………… 143
　　参照文献(143)

8 資産の会計(2) ―資産価値の下落（上昇）はどのように示されるのか― 145
ケース8　投資先の収益性を予測できるのか ――住友商事株式会社 146

8.1　有形固定資産の減損処理 ………………………………………… 148
8.2　減損処理後の会計処理 …………………………………………… 152
8.3　賃貸等不動産 ……………………………………………………… 155
ケース8の問題を考える ……………………………………………… 156
　　参照文献(159)

9 資産の会計(3) ―実態の見えづらい資産をどのように可視化できるのか― 161
ケース9　何をもって企業結合は成功なのか ――ソニー株式会社 162

9.1　無 形 資 産 ………………………………………………………… 163
9.2　企 業 結 合 ………………………………………………………… 167
コラム　開発費の資産性 ……………………………………………… 178
ケース9の問題を考える ……………………………………………… 179
　　参照文献(180)

目 次

10 資産の会計(4) ―法人税の「前払」は何を意味するのか― 183
ケース10 繰延税金資産の取崩が業績悪化に追い打ちをかける ――ワタミ株式会社 184

10.1 税効果会計 186
10.2 繰延税金資産の計上 190
10.3 繰延税金資産の回収 194
コラム 圧縮記帳 197
ケース10の問題を考える 198
 参照文献(199)

11 資金調達の会計(1) ―「資本」の大きさは何を表すのか― 201
ケース11 資本金を5億円に減らして目的は達成できたのか ――シャープ株式会社 202

11.1 純資産の部 203
11.2 増 資 207
11.3 減 資 211
コラム 資本金額と法人税務 214
ケース11の問題を考える 214
 参照文献(215)

12 資金調達の会計(2) ―何をもって株主還元といえるのか― 217
ケース12 儲けは株主にすべて還元した ――株式会社アマダホールディングス 218

12.1 剰余金の配当等 219
12.2 自社株買い 224
コラム 自己資本利益率(ROE)と総資産利益率(ROA) 229
ケース12の問題を考える 230
 参照文献(231)

目 次

13 資金調達の会計（3）—負債と資本との再構成は何を意味するのか— 233
ケース13　何が自己資本利益率の改善をもたらしたか——カシオ計算機株式会社　234

- 13.1　シャープ株式会社における資本政策 …… 235
- 13.2　債務の株式化がもたらす効果 …… 239
- 13.3　リキャップCB …… 242
- コラム　最適資本構成 …… 246
- ケース13の問題を考える …… 246
  - 参照文献（247）

14 資金調達の会計（4）—資金効率を改善する方策はあるのか— 249
ケース14　増収増益でも経営危機に直面した——江守グループHD株式会社　250

- 14.1　キャッシュ・フロー計算書 …… 252
- 14.2　キャッシュ・フロー計算書の活用 …… 259
- コラム　電子記録債権 …… 263
- ケース14の問題を考える …… 264
  - 参照文献（265）

15 電力会社の会計—その特殊性をどのように理解すればよいのか— 267
ケース15　企業外部の規制を受けて原発の廃止を決定した——中国電力株式会社　268

- 15.1　電力会社における会計の役割 …… 269
- 15.2　資産除去債務会計との関係 …… 277
- 15.3　自由化を見据えた電力会社の会計 …… 281
- コラム　特別法上の引当金 …… 283
- ケース15の問題を考える …… 284
  - 参照文献（285）

索　引 …… 287

収益の会計(1)
―いつ，いくら売り上げたのか―

●**本章のポイント**●
❶ 商品の販売に際して，どの時点でいくらの「売上」を計上するかを考えます。
❷ 会計と監査との関係に着目し，監査人の役割について考えます。

架空売上はどうして計上されたのか
――ミサワホーム九州株式会社

　保有している総資産額や雇用している従業員数など,「企業の規模」を捉えるさまざまな目安があります。有価証券報告書の冒頭には「主要な経営指標等」が示され,多くの場合には筆頭に「売上高」が掲げられています。どのような業種であれ売上高の推移は企業を取り巻く利害関係者にとって重要な関心事となることから,売上高を伸ばすことに経営者は腐心します。そのようななかで,日本経済新聞2006年12月19日(朝刊) 11面に「ミサワ九州,不正会計6年で726棟,年明けにも上場廃止へ」という記事が掲載されました。

> 　ミサワホームホールディングスは18日,子会社のミサワホーム九州の会計処理問題で,過去6年間に販売した4,598棟のうち,16%に相当する726棟を前倒しで売り上げ計上していたと発表した。ミサワ九州が2004年3月期から実質債務超過だったことも指摘。福岡証券取引所は年明けにもミサワ九州を上場廃止にする見通しだ。

　この発表から4ヵ月後に同社が国土交通省へ提出した「改善計画書」では,売上高の前倒し計上による影響額が示されています(図表1−1)。前倒し計上した売上高は1〜3%でも経常利益への影響は小さくなかったこと,2003年度以降に負の純資産(いわゆる,債務超過)となっていた事実は開示されていなかったことが読み取れます。「債務超過の回避や配当財源の確保を意図してなされたものではありませんが,売上を先行計上したことにより多大な影響を及ぼすこととなりました」と説明されています(ミサワ九州[2007]1.(3))。

　不適切な会計処理を用いて企業の財政状態や経営成績を実態よりも良好に見せる行為を「粉飾」といいます(実態よりも低調に見せる「逆粉飾」

● 図表1-1　ミサワホーム九州株式会社（連結）における決算の訂正内容（一部）

(単位：百万円)

	2001年度		2002年度		2003年度		2004年度		2005年度	
	訂正前	訂正後	訂正前	訂正後	訂正前	訂正後	訂正前	訂正後	訂正前	訂正後
売上高	29,305	28,885	26,806	26,038	22,916	22,548	21,065	20,616	25,061	24,357
経常利益	168	87	250	55	80	△156	△293	△357	265	151
当期純利益	△692	△1,142	13	△701	△55	△399	△874	△549	155	△141
純資産	1,508	1,028	1,453	249	1,382	△137	429	△753	659	△820

(出所) ミサワ九州［2007］にもとづき，筆者作成。

もあります）。たとえば，「売上高を現状より伸ばさないと金融機関から追加の融資が受けられない」「会計数値を少し操作するだけで従業員とその家族の生活を失わせずに済みそうだ」といった状況におかれた経営者に対して，どのような説得ができるでしょうか。

　問　題

❶　商品を販売する，あるいは継続的に役務を提供するといった場合に，どの時点で収益を認識することができるでしょうか。
❷　取引の当事者か，あるいは代理人か，といった線引きは，損益計算書にどのような影響を及ぼすでしょうか。

　用　語

売上高　　　収益認識　　　現金主義　　　発生主義　　　実現主義
工事契約　　販売促進費　　消化仕入取引　履行義務の充足
不正経理　　会計監査

1.1 伝統的な収益認識

営業収益の意義

　企業の経営成績を示す損益計算書の構造は，単純化すれば「収益－費用＝利益」となります。収益の大部分は商製品の販売や役務の提供といった企業の経済活動の成果たる売上高（営業収益）です（金融収益については，2章で取り上げます）。収益は利益の増加要因であり，経営者の使命は利益を追求すること，とはいえ，商製品の単価を上げることも販売個数を増やすことも容易ではありません。極端な増収を目標に据える経営者も一部に存在しますが，過度な「売上至上主義」に傾いた結果として不正経理（粉飾）に発展した事例も少なくありません。売上高や利益の数字に目が眩み，その前提としてあるはずの「顧客満足」やそれを支える「取引先」「従業員」を忘れた経営体質となれば，長い時間をかけて徐々に培った老舗としての暖簾をあっという間に潰すことにつながりかねません。

　また，現在ではひとつの企業が複数の事業に携わっていたり，世界各地へ販売網を広げていたりと，損益計算書の売上高だけをみていても経営成績を判定しづらくなっています。マツダ株式会社は2015年度に，米国発の世界的な金融危機が実体経済へ波及した2008年度以降で最高の連結売上高（34,066億円）を計上しました。その翌年度は全世界での販売台数が前期比1.6％増と伸びた一方で，売上高は5.6％減となっています（図表1-2）。単純計算で国内生産の約8割を海外で販売していると読み取れます。為替予約を実施しているとはいえ，それだけ為替相場の変動を受けやすいともいえるでしょう。

　在外子会社での収益について，同社では期中平均相場により円貨に換算しています。2016年度は海外での販売台数が増加したにもかかわらず，円高傾向にあった為替相場のため，換算後の売上高は減少しています。国内の業績については，他社との競合等による販売台数の減少の一方で，新型車の好調な滑り出しにより売上高は微増したようです。ただし，2016年度の売上高32,143億円には車両売上高26,582億円のほかに部品売上高2,364億円や海外生産用部品829億

● 図表1-2　マツダ株式会社（連結）における市場別の生産および販売状況

	生産台数（千台）		販売台数（千台）		売上高（億円）[*1][*2]	
	2015年度	2016年度	2015年度	2016年度	2015年度	2016年度
日本	989	965	232	203 （−12.5％）	10,163	10,182 （＋0.2％）
北米	213	195	438	429 （−2.1％）	11,575	10,731 （−7.3％）
欧州	—	—	257	262 （＋1.9％）	6,750	5,896 （−12.7％）
その他の地域	—	—	607	665 （＋9.6％）	5,578	5,335 （−4.4％）
合計	1,202	1,160	1,534	1,559 （＋1.6％）	34,066	32,143 （−5.6％）

（＊1）金額には，消費税等は含まれていません。
（＊2）2016年度の売上高32,143億円のうち，車両売上高は26,582億円と開示されています。

(出所) 同社の有価証券報告書にもとづき，筆者作成。

円なども含まれており（**図表1-2**，＊2），（車両の）販売台数と（全体の）販売金額とを単純に比較する意義は小さいかもしれません。

みっつの考え方

　伝統的な収益認識の考え方は，「すべての費用及び収益は，その支出及び収入に基づいて計上し，その発生した期間に正しく割当てられるように処理しなければならない。ただし，<u>未実現収益</u>は，原則として，当期の損益計算に計上してはならない」という企業会計原則の定めに表れています（BAC [1982] 第二，一，A）。すなわち，収入額を測定の基礎とはするものの，収入のあった期に損益計算書に計上するとは限りません。貴金属の採掘や長期の請負工事など，将来の販売がほぼ確実であり，またその価格が固定ないし安定的であれば，商製品の生産段階で収益を見積計上する<u>発生主義</u>の考え方があります（**図表1-3，a**）。その一方で，割賦契約のように売上債権の回収が長期にわたる場合には，回収できた分だけ収益とする<u>現金主義</u>の考え方もあります（**図表1-3，c**）。しかし，かような特殊な業種や契約を除いて，「経済活動の成果が客観的に確実といえる状態」の一般化を試みたところ，(i)引渡要件「商製品を相手に引き渡した」，(ii)対価要件「現金又は現金等価物を受け取った」，という2要件を満た

図表1-3　資本循環と収益認識

現金 ─────→ 原材料*1 ─────→ 商製品 ─────→ 売上債権 ─────→ 現金′ ──── （以降略）
　（購買）　　　　　　↑　　　　　　　↑　　　　　　　↑
　　　　　　　　　(a)生産基準　　(b)販売基準　　(c)回収基準
　　　　　　　　　（発生主義*2）　（実現主義）　（現金主義*3）

（＊1）卸・小売業やサービス業には「原材料の調達」はありませんが，基本的な思考は同じです。
（＊2）原材料から商製品に至るまでの瞬間々々に「経済価値が徐々に増加していく」様を収益の発生と観念します。
（＊3）売掛金や受取手形といった売上債権と交換した「現金預金の流入」をもって収益と捉える考え方です。

（出所）筆者作成。

した時点で収益を認識する実現主義の考え方が，企業会計原則では定められています（図表1-3，b）。

　実現主義はいわば発生主義と現金主義との「折衷」のために，広狭の解釈があり得ます。一般的には，在庫商品を引き渡した段階で，代金を受領する権利を得ていれば（あるいは，すでに受領していれば），それを「実現した」といいます。もっともわが国では，物品が継続的に出荷されるような取引を前提として，(1) 出荷日と顧客への引渡日との差がほとんどないこと，(2) 顧客にとって物品の検収作業が重要なものではないこと，などを主な根拠に出荷日をもって収益を認識しています（JICPA [2009] 124頁）。かような取引は実践上の簡便法であって，理論的には叙上の2要件を完全に満たす検収日に認識すべきと解されます。ただし，特注品のように代替が容易でない場合を除けば，顧客の手許に商製品が到着した納品日でも2要件を満たしていると考えられます。

長期の請負工事

　2007年12月に企業会計基準委員会（ASBJ）より公表された「工事契約に関する会計基準」では，工事の進行途上においても，その進捗について成果の確実性が認められる場合には工事進行基準を適用することが要請されています（ASBJ [2007] 9項）。「成果の確実性が認められる」ための要件としては，(a) 工事の完成見込が確実なこと，(b) 当該工事についての対価の定めがあること，(c) 工事原価の事前の見積と実績とを対比することで，適時・適切に工事原価総額が見直されること，が挙げられています（ASBJ [2007] 10, 11, 12項）。この場合には，工事収益総額，工事原価総額および決算日における工事進捗度

を合理的に見積り，これに応じて当期の工事収益および工事原価を損益計算書に計上します（ASBJ [2007] 14項）。つまり，進捗に応じて経済価値が増加したとみなす発生主義の考え方がみられます（設例1-1，A）。

他方で，成果の確実性が認められない場合には工事完成基準を適用します。すなわち，工事が完成し，目的物を引き渡した時点で工事収益および工事原価を損益計算書に計上することから（ASBJ [2007] 18項），実現主義の考え方も残っているといえます（設例1-1，B）。

〔設例1-1〕 当社（12月末決算）の請負工事に関する資料にもとづいて，20X2年度における工事収益および工事原価を，(A) 工事進行基準を適用した場合，(B) 工事完成基準を適用した場合，のそれぞれについて計算してみましょう。

（単位：百万円）

	請負価額	当初の工事原価見積額	実際の工事原価累計額		完成予定期日
			20X1年度末	20X2年度末	
工事P	500[*1]	400	340	400	20X2年3月
工事Q	1,050[*1]	900	450	840[*2]	20X3年6月
工事R	800[*3]	640	—	160	20X3年12月

（*1）工事が完成し，目的物を引き渡したら，契約金額を一括で受け取る契約となっています。
（*2）資材の高騰により，20X2年度末に工事原価見積額を1,000百万円に見直しました。
（*3）20X2年7月に請負契約を結んだ際，代金の一部270百万円を受け取っています。

工事進行基準を適用する場合には，決算日までに実施した工事に関して発生した工事原価が工事原価総額に占める割合をもって決算日における工事進捗度とする原価比例法などが採用されます（ASBJ [2007] 6(7)項）。たとえば，工事Pに係る工事進捗度は20X1年度末での工事原価累計額340百万円を用いて85％と計算されることから，20X2年度の工事収益は500×(100-85)％＝75百万円となります（図表1-4，*2）。

当期末に工事原価見積額を見直した工事Qは840÷1,000＝84％まで進捗したとみなし，工事収益は1,050×(84-50)％＝357百万円となります（図表1-4，*3）。工事進行基準では，見積りの変更がなされた期にその影響額のすべてを損益として処理します（ASBJ [2007] 58項）。見直し後の工事原価見積額（販

● 図表1-4　設例1-1に関する工事収益および工事原価

(単位：百万円)

	(A) 工事進行基準			(B) 工事完成基準		
	工事P	工事Q	工事R	工事P	工事Q	工事R
完成工事高（工事収益）*1	75*2	357*3	200	500	—	—
完成工事原価	60	390	160	400	—	—
工事利益*4	15	△33	40	100	—	—
未成工事支出金（累計）				—	840	160
未成工事受入金	—	—	70			270
完成工事未収入金*5（累計）	—	882	—			

(*1) 工事進行基準の場合には「進行工事高」と別建処理するほうが有用, との見解もあります（近田[2017] 63頁）。
(*4) 「工事利益」としては損益計算書に表示されません。
(*5) 法的な債権とはいえませんが, 会計上は金銭債権として取り扱われます（ASBJ[2007] 59項）。

(出所) 筆者作成。

売直接経費も含める）が工事収益総額（請負価額）を超過する場合には工事損失引当金（図表5-6）を計上します（ASBJ[2007] 19-20項）。工事原価見積額によって工事進捗度が左右され，ひいては工事収益の金額を決定することから，財務諸表の虚偽表示が生じる危険も相対的に高くなると考えられます。

工事Rに係る工事進捗度は160÷640＝25％ですので工事収益は200百万円となります。契約締結時に270百万円を受け取っているため，差額70万円を負債として計上します。

これに対して，工事完成基準を適用した場合には，20X2年度に完成した工事Pに係る工事収益500百万円および工事原価累計額400百万円が一括で損益計算書に計上されます。工事Qおよび工事Rに係る工事原価（840－450）＋160＝550百万円は「未成工事支出金」などの勘定科目を用いて貸借対照表に資産として計上しておきます。工事Rに係る「未成工事受入金」も270百万円全額を負債として計上する点が工事進行基準とは異なります。

なお，「工事契約に関する会計基準」における「工事契約」とは，仕事の完成に対して対価が支払われる請負契約のうち，土木，建設，造船や一定の機械装置の製造など，基本的な仕様や作業内容を顧客の指図にもとづいて実施するものを指しており，受注制作のソフトウェアについても準じた取扱がなされます（ASBJ[2007] 4, 5項）。

1.2　収益の測定および表示

収益の測定

収益の測定について，わが国における実践では実現主義の(ii)対価要件にもとづき，「取引当事者間で事実上合意された値引きや割戻しを考慮した後の対価として受領する現金又は現金等価物その他の資産の額で測定される」と整理されています（JICPA [2009] 13頁）。

〔設例1-2〕　当社は20X1年度に通常売価1,000百万円の商品を販売しました（粗利益率70％）。決済手段の内訳は売掛金400百万円，電子マネーやクレジットカード決済600百万円（加盟店手数料は便宜上，取引金額の3％とする）であり，期末時点で100百万円が未回収とします。

● 図表1-5　設例1-2に関する簿記処理とその含意

商品引渡時	(A-1) 一般的な簿記処理	(借)各種売掛金　982 　　　支払手数料　　18	(貸)売上　1,000	支払手数料の相手勘定は，売上の発生とみています[*1]。
	(A-2) 本書の理解	(借)各種売掛金　1,000 (借)支払手数料　　18	(貸)売上　1,000 (貸)各種売掛金　18	支払手数料の相手勘定は，売掛金の減少とみています。
	(B) 売上原価	(借)売上原価　　300	(貸)商品　300	売上原価対立法[*2]の場合です。
(C) 対価のCash化		(借)現金預金　　882	(貸)各種売掛金　882	何らの損益も生じません。

（*1）本来的には，費用の発生と収益の発生との結合関係は成立しないと考えられます（安平 [2007] 45頁も参照）。
（*2）売上原価対立法による記帳では，商品を販売する都度，売上原価を算定します。この処理法によっても，決算整理仕訳の一環として，棚卸減耗や在庫商品の価値下落に係る仕訳は必要となります（3章）。

（出所）筆者作成。

現金や小切手による決済には対価の額に問題は生じません。しかし各種カード決済には取引金額に応じた手数料がかかり，直接的には加盟店が負担します。すなわち，数日から1ヵ月後に手数料を差し引いた金額が口座に振り込まれま

すので，商品引渡時の段階で取引金額1,000百万円すべてが入金されないことは判明しています。とはいえ，一般的には企業の経済活動において最も努力を要する「販売」の段階は完了しているといえるでしょう。そのため，受領した現金等価物（各種売掛金）の全額を収益として認識したうえで，支払手数料に相当する金額を即時に貸記しています（**図表 1 - 5**，A- 2）。売上債権の増減が省略されているとみることで，各勘定への記録の意味を合理的に説明することができそうです。

なお，売上債権は「現金又は現金等価物」には含まれる一方で，キャッシュ・フロー計算書（14章）を作成するための資金概念である「現金及び現金同等物」には含まれておらず，両者は明確に異なります。とはいえ，「対価として受領したならば現金又は現金等価物に該当する」といえるのか。すなわち，非上場株式や仮想通貨など，何が「現金等価物」の範囲に含まれるかは議論の余地がありそうです。

〔**設例 1 - 3**〕 当社は開店10周年を記念した特売のため，本日に限り，購入金額 1 万円以上の顧客には現金精算時に籤（その条件は 1 等ならば当社が全額負担， 2 等ならば当社が 3 割負担）を引いてもらいました。総売上高2,000千円（粗利益率70％）でしたが，これには 1 等50千円分および 2 等400千円分が含まれていたため，実現金収入は1,830千円でした。

図表 1 - 6　設例 1 - 3 に関する簿記処理とその含意

(A)一般的な簿記処理	(A-1) 1 等	(借)販売促進費　　　　50	(貸)売上　　　　50	費用の発生と収益の発生との結合がみられます。税務を念頭に置いた仕訳，ともいえるでしょう[2]。
	(A-2) 2 等	(借)現金預金　　　　280 　　販売促進費[1]　120	(貸)売上　　　400	
	(A-3)空籤	(借)現金預金　　　1,550	(貸)売上　　　1,550	
(B)本書の理解	(B-1) 1 等	(借)売掛金　　　　　50 (借)販売促進費　　　50	(貸)売上　　　　50 (貸)売掛金　　　50	すべての籤について，売掛金の増加を擬制した「売上」を認識することで，企業の販売努力を示しています。 販売促進費は，籤により代金を回収できなかった部分とみています[3]。
	(B-2) 2 等	(借)売掛金　　　　　400 (借)現金預金　　　　280 　　販売促進費　　　120	(貸)売上　　　400 (貸)売掛金　　　400	
	(B-3)空籤	(借)売掛金　　　1,550 (借)現金預金　　　1,550	(貸)売上　　　1,550 (貸)売掛金　　1,550	

(＊1) 決算整理仕訳において販売促進費を売上値引へ振り替える，という見解があります（新日本[2011] 5頁）。
(＊2) 実質課税の原則にもとづき，低廉譲渡について他者への経済的利益の供与として扱います（鈴木[2008] 38頁）。
(＊3) 将来的に売上勘定と相殺することはありませんが，「販売促進費」を売価計上している点が課題となります。

(出所) 筆者作成。

いわゆるリベートは「顧客との販売条件の決定時に考慮されていれば，実質的には販売価額の一部減額，売上代金の一部返金という性格を有すると考えることができるため，顧客に対する販売促進費等の経費の補填であることが明らかな場合を除き，売上高から控除することが適切と考えられる」とされています（JICPA [2009] 35頁）。しかし，JICPA [2009] による整理のとおり「値引きや割戻しを考慮した後の対価として受領する現金」の額を用いた記帳では，1等の場合に「仕訳なし」となりかねません（図表1-6，A-1）。無償で払い出したという事実から，原価率30％を乗じた[（借）販売促進費 15 （貸）商品 15] も考えられますが，顧客の引いた籤によって簿記処理がバラバラとなってしまう，との疑問は残ります。

代替案として，収益の認識は商製品の販売という経済活動の（直接的な）成果として捉え，対価のCash化とは切り離すという考え方はどうでしょうか。たとえ設例1-3のような現金取引であっても，売掛金の増減を擬制することですべての籤について統一的な説明が可能となります（図表1-6，B）。裏表として，販売促進費は顧客が引いた籤の結果として現金預金が流入しなかった部分とみることになります。

かような考え方を用いると，「現金9,800円と引き換えに額面10,000円分の商品券を発行した」といった取引についても合理的な説明が可能となるように思われます。「おまけ」付きの商品券を発行しただけでは販売活動とは関係がなく，敷衍すれば，売上（収益）に結びついてこその販売促進費（費用）ではないでしょうか（図表1-7，B案）。

総額表示か純額表示か

市場販売目的のソフトウェア取引などを除いて，損益計算書における収益の

● 図表1-7　現金受入額と商品券の額面とが異なる場合の簿記処理

(前提) 現金9,800円と引き換えに額面10,000円分の商品券を発行した。後日に10,000円分の商品を販売した。

(A案)	(A-1) 発行時	(借)現金　　　　9,800　(貸)商品券　10,000 　　販売促進費　　200	商品券の発行だけでは収益を認識しません*。
	(A-2) 商品引渡時	(借)商品券　　10,000　(貸)売上　　10,000	
(B案)	(B-1) 発行時	(借)現金　　　　9,800　(貸)商品券　　9,800	商品券は使用されて初めて，額面額が意味をもつ，という見方です。
	(B-2) 商品引渡時	(借)売掛金　　10,000　(貸)売上　　10,000 (借)商品券　　　9,800　(貸)売掛金　10,000 　　販売促進費　　200	

(＊)「収益あってこその費用」という考え方を費用収益対応の原則といいます (図表3-3)。

(出所) 筆者作成。

表示に関する定めはありませんでした。たとえば小売業の場合，生産者と消費者とを仲介するだけなのか，商製品の売買に直接的に携わっているかは事業の実態として大きく異なりますが，その表示方法については各企業に委ねられています。洋服や雑貨などを扱う電子商取引 (EC) サイト「ZOZOTOWN」を運営する株式会社スタートトゥデイは，各ブランドと消費者とを仲介する受託ショップと，直接的に商品を売買する買取ショップおよびZOZOUSEDとについて，会計処理を峻別しています (図表1-9)。ただし，損益計算書の「売上高」では各事業における成果を合算した結果のみが示されています (図表1-8)。

図表1-8の事例では「受託ショップ」の会計処理として，「基本的なマーチャンダイジングをテナント側が実施する」「受託販売形態であるため当社が在庫リスクを負担しない」といった理由から，商品取扱高に手数料率を乗じた「受託販売手数料」のみを売上高として計上する純額表示が採用されています (図表1-9，b)。すなわち，「委託販売で手数料収入のみを得ることを目的とする取引の代理人のように，一連の営業過程における仕入及び販売に関して通常負担すべきさまざまなリスク (瑕疵担保，在庫リスクや信用リスクなど) を負っていない場合には，収益の総額表示は適切でない」といったソフトウェア取引に係る整理と符合しています (ASBJ [2006] 4項)。

百貨店などでは，テナントが顧客に商品を販売した時点で売上と仕入とを同時に計上する消化仕入取引の慣行がみられます。すなわち，店頭で陳列されて

● 図表1−8　株式会社スタートトゥデイ（連結）における2016年度の事業別業績および連結損益計算書

	商品取扱高	構成比(%)	売上高
ZOZOTOWN事業			
（受託ショップ）*1	191,903	90.5	55,253
（買取ショップ）*2	193	0.1	193
（ZOZOUSED）*2	12,875	6.1	12,875
その他事業			
（BtoB，フリマ）	7,118	3.3	1,338
（付随した事業）	—	—	6,731
合計	212,090	100.0	76,393

連結損益計算書（一部）	
売上高	76,393百万円
売上原価	7,148
売上総利益	69,244
返品調整引当金戻入額*3	54
返品調整引当金繰入額*3	85
差引売上総利益	69,213
販売費*4	23,989
（以下略）	

（＊1）ECサイト「ZOZOTOWN」に各ブランドがテナント形式で出店します。各ブランドの掲載する商品を同社の物流拠点に受託在庫として預かり，販売しています。
（＊2）各ブランドから商材を仕入れ，または個人ユーザー等から中古商材を買い取り，自社在庫として販売します。
（＊3）顧客の求めに応じて商品を買い戻す特約を結んでいる場合に，返品調整引当金を設定します。
（＊4）ポイント販売促進費，業務委託費，荷造運搬費，代金回収手数料，広告宣伝費を合計しています。

（出所）第19期有価証券報告書にもとづき，筆者作成。

● 図表1−9　図表1−8の事例に関する簿記処理（ZOZOTOWN事業のみ，推定）

(a) 当事者取引	(借)売掛金　　　　13,068　(貸)売上　　　　　13,068百万円 (借)売上原価　　　　7,148　(貸)商品　　　　　　7,148	買取ショップおよびZOZOUSEDの合算です。
(b) 代理人取引	(借)現金預金*1　　191,903　(貸)受託販売*1　　191,903 (借)受託販売　　191,903　(貸)受託販売手数料　55,253 　　　　　　　　　　　　　　　　現金預金　　　　136,650	受託ショップに係る債権債務が生じていないと仮定しています*2。

（＊1）同社はインターネット上の通販事業者であり，現金取引は僅少と考えられますが，便宜的に設けています。
（＊2）実際には，たとえば2016年度末に受託販売預り金11,536百万円が流動負債として掲記されています。

（出所）筆者作成。

いる商品に係る権利はテナント側にあり，百貨店側には在庫リスクがないことを根拠としています。それまで総額表示を採用していても，国際的な会計基準（International Financial Reporting Standards，以下，IFRSs）の任意適用に関係なく，会計方針を変更する企業が現れています。

　株式会社丸井グループは2015年度より，小売・店舗事業における消化仕入取引に関して，利益相当額のみを計上する純額表示へ変更しています（図表1−10）。会計方針の変更を遡及適用した2014年度は「売上高」から「売上収益」へ営業収益は155,100百万円減少していますが，売上原価も同額減少させるこ

● 図表1-10 株式会社丸井グループ（連結）における営業収益の開示例

(単位：百万円)

	2012年度	2013年度	2014年度	2015年度
売上高	407,366	416,460	404,947	—
売上収益*	—	—	249,847	245,867

(*) 消費環境の変化に対応するため、中期経営計画に基づき仕入販売を中心としたビジネスモデルを転換し、丸井独自のショッピングセンター型の店づくりに取り組んでおりますが、この取り組みをさらに本格的に進めるうえで、中期経営計画の進捗を測る経営成績をより適切に表示し、売上高の経営指標としての有用性をより高めるために上記の変更をおこなっています。

(出所) 同社の有価証券報告書にもとづき、筆者作成。

とから、各段階での利益に影響は及びません。同様の事象はIFRSsを任意適用した企業において散見され、たとえば図表4-1の事例では「たばこ税相当額」を売上高および売上原価から控除した結果、見かけ上の営業収益が約5分の2にまで減少しています。

図表1-10の事例では2018年度までに消化仕入取引そのものを廃止し、売場区画ごとに賃貸借契約を結ぶ定期借家契約に切り替える計画が進んでいるようです。テナントとの契約によっては百貨店が当事者に該当することもあり得ますが、実態として在庫リスクや販売価格の決定権などがテナントに残っているのであれば、百貨店は代理人取引として処理すべきと考えられます。「そもそも、百貨店業界は、業界序列を売上高の順に考える伝統を持っていたため、テナント売上も無条件で百貨店本体の売上に加算しようとする傾向にある」といった評価もみられますが（佐々木［2016］8頁）、既存の百貨店像から新しい姿へ転換していく様をいち早く会計処理においても示した事例といえるのかもしれません。

〔設例1-4〕 当社は20X2年度に500百万円の商品を仕入れ、600百万円ですべて販売しました。消費税を8％とし、便宜的にすべて現金取引だった場合の仕訳を考えましょう。

これまでの設例では言及しませんでしたが、国内において事業者が事業として対価を得ておこなう資産の譲渡や役務の提供は消費税（国税）および地方消費税（以下、消費税等）の対象となります。免税事業者など一部を除き、多く

● 図表 1-11　設例 1-4 に関する簿記処理

	(a) 税抜方式	(b) 税込方式
仕入時	(借)商品　　　　500　(貸)現金　　　540 　　　仮払消費税等　40	(借)商品　　　　540　(貸)現金　　　540
販売時	(借)現金　　　　648　(貸)売上　　　600 　　　　　　　　　　　　仮受消費税等　48 (借)売上原価　　500　(貸)商品　　　500	(借)現金　　　　648　(貸)売上　　　648 (借)売上原価　　540　(貸)商品　　　540
期末	(借)仮受消費税等　48　(貸)仮払消費税等　40 　　　　　　　　　　　　未払消費税等　　8	(借)租税公課　　　8　(貸)未払消費税　　8

(出所）筆者作成。

の企業では税抜方式で処理しています（ASBJ［2017a］26項）。または，取引時点では税込方式を採用し，期末に税抜方式へ修正している企業もあるかもしれません（JICPA［1989］第3，Ⅲ）。将来に予定されている消費増税時に，生活必需品の消費税率を現行に据え置く軽減税率が導入されれば，ひとつの取引に複数の税率が混在することが考えられます。事業者が商品ごとの消費税率を記録する「税額票」の導入も勘案すると，取引時点から税抜方式を採用する合理性が高まるように思われます。

1.3　新しい収益認識の考え方

収益を認識するための5段階

　わが国で初めての，営業収益の認識に関する包括的な「会計基準（案）」が2017年7月に公表されました。財務諸表間の比較可能性を担保するため，2014年5月に国際会計基準審議会（IASB）より公表された IASB［2016］の基本的な原則をすべて取り入れることが基準開発の出発点となっています。また，比較可能性を損なわせない範囲で，わが国におけるこれまでの実務等に配慮した「代替的な取扱い」が追加されています（ASBJ［2017b］91項）。

　約束した財またはサービス（以下，物品役務）の顧客への移転について，それと交換に企業が権利を得ると見込む対価の額で収益認識を描写する，という

● 図表1-12　収益を認識するための5段階

(1) 顧客との**契約**を識別する。	(a) 書面や口頭，取引慣行などで顧客と合意する，(b) 各当事者の権利や支払条件を識別できる，(c) 対価の回収可能性が高い，などの要件を満たす必要があります。
(2) 契約における**履行義務**を識別する。	取引開始日に，顧客と約束した物品役務が「別個」なのか「一連」なのかを評価し，顧客に移転する約束のそれぞれについて**履行義務**として識別します。
(3) **取引価格**を算定する。	第三者のために回収する額を除き，(a) 変動対価，(b) 重要な金融要素，(c) 現金以外の場合，(d) 顧客への支払，といった条件も調整したうえで算定します。
(4) 契約における履行義務に**取引価格を配分**する。	約束した別個の物品役務について，それらを**独立販売価格**（独立に販売した場合の価格）の比率にもとづいて，それぞれの履行義務に取引価格を配分します。
(5) **履行義務の充足**に伴い，**収益**を認識する。	企業が義務を履行するにつれて，(a) 顧客は便益を享受する，(b) 顧客は物品役務を支配できる，(c) 企業は対価を収受する強制力のある権利を有する，といった状況であれば**一定の期間**にわたり，そうでなければ**一時点**で，収益を認識します。

（出所）ASBJ［2017b］14項にもとづき，筆者作成。

基本原則が定められました（ASBJ［2017b］13項）。そのためには幾つかの段階を経る必要があります（**図表1-12**）。

〔設例1-5〕 当社（12月末決算）は甲機械装置の販売および当該機械装置に係る5年間の維持保守について，20X1年11月1日付で契約を締結しました。甲機械装置は16,000千円，維持保守は4,000千円（年間800千円）が定価のところ，当社は契約金額18,000千円を一括で受領し，顧客は11月1日より使用を開始しています。消費税等は考慮しません。

20X1年11月：（借）現金預金　　18,000　（貸）機械装置売上　　14,400
　　　　　　　　　　　　　　　　　　　　　　契約負債　　　　　3,600
20X1年12月：（借）契約負債　　　　120　（貸）維持保守役務収益　　120
20Xt年12月：（借）契約負債　　　　720　（貸）維持保守役務収益　　720
20X6年10月：（借）契約負債　　　　600　（貸）維持保守役務収益　　600

これまでの収益認識に係る簿記処理では見慣れない「**契約負債**」勘定は，少なくとも**設例1-5**の限りでは，これまでの「前受金」と同様に取り扱ってよい

でしょう。厳密には，物品役務を顧客に移転する企業の義務に対して，企業が顧客から対価を受け取ったもの，または対価を受け取る期限が到来しているものを指します（ASBJ［2017b］10項）。

設例1－5では，20X1年11月に一括で受領した18,000千円を機械装置販売と維持保守役務との独立販売価格により配分します（**図表1－12，(4)**）。前者に係る収益14,400千円は機械装置売上として一時に認識します。それに対して，後者に係る収益3,600千円はいったん「契約負債」としておき，契約期間5年にわたり時の経過に応じて各期末に収益へ振り替えます。

旧実践との異同点

ASBJ［2017b］が出発点としたIASB［2016］は，その成立までに10年超の歳月をかけており，その間の議論には大きな揺れ動きと振り戻しがみられました（たとえば，角ヶ谷［2015］；松本［2015］）。結論的には収益の認識について少なくとも表面的には大きな転換はありませんが，収益の測定については細かな定めが設けられています。

売上値引や割戻については，支払の可能性が高まった時点で販売費とする実践がみられました。これらは取引価格の事後的な修正（**図表1－12，(3)a**）であり，収益から直接に減額されます。優良顧客に対してポイントなどの特典を付与する制度についても，取引価格の算定において調整され（**図表1－12，(3)d**），引当金を計上する余地はなさそうです（**図表5－4**）。

売上に係る消費税等についても，顧客から預かった分を国などへ納めることから取引価格には含まれません（**図表1－12，(3)**）。したがって，これまでの税込方式は採用できず，取引時点から税抜方式（**図表1－11，a**）に一本化されるでしょう。

商製品への支配が顧客に移転した時点で収益を認識することから，割賦販売における回収基準（**図表1－3，c**）は適用できなくなります。さらに，割賦販売価額と通常売価とに明らかな差がある場合，その差額が代金支払の猶予に伴う金利要素と判断されれば，売上とは別個の金融収益（受取利息）と捉える必要があります（**図表1－12，(3)b**）。

消化仕入取引については，個々の契約によっても異なりますが，テナント側

が在庫リスクなどを負っている状況であれば，百貨店側にとっての履行義務はテナントと顧客との仲介であって，代理人取引（図表1-9，b）に準じて処理すればよいでしょう。その意味において，図表1-10の事例はわが国における消化仕入取引に係る損益計算書の表示に関する先進事例ともいえるでしょう。

　IASB［2016］と歩調を合わせた叙上の定めに対して，出荷日に売上計上する慣行は「代替的な取扱い」として当面は維持されるようです。すなわち，企業が履行義務を充足する通常の時点がいつなのか，具体的には，商製品の出荷時，引渡時，役務の提供に応じて，あるいは役務の完了時のいずれを選択するかについて注記することが要請されています（ASBJ［2017b］133項）。

　また，工事契約については「顧客の土地の上に建設を行う工事契約の場合には，一般的に，顧客は企業の履行から生じる仕掛品を支配する」といった整理がなされていますが（ASBJ［2017b］119項），たとえば「支配の移転で説明することには理論的に無理があること，経済的実質より法的形式優先に逆戻りする可能性があることから，改悪と言わざるを得ない」といった懸念も聞こえています（万代［2015］13頁）。

●●●●●●●　ケース１の問題を考える　●●●●●●●

　わが国の上場株式会社には公認会計士（または監査法人）による会計監査を受けることが義務づけられています（金融商品取引法193条の2）。株式会社における財務会計を「経済活動の顛末について経営者が株主に対して説明すること」とすれば，会計監査は「当該説明について全体として重要な虚偽はないという「保証」を与えること」といえるでしょう。監査の結果として「適正」ないし「限定付適正」の監査意見が表明されることで，株主は経営者の説明に「納得」することができます（友岡［2006］13-23頁）。あるいは，「不適正意見」や「意見不表明」では上場廃止となるおそれがあります。もっとも，証券取引所が何をもって「直ちに上場を廃止しなければ市場の秩序を維持することが困難であることが明らかであると認める」かは裁量に委ねられており，結果として市場の不安を招いている，といった指摘もみられます（日本経済新聞2017年8月12日（朝刊）2面）。

図表1-1の事例では，監査法人による2006年度中間決算の監査手続が不正経理を発見する端緒となりました。2005年度までの会計監査において，本来は翌期以降に売上計上すべき一部未了の物件（住宅）について①カーテンをつけて内装を隠す，②表札を付け替える，③別の住宅を案内する，ことにより完成しているかのように装い，売上を継続的に前倒し計上していた事実が明らかになり（ミサワ九州［2007］1.(2)），同社は2007年1月29日付で上場廃止となりました。組織的な偽装がおこなわれている現場では内部統制が機能しておらず，監査人を責めるのは酷にも感じられます。会計監査をも欺こうとする被監査会社に対する監査をより有効に機能させるためには，「粉飾額」に応じた課徴金の算定とすべきではないか，という意見もみられます（吉見［2015］74-75頁）。

　収益を認識できる体裁を整えたとしても，「押し込み販売」や「循環取引」などは売上の水増しによる粉飾と捉えられます。会計基準に反した処理については，監査人は適正な表示を指導し，最終的な監査意見を表明します。ただし，現代会計には経営者の裁量による予測や見積が必要となる場面が数多く存在し，そういった見積の妥当性は監査人にとって判断の難しい場合もあります。ゆえに，さまざまな監査手続を実施して相当に高い程度の心証を得ることで，株主への説明責任に「保証」を与えられるよう努めています。

参照文献

ASBJ［2006］：企業会計基準委員会「ソフトウェア取引の収益の会計処理に関する実務上の取扱い」，2006年3月30日。

ASBJ［2007］：企業会計基準委員会「工事契約に関する会計基準」，2007年12月27日。

ASBJ［2017a］：企業会計基準委員会「法人税，住民税及び事業税等に関する会計基準」，2017年3月16日。

ASBJ［2017b］：企業会計基準委員会「収益認識に関する会計基準（案）」，2017年7月20日。

BAC［1982］：企業会計審議会「企業会計原則」，1982年4月20日最終改正。

IASB［2016］：International Financial Reporting Standard No.15: *Revenue from Contracts*

with Customers, Apr.2016, IASB.
JICPA［1989］：日本公認会計士協会「消費税の会計処理について（中間報告）」，1989年1月18日。
JICPA［2009］：日本公認会計士協会編『収益認識』日本公認会計士協会出版局，2009年12月。
佐々木［2016］：佐々木隆志「新収益認識基準におけるもう一つの資産負債アプローチ」『會計』189(6)，1-13頁，2016年6月。
新日本［2011］：新日本有限責任監査法人編『ポイント制度の会計と税務』税務経理協会，2011年3月。
鈴木［2008］：鈴木豊『税務会計法』改訂版，同文舘出版，2008年3月。
近田［2017］：近田典行「完成工事高」日本簿記学会監修『勘定科目・仕訳事典』第2版，中央経済社，2017年8月。
角ヶ谷［2015］：角ヶ谷典幸「会計観の変遷と収益・利益の認識・測定パターンの変化」『企業会計』67(9)，33-43頁，2015年9月。
友岡［2006］：友岡賛『会計の時代だ』筑摩書房，2006年12月。
松本［2015］：松本敏史「第8章　収益認識プロジェクト」辻山栄子編『IFRS の会計思考』中央経済社，2015年11月。
万代［2015］：万代勝信「わが国の収益認識基準の導入へ向けて」『會計』188(3)，1-14頁，2015年9月。
ミサワ九州［2007］：ミサワホーム九州株式会社「改善計画書」，2007年4月13日。
安平［2007］：安平昭二『簿記要論』六訂版，同文舘出版，2007年10月。
吉見［2015］：吉見宏「ミサワホーム九州の事例にみる監査上の問題と課徴金納付命令」『現代監査』25，70-76頁，2015年3月。

収益の会計(2)
―時価評価差額は損益計算に算入すべきなのか―

・・・●本章のポイント●・・・・・・・・・・・・・・・・・・・・・・・・・・・・・

❶ 保有目的による有価証券の区分をつうじて，時価評価の意味について考えます。

❷ 各種の利益概念を整理し，どのような損益計算が必要とされるかについて考えます。

有価証券をいかなる金額で計上するか
——王子ホールディングス株式会社

　企業はさまざまな目的で株式などの有価証券を保有しています。多くの個人株主は株価の上下を判断規準に株式を保有していますが，企業の場合には「資金調達を円滑に進めるため」に金融機関の株式を保有したり，「関係を維持・強化するため」に取引先の株式を保有したり，反対に相手先が当社の株式を保有していたり，といった状況がみられます。これらは俗に「政策保有株式」や「持ち合い株」といわれます。日本経済新聞2014年12月3日（朝刊）15面に「中越パルプへ出資拡大，王子HD，9％から20％超」という記事が掲載されました。

> 　王子ホールディングス（HD）は2日，来年5月末をメドに中越パルプ工業への出資比率を現在の9％から20.6％に高め，持ち分法適用会社にすると発表した。原燃料の共同調達をはじめ，成長分野であるエネルギー事業や海外展開で連携する。紙の国内需要が減り続けるなか，提携関係を強化する。（中略）
> 　王子HDは中越パルプの筆頭株主だが，これまでは人事交流などの協力にとどまっていた。チップ船の共同運航などで調達コストの圧縮に取り組む。木質バイオマス発電など新エネルギー事業にも共同で取り組む。

　この後，公正取引委員会による審査を経て，王子HDは第三者割当により合計17,000,000株（約32億円）を引き受けました。王子HDグループの中越パルプ工業に対する持分比率は20.8％に上昇し，中越パルプ工業は王子HDの持分法適用会社となっています（**図表2-1**）。

○ 図表 2-1　王子ホールディングス株式会社における株式の保有状況（一部）

2014年3月期，特定投資株式

銘柄	株式数（株）	貸借対照表計上額（百万円）	保有目的
中越パルプ工業(株)	10,539,140.00	2,244	取引先との関係を強化・維持する為

2015年3月期，特定投資株式

銘柄	株式数（株）	貸借対照表計上額（百万円）	保有目的
中越パルプ工業(株)	10,539,140.00	2,518	取引先との関係を強化・維持する為

2016年3月期，持分法適用関連会社

会社名	住所	資本金（百万円）	事業の内容	議決権の所有割合(%)	資金援助	役員派遣	経営指導	設備の賃貸借
中越パルプ工業(株)	東京都中央区	18,864	紙パルプ製品の製造販売，発電事業	20.8 (0.2)	無	無	無	無

（出所）有価証券報告書にもとづき，筆者作成。

問題

❶　保有株式数が変わらず有価証券の貸借対照表計上額が増えているとき，その差額は何を意味しているのでしょうか。

❷　持分法を適用すると，それまでの会計処理とはどのような違いが生じるのでしょうか。

用語

売買目的有価証券　　満期保有目的債券　　有価証券利息

子会社株式　　関連会社株式　　持分法による投資損益

その他有価証券　　その他有価証券評価差額金

クリーン・サープラス関係　　当期純利益　　その他の包括利益

組替調整　　投資のリスクからの解放

2.1 有価証券の保有目的による区分

短期的な市場価格の変動を狙った有価証券

　企業経営者は手許に余剰の現金を抱えるとき，その価値を殖やす方法のひとつとして有価証券への投資を俎上に載せます。有価証券には株式，公社債，投資信託などがありますが，以下では市場性のある株式，すなわち，市場の存在によって客観的な価額として時価を把握できるとともに当該価額による換金が可能な株式を想定しましょう。

　短期間での市場価格の変動により利益を得ることを保有目的とする売買目的有価証券は，「いくらで買ったか」よりも「いくらで売れるか」を重視して，期末時点での時価（購買時価と売却時価との区別はありません）をもって貸借対照表価額とします。売却について事業遂行上の制約がなく，また企業にとっては財務活動の成果と考えられることから，取得原価と時価との差額（評価差額）は当期の営業外損益として処理されます（ASBJ [2008a] 70項）。

〔設例2－1〕　当社（12月末決算）は20X1年12月17日に売買目的有価証券として甲社の株式2万株を@1,500円で取得しました。同月24日に，1万8千株を@1,540円で売却しましたが，残りの株式を保有したまま決算日（期末時点での時価@1,550円）を迎えました。便宜上，取得や売却に伴う手数料は考慮せず，売買は現金取引とします。

20X1年12月17日：（借）売買目的有価証券　　30,000　（貸）現金預金　　　　　　30,000
20X1年12月24日：（借）現金預金　　　　　　27,720　（貸）売買目的有価証券　　27,000
　　　　　　　　　　　　　　　　　　　　　　　　　　　　有価証券運用損益　　　　720
20X1年12月31日：（借）売買目的有価証券　　　 100　（貸）有価証券運用損益　　　100

　初学者を対象とした簿記教育の現場では売買目的有価証券から生ずる売却損益と評価損益とを区別しますが（たとえば，醍醐 [2015] 65-69頁），実践においては両者を区別せずに「有価証券運用損益」の勘定科目が用いられるようです

(JICPA［2016］設例3）。ただし，12月31日の仕訳に貸記された有価証券運用損益100千円には現金（または現金等価物）の裏付けがなく，あくまで「いくらで売れるか」に過ぎない評価差額は厳密には未実現といえます（1章）。それでも実現損益に準ずる性格のものとして当期純損益に含めることで（JICPA［2016］270項），税法や会社法の規定如何では課税や配当として現金が社外に流出し得る点には留意すべきように思われます。また，売買目的有価証券を時価で評価したところで，その価額で換金できる保証はないとする見解もみられます（田中［2004］328頁）。

> 「A社は，昔1株500円で買ったB社株100万株を1株1,000円で売りに出したとする。そのうち，1万株については買い手が見つかったが，残りの99万株は売れなかったとしよう。では，売れ残った99万株（99％）のB社株は，時価いくらであろうか。」

実践においては，有価証券の反復的な購入と売却とを継続できる専門部署を設け，かつ，それを業とする旨を定款上で明記している企業は限られ（JICPA［2016］65項），そのような企業は無理なく売買できる量を日常的に取引していると想像できることから，叙上の主張は空論と感じられるかもしれません。それでも，売買目的有価証券の評価差額を損益計算に組み込む意義について検討する意義はありそうです。関心ある読者は，さらに本格的な文献（たとえば，石川［2000］）を精読してください。

設例2-1の続きをみてみましょう。年が明けて甲社の株価が急落しそうな動きをみせたので，20X2年1月6日に@1,510円で全株を売却した場合，どのような簿記処理がなされるでしょうか。期末に計上した評価差額は，洗替方式と切放方式とのいずれかによって処理されます（JICPA［2016］67項）。(a)洗替方式の場合，期末時点での時価に評価替された有価証券を，評価替をおこなう前の価額に戻すために再振替仕訳（決算整理仕訳の反対仕訳）をおこないます。売却時には時価@1,510円と取得原価@1,500円との差額にもとづいて算定される売却益20千円が発生します。これに対して，(b)切放方式の場合には再振替仕訳をおこなわないため，売却時には時価@1,510円と前期末時価@1,550円との差額にもとづいて算定される売却損80千円が発生します（**図表2-2**）。

売買目的有価証券の売却損益は，本来は，評価替をおこなった後の貸借対照

● 図表2-2　売買目的有価証券の評価差額に関する簿記処理

	（a）洗替方式	（b）切放方式
20X1年12月31日 （決算整理前）	売買目的有価証券　3,000 有価証券運用損益　　720	売買目的有価証券　3,000 有価証券運用損益　　720
20X1年12月31日 （決算整理仕訳）	（借）売買目的有価証券　100 　（貸）有価証券運用損益　100	（借）売買目的有価証券　100 　（貸）有価証券運用損益　100
20X2年1月1日 （再振替仕訳）	（借）有価証券運用損益　100 　（貸）売買目的有価証券　100	仕訳なし
20X2年1月6日 （売却）	（借）現金預金　　　　　3,020 　（貸）売買目的有価証券　3,000 　　　　有価証券運用損益　　20	（借）現金預金　　　　　3,020 　　　　有価証券運用損益　　80 　（貸）売買目的有価証券　3,100

（出所）筆者作成。

表価額にもとづき算定した売却原価と売却価額との差額になることを考慮すると切放方式のほうが理論的である，という見解があります（伊藤［2009］139頁）。これに対して，企業内部における財産管理という観点からは洗替方式のほうが望ましいという見解もあります（堀江［2008］211頁）。ただし，20X2年1月1日および6日の損益を通算するといずれの方式でも運用損80千円となり，評価損益と売却損益とを区別する実践上の重要性は乏しいとも考えられます。

満期になるまで保有する債券

　国や自治体，他の企業が発行する債券は，売買目的有価証券として保有するほか，その償還期限まで保有し続ける運用法も考えられます。公社債の保有者は，満期日まで定期的に所定の利息を受け取り，満期日には債券の額面金額を受け取ることができます。定期的に受け取る利息は**クーポン利息**（coupon）といわれ，社債券から切り取る「利札」を意味します。多くの有価証券が電子化された現在は，利払日に口座への入金がなされます。はじめに，クーポン利息が支払われない割引債を例に，**満期保有目的債券**の会計処理を概観します。

〔設例2-2〕　当社（12月末決算）は20X1年1月1日に満期まで保有する目的で額面金額11,280千円の乙社社債（償還日：20X4年12月31日）を取得し，諸費用を合わせて10,000千円を支払いました。この取得価額と額面金額との差

額は，すべて金利の調整分と認められます。なお，割引債のため利払日はありません。
20X1年1月1日：（借）満期保有目的債券　10,000　（貸）現金預金　　　　10,000
20Xt年12月31日：（借）満期保有目的債券　　BI_t　（貸）有価証券利息　　BI_t
20X4年12月31日：（借）現金預金　　　　11,280　（貸）満期保有目的債券　11,280

　満期保有目的債券は，取得原価をもって貸借対照表価額とします。市場価格が明らかでも，その変動による利益の獲得を目的としていないことから，時価で評価する必要性はありません。ただし，債券を額面金額より低い価額で取得した場合などに，取得価額と額面金額との差額の性格が金利の調整と認められるときは，償却原価法にもとづいて算定された価額をもって貸借対照表価額とします（ASBJ［2008a］16項）。社債の保有者である当社にとっては当該差額こそが投資の成果であり，「有価証券利息」の勘定科目が用いられます。

　償却原価法とは，金融資産または金融負債を債権額または債務額と異なる金額で計上した場合において，当該差額に相当する金額を弁済期または償還期に至るまで毎期一定の方法で取得価額に加減する方法をいい，当該加減額は受取利息または支払利息に含めて処理します（ASBJ［2008a］注5）。償却原価法には原則的な利息法と，継続適用を条件とする定額法とのふたつがあります（図表2-3）。

　定額法とは，債券の金利調整差額を取得日から償還日までの期間に均等配分して，当該配分額を債券の帳簿価額に加算する方法です。これに対して利息法とは，債券のクーポン受取総額と金利調整差額との合計額を債券の帳簿価額に対し一定率（実効利率）となるように，複利をもって各期の純損益に反映させる方法をいいます。設例2-2の場合，割引債は償還日に額面金額を受け取るのみなので，実質的な負担を表す実効利率rは，

$$10,000\times(1+r)^4=11,280$$

を充たす$r\fallingdotseq 3.057\%$と算定されます。このとき，t期における有価証券利息BI_tについて，

$$BI_t=10,000\times(1+r)^t-10,000\times(1+r)^{t-1}$$

の式が成立しています。定期的なクーポン利息の受取を伴わない割引債でも，

● 図表2-3　設例2-2に関する償却原価法

(単位：千円)

	BI_1	BI_2	BI_3	BI_4	合計
利息法（正則的な方法）	305.7	315.0	324.7	334.6	1,280
定額法（簡便法）	320	320	320	320	1,280

(出所) 筆者作成。

毎期末に有価証券利息が BI_t だけ発生していることを確認しましょう。

有価証券利息の意義

つづいて，利付債の会計処理を考えます。額面金額が償還される「本券」の部分と，定期的にクーポン利息を受け取る「利札」の部分とに分解してみると，利付債は金額および期間の異なる複数種類の割引債から構成されているとみることができます。

> 〔設例2-3〕　設例2-2を一部改変します。毎年12月末に203千円のクーポン利息を受け取る，という条件を追加し，利息法により計算します。
> 20X1年1月1日：(借)満期保有目的債券　10,000　(貸)現金預金　　　　10,000
> 20Xt年12月31日：(借)満期保有目的債券　　BI_t　(貸)有価証券利息　　BI_t
> 　　　　　　　　(借)現金預金　　　　　　203　(貸)満期保有目的債券*　203
> 20X4年12月31日：(借)現金預金　　　　11,280　(貸)満期保有目的債券　11,280

設例2-3の場合，クーポン利息が203千円のため表面利率は1.8％ですが，実効利率は，

$$10,000 = \frac{203}{1+r} + \frac{203}{(1+r)^2} + \frac{203}{(1+r)^3} + \frac{11,483}{(1+r)^4}$$

を充たす $r \fallingdotseq 5\%$ と算定されます。203千円や11,483千円の受取は将来事象ですが，それを現在の価値に換算した10,000千円は現在価値，換算に用いた r は割引率といいます（6章）。なお，参考までに，投資者にとっての投資成果を示す「利回り」は投資元本に対する年間収益と定義されます。設例2-3の場合には，

$$\frac{\{クーポン利息(203×4)+償還差益(11,280-10,000)\}÷4年}{10,000}=5.23\%$$

と算定されることから，実効利率と利回りとは異なる概念であると確認できます。

　設例2-2との相違点がクーポン利息の有無のみならば，「債券の金利調整差額を配分して債券の帳簿価額を増加させる」という有価証券利息の捉え方に変わりはないはずです。したがって，20X1年12月末の有価証券利息BI_1は，期首の債券帳簿価額10,000千円に実効利率rを乗じた500千円となります。ただし，クーポン利息203千円を受け取りますので，増価した債券の一部を取り崩したと捉えればよいでしょう（＊印）。同様に計算すれば，有価証券利息BI_2，BI_3，BI_4はそれぞれ515千円，530千円，547千円であり，利息の発生高は4年間で2,092千円となることを確認しましょう。一般的な簿記処理と本書の理解とでは現金収入に対応する相手勘定科目が異なりますが（**図表2-4**），かような思考に至る背景は，たとえば，笠井［2013］に負っています。

　なお，現行制度上は制約がありますが（**図表2-5，＊1**），投資の成果を最大化しようとする経営者を念頭に置くならば，満期保有目的であったとしても，償却原価と時価とを比較して高いほうの価額を貸借対照表価額とする「償却原価・時価比較高価法」が債券の会計処理として合理的である，という興味深い主張もみられます（醍醐［2008］202-204頁）。

図表2-4　20X1年12月末の簿記処理の理解

	仕訳	含意
一般的な簿記処理	（借）現金預金　　　　　203　（貸）有価証券利息　　500 　　　満期保有目的債券　297	債券の増価分（¥297）は，クーポン利息（¥203）との差額として算定される。
本書の理解*	（借）満期保有目的債券　500　（貸）有価証券利息　　500 （借）現金預金　　　　　203　（貸）満期保有目的債券　203	有価証券利息（¥500）は債券の増価分，クーポン利息（¥203）はその取崩と捉える。

（＊）債券を額面金額より高い価額で取得する打歩発行も同様に理解できます。有価証券利息は時間の経過分だけ債券を増価させますが，それを上回るクーポン利息を受け取れば，現金受領分だけ債券の帳簿価額を減少させるまでです。

（出所）筆者作成。

他社への支配や影響力の行使を目的とする株式

他の企業への支配を目的として，あるいは，経営方針の決定に対して重要な影響を実質的に与えることを目的として株式を保有することもあります。このような子会社株式および関連会社株式については市場価格の変動が意味を持たないことから，時価の著しい下落に伴う減損処理をおこなう以外には個別財務諸表において帳簿価額を増減させず，取得原価をもって貸借対照表価額とします（ASBJ［2008a］17項）。

> 〔設例2－4〕　(1) 当社（12月末決算）は20X1年1月1日に丙社（12月末決算）の発行済株式の30％を10,000千円で取得し，丙社を持分法適用会社としました。丙社は普通株式を100千株発行しており，同日時点での丙社の資産は100,000千円，負債は65,000千円，株価は340円でした。(2) 20X1年12月31日に丙社は当期純利益12,000千円を計上しました。同日時点での丙社の株価は400円でした。(3) 20X2年3月31日に丙社より配当金領収書450千円を受け取りました。(4) 20X2年12月31日に丙社は当期純損失3,500千円を計上しました。同日時点での丙社の株価は410円でした。
> 20X1年1月1日：(借) 関連会社株式　10,000　(貸) 現金預金　　　10,000
> 20X1年12月31日：　　仕訳なし
> 20X2年3月31日：(借) 現金預金　　　　450　(貸) 受取配当金　　　450
> 20X2年12月31日：　　仕訳なし

その他の目的で保有する有価証券

これまでに概観した「売買目的」「満期保有目的」「支配目的」のいずれにも該当しない有価証券は「その他有価証券」に区分されます。業務上の関係を有する企業の株式等から市場動向によっては売却を想定している有価証券までさまざまですが，売買目的と支配目的との中間的な性格を有するものとして捉えることとされました（ASBJ［2008a］75項）。その他有価証券の時価評価は，投資情報，企業自身の財務認識，さらにIFRSsとの関係の観点からも要請されています（ASBJ［2008a］65項）。

ただし，売買目的有価証券とは異なり，市場での売却（換金）について何らかの制約があることから，その他有価証券の評価差額は純資産の部に計上されます（いわゆる，全部純資産直入法）。あるいは，時価が取得原価を下回る銘柄に係る評価差額は損益計算書に計上する方法（いわゆる，部分純資産直入法）も継続適用を条件として認められています（JICPA [2016] 73項）。時価の著しい下落に伴う減損処理をおこなった場合を除いて，洗替方式による翌期首の再振替仕訳が必要となります（ASBJ [2008a] 80項）。

〔設例2−5〕 (1) 当社（12月末決算）は20X1年6月1日に丁社の発行済株式の5％を10,000千円で取得しました。丁社も取引の円滑化を理由として当社の株式の4％を保有しています。(2) 20X1年12月31日時点での丁社株式の時価は10,100千円でした。(3) 20X2年3月31日に当社は保有する丁社株式の5分の1を2,115千円で売却しました。(4) 20X2年12月31日時点での丁社株式の時価は8,570千円でした。この設例では税効果を考慮しません。

20X1年6月1日：（借）その他有価証券 10,000 （貸）現金預金 10,000
20X1年12月31日：（借）その他有価証券 100 （貸）評価差額* 100
20X2年1月1日：（借）評価差額* 100 （貸）その他有価証券 100
20X2年3月31日：（借）現金預金 2,115 （貸）その他有価証券 2,000
　　　　　　　　　　　　　　　　　　　　　　投資有価証券売却益 115
20X2年12月31日：（借）その他有価証券 570 （貸）評価差額* 570
（＊）正確には「その他有価証券評価差額金」の勘定科目を用います。

設例2−5における当社と丁社のように，事業会社と金融機関あるいは事業会社相互間で株式を持ち合う事例（持ち合い）がしばしばみられます。マツダ株式会社はそれまで培ってきたモノ造り力，技術力や事業基盤のさらなる強化などを目指して，トヨタ自動車株式会社との間で業務資本提携の合意書を締結しました（マツダ [2017] 1頁）。資本提携について両社は，500億円相当の株式を相互に持ち合う予定です。これは，マツダ社はトヨタ社へ0.25％出資する程度ですが，トヨタ社はマツダ社へ5.05％出資することになります。「規模」は何倍も差がありますが，マツダ社の堅調な業績と蓄えてきた技術がトヨタ社との

「対等な関係」を引き寄せた，という指摘もみられます（日経産業新聞2017年8月7日，1面）。

　取引の円滑化が持ち合いの長所として挙げられるものの，安定株主はときに企業統治には負の効果をもたらすといった側面が強調されるようになりました。2015年6月に金融庁および東京証券取引所が導入した「コーポレートガバナンス・コード」が持ち合いの理由について説明を求めたことも作用してか，2016年3月期には実質で1兆円強の持ち合いが解消したようです（日本経済新聞2016年8月19日（朝刊）15面）。資本効率を改善させるために保有する意義の低い株式を手放したという動きが想起されますが，一部の企業については，外部環境の悪化による損失を穴埋めするために保有する株式の売却によって「益出し」がおこなわれたという指摘がなされています（日本経済新聞2016年3月2日（朝刊）17面）。

保有目的区分の変更

　ケース2のように持分比率が変わった場合には，支配目的から他の保有目的区分に，あるいはその逆の変更が認められます。しかし，そのような正当な理由がある場合を除いて，保有目的区分の変更は認められていません（図表2-5）。

　米国で生じた低所得者向け高金利住宅ローンの不良債権化に端を発したいわゆる「金融危機」の時期には，売買目的有価証券やその他有価証券から満期保有目的債券への振替が認められる場合もありました（図表2-5，＊3）。想定

● 図表2-5　有価証券の保有目的の変更

変更前 ＼ 変更後	売買目的	満期保有目的	支配目的	その他目的
売買目的		不可＊3	可	原則不可＊2
満期保有目的	制約あり＊1		―	制約あり＊1
支配目的	可	―		可
その他目的	原則不可＊2	不可＊3	可	

（＊1）償還期限前に売却した場合には，残りすべての債券も振替をおこなうなどの制約があります。
（＊2）資金運用方針の変更や売買の実態に変化があった場合には，振替をおこないます。
（＊3）2008年12月から2010年3月までの「稀な場合」には，振替ができました。

（出所）JICPA［2016］にもとづき，筆者作成。

し得なかった市場環境の著しい変化によって流動性が極端に低下するなど，保有する債券を公正な評価額であるはずの時価で売却することが困難な期間が相当程度生じているような稀な場合を指します（ASBJ［2008b］9，13項）。稀な場合とはいえ，有価証券の時価評価を回避できる環境が整備されたことについて，会計とは何かを考える素材のひとつに挙げた文献もあります（友岡［2012］96-99頁）。

2.2　連結財務諸表

持分法による投資損益

　当社と支配従属関係にある他の企業について，法的実体を重視するよりも，企業集団をひとつの会計単位とする経済的実体の財政状態や経営成績を開示するほうが，多角化・国際化した企業への投資意思決定には有用であるとして，1970年代後半から連結財務諸表の作成が要請されるようになりました。投資会社が被投資会社（関連会社）の資本および損益のうち投資会社に帰属する部分の変動に応じて，その投資の額を連結決算日ごとに修正する方法を持分法といいます。関連会社は，出資，人事，資金，技術，取引等の関係を通じて，財務および営業または事業の方針の決定に対して重要な影響を与えることができる企業（子会社を除く）と定義されています（ASBJ［2008c］5項）。

　関連会社に対する投資には原則として持分法を適用するので（ASBJ［2008c］6項），連結貸借対照表上，取得原価に当該会社の純損益などを反映させた金額が示されます（**図表2-6**）。現行制度においては，連結財務諸表の作成に際して，被投資会社の業績を関連会社株式の帳簿価額のみに反映させることで，企業集団としての財政状態や経営成績を表しています（持分法の個別財務諸表への適用の是非については，たとえば，吉野［2014］）。

　まず，当社の投資日における投資額とこれに対応する関連会社の資本との間に差額がある場合には，のれんとして投資に含めて処理します（9章）。**設例2-4**では投資額10,000千円＜対応する資本（100,000－65,000）×30％＝10,500千

● 図表2-6　設例2-4を用いた持分法による連結修正仕訳

	個別上の仕訳	連結修正仕訳	関連会社株式（連結 B/S）
20X1年1月1日*	（借）関連会社株式　10,000 　（貸）現金預金　　　10,000	（借）関連会社株式　　　　　500 　（貸）持分法による投資損益　500	10,500千円
20X1年12月31日	仕訳なし	（借）関連会社株式　　　　　3,600 　（貸）持分法による投資損益　3,600	14,100千円
20X2年3月31日	（借）現金預金　　　450 　（貸）受取配当金　　450	（借）受取配当金　　　450 　（貸）関連会社株式　　450	13,650千円
20X2年12月31日	仕訳なし	（借）持分法による投資損益　1,050 　（貸）関連会社株式　　　　　1,050	12,600千円

（*）現実には四半期ごとに連結財務諸表を作成しますので，1月1日（期首）の連結修正仕訳は「便宜上」です。

(出所) 筆者作成。

円のため，負ののれん500千円が発生した期の利益として処理されます（ASBJ [2008c] 11項）。投資日以降における関連会社の損益は，当社の持分または負担に見合う額を投資額に加減算させ（ASBJ [2008c] 12項），当該増減額は持分法による投資損益として営業外収益または営業外費用の区分に一括して表示します（ASBJ [2008c] 16項）。関連会社から配当金を受け取った場合は，当該配当金に相当する額を投資額から減算します（ASBJ [2008c] 14項）。

　子会社に対する投資も個別貸借対照表上は取得原価で示されますが，連結財務諸表の作成に際しては，(1) 親会社および子会社の貸借対照表や損益計算書を単純合算したのち，(2) 重複する部分（親会社の子会社に対する投資勘定と子会社の資本勘定，親子会社間の取引により生じた売上高や債権債務など）を相殺消去する全部連結の手続を要します。すなわち，投資勘定のみならず財務諸表全体で企業集団としての業績を示そうという方法であり，図表2-6の連結修正仕訳が対照的に「一行連結」といわれる所以です。

2.3 さまざまな利益概念

当期純利益と包括利益

　企業の一期間における経営成績を示す損益計算書では，一般的に，売上総利益，営業利益，経常利益，税引前当期純利益（連結損益計算書では，税金等調整前当期純利益），当期純利益，といった段階別の利益が示されます。最終的な「もうけ」である当期純利益は決算に際して株主資本に（具体的には，繰越利益剰余金として）振り替えられ，すなわち，新たな元手として翌期以降の経済活動に貢献します。このように，一期間における純損益と当該期間における株主資本の増減分（ただし，資本の増減や剰余金の配当といった資本取引を除く）とが等しい状況をクリーン・サープラス関係といいます。

　しかし，その他有価証券評価差額金に代表されるような，資産や負債の評価差額を純資産に直入させる簿記処理が含まれていると，クリーン・サープラス関係は維持されないことになります。そこで，純資産の期中増減額（やはり，資本取引は除く）を表す包括利益という考え方が連結財務諸表にのみ導入されました（ASBJ［2013b］16-2項）。連結損益計算書で示される「当期純利益」と，期首および期末の連結貸借対照表から導かれる「包括利益」とを連携させる役割は連結包括利益計算書で示されるその他の包括利益（Other Comprehensive Income，以下，OCI）が担っています（図表2-7）。

　ただし，包括利益計算書の導入により，包括利益が企業の経営成績を示す指標として最重要であると位置づけられたわけではありません。包括利益の有用性については数多くの実証研究がなされていますが，とりあえずは，当期純利益を最下部に示す「損益計算書」と，貸借対照表との連携を示す「包括利益計算書」とのふたつを併用することで，企業活動の成果を幅広くみることが求められています（ASBJ［2013b］22項）。また，純資産の部の内部では株主資本とそれ以外の項目とが区別されており（図表11-2），その意味では現在もなお，株主資本と当期純利益とのクリーン・サープラス関係は維持されているとみることができます。

● 図表2-7　貸借対照表と損益計算書との「利益」をつうじた連携

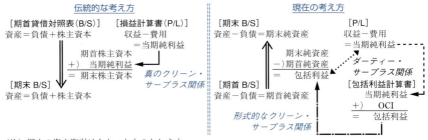

(注) 期中の資本取引はなかったものとします。

(出所) 筆者作成。

　そもそも，クリーン・サープラス関係が重要視される理由には，現在の自己資本簿価と将来期間の残余利益（予想利益－資本コスト）を前提とした「残余利益モデル」が企業価値を推定する算式として知られていることが挙げられますが，OCIの存在は当該モデルを揺るがすものではないとされています（辻山［2010］や桜井［2014］も参照のこと）。

その他有価証券評価差額金の組替調整

　その他有価証券の評価差額は当期純利益の計算には含まれませんが，OCIの一項目として包括利益に組み込まれています。これまでの設例を前提とした場合，20X2年度の連結財務諸表はどのように示されるでしょうか（**図表2-8**）。

　前期以前にOCIとして計上していたその他有価証券の評価差額について，当該有価証券の売却に伴って生じた売却損益が当期純利益を構成すると，前期までのOCIと当期の当期純利益とで包括利益の二重計上が生じてしまいます。この二重計上を避けるための手続を**組替調整**といい（**図表2-8**，二重線矢印），組替調整後の金額を連結包括利益計算書に計上します（**図表2-8**，実線矢印）。当期純利益の表示を維持しながら包括利益も計算しようという工夫であり，当期純利益を構成する項目のうち当期または過去の期間にOCIに含まれていた部分は，組替調整額としてOCIの内訳項目ごとに注記します（ASBJ［2013b］9項）。

　叙上のような会計基準の考え方に対して，(1) 経営者の業績評価の視点から

● 図表2-8　その他有価証券評価差額金の組替調整（2計算書方式）

［その他有価証券残高の増減内訳］

	20X1年12月31日	売却による減少	当期購入額	20X2年12月31日
取得原価	10,000	2,000	—	8,000
時価	10,100			8,570

［その他有価証券評価差額金の増減内訳］

	20X1年12月31日	売却による組替調整額	当期発生額（差額）	20X2年12月31日
評価差額	100	△115	585	570

［連結損益計算書］（20X2年1月1日から12月31日まで）

```
                    営業利益              4,700
営業外収益
  有価証券利息                    315         ──設例2-2
営業外費用
  有価証券運用損益              80           ──図表2-2
  持分法による投資損失      1,050   1,130   ──設例2-4
                    経常利益              3,885
特別利益
  投資有価証券売却益             115         ──設例2-5
                    税金等調整前当期純利益  4,000
                    法人税等              1,600
                    当期純利益            2,400
  非支配株主に帰属する当期純利益*1   300
  親会社株主に帰属する当期純利益    2,100
```

（包括利益計算書関係の注記事項）
その他の包括利益に係る組替調整

その他有価証券評価差額金：
　当期発生額　　　　　　　　　　585
　組替調整額　　　　　　　　　△115
　　その他有価証券評価差額金　　470*5
退職給付に係る調整額：
　当期発生額*2　　　　　　　　△700
　組替調整額　　　　　　　　　　—
　　退職給付に係る調整額　　　△700*5
　　その他の包括利益合計　　　△230*5

［連結包括利益計算書］（20X2年1月1日から12月31日まで）

```
当期純利益                              2,400
その他の包括利益
  その他有価証券評価差額金              470*5
  退職給付に係る調整額*2              △700*5
  その他の包括利益合計                △230*5
包括利益                              2,170*5
（内訳）
  親会社株主に係る包括利益            1,870
  非支配株主に係る包括利益*1            300
```

［連結株主資本等変動計算書］（20X2年1月1日から12月31日まで）

	株主資本			その他の包括利益累計額			非支配株主持分*1	純資産合計
	資本金	利益剰余金	株主資本合計	有価証券評価差額*3	退職給付調整額*3	OCI累計額合計*3		
当期首残高	3,000	5,000	8,000	100*5		100*5	1,900	10,000
当期変動額								
剰余金の配当*4		△800	△800					△800
親会社株主に帰属する当期純利益		2,100	2,100					2,100
株主資本以外の項目の当期変動額（純額）				470*5	△700*5	△230*5	300	70
当期変動額合計	—	1,300	1,300	470*5	△700*5	△230*5	300	1,370
当期末残高	3,000	6,300	9,300	570*5	△700*5	△130*5	2,200	11,370

（＊1）子会社に対する親会社の持分が100％でなければ，会社以外に当該子会社に持分を有する「非支配株主」が存在します。主として親会社の投資者を対象に企業集団の経営を巡る現実感覚をより適切に反映させて連結財務諸表を作成しようとすれば，非支配株主持分は親会社の株主持分（連結上の「株主資本」）とは区別されることとなります（図表11-2，＊5）。しかし，IFRSsとの比較可能性を向上させるため，「当期純利益」には非支配株主に帰属する部分も含めることとなっています（ASBJ［2013c］51項以下）。
（＊2）6章で言及します。
（＊3）紙幅の都合により，省略した名称で示しています。
（＊4）設例12-1を前提としています。
（＊5）厳密には，税効果（10章）を考慮した金額が計上されます（ASBJ［2013b］8項）。

（出所）筆者作成。

は評価差額は純利益に計上すべき，(2) 投資者の企業価値評価の視点からも評価差額は純利益に計上すべき，もしくは，組替調整せずに貸借対照表内で振り替えればよい，といった主張もなされています（田子 [2012] 138頁）。なお SEC 基準では2018年3月期より，その他有価証券評価差額金に相当する部分について純損益の計算に含める旨の改正がなされており，注目に値します（詳しくはたとえば，川西 [2016] 53頁）。

投資のリスクからの解放

その他有価証券の評価差額はなぜ純資産に直入され，組替調整という作業が必要となっているのでしょうか。この点については，従来の実現可能といった考え方に代えて，投資のリスクからの解放の考え方が近年よく知られています。一般的に，純利益は「特定期間の期末までに生じた純資産の変動額（報告主体の所有者である株主，子会社の少数株主，及び前項にいうオプションの所有者との直接的な取引による部分を除く。）のうち，その期間中にリスクから解放された投資の成果であって，報告主体の所有者に帰属する部分」と定義されています（ASBJ [2006] 第3章9項）。リスクからの解放は，利益認識の範囲を実現より広く，実現可能よりは狭く捉えるもの，という考え方が示されています（斎藤 [2007] 7頁）。さらに，収益の成果性が問われているのであって，（実現可能の考え方のような）収益の処分可能性が重視されているわけではない，といった整理もみられます（藤井 [2017] 216-219頁）。

投資には不確実性が伴いますが，たとえば配当金の受領や有価証券の売却によって現金預金の流入があれば，投資の成果は実現しており（1章），「リスクから解放された」といえるでしょう（3章のコラム）。それでは，期末における有価証券の評価差額についてはどうでしょうか。売買目的有価証券は扨措き，その他有価証券の売却に事業遂行上の制約が課されているとすれば，その評価差額は「リスクから解放された」とはいえなさそうです（ASBJ [2006] 第4章注17）。等しく有価証券の評価差額といっても，その保有目的によって純利益の算定に含めるか否かの相違があり，投資のリスクから解放されているか否かが境界線となっています。

持分法による投資損益は連結損益計算書の営業外収益（費用）の区分に計上

されますが「リスクから解放された」といえるでしょうか。たしかに，図表2-8における1,050千円は丙社において生じた損失3,500千円のうち当社に帰属する30％を関連会社株式の評価損とみることもできるかもしれません。しかし，同じく営業外費用の区分に計上された有価証券運用損益80千円は売買目的有価証券から生じており，両者は少なくとも個別財務諸表においてはまったく異なる捉え方がなされていました。こういった点に鑑みれば，(a) 持分法による投資損益は当期純利益を構成するのか，(b) リスクから解放されたか否かという考え方は連結財務諸表には馴染まないのか，といった疑問が湧いても不自然ではないでしょう。

● ● ● ● ● ケース2の問題を考える ● ● ● ● ●

負ののれんは原則として特別利益に表示することと定められていますが（ASBJ［2013a］48項），中越パルプ工業に持分法を適用したことに伴って発生した負ののれん相当額5,947百万円は「持分法による投資利益」として営業外収益に計上されています（ASBJ［2008c］27項）。

同社の事例では，持分比率の上昇により「その他有価証券」から「関連会社株式」へと有価証券の区分が変更になっています。個別財務諸表上は時価で評価していた有価証券が原価評価となったわけですが，連結財務諸表上は持分法の適用によって被投資会社の経営成績が加味された財政状態であるといえるでしょう。ただし，持分法適用関連会社となったことで貸借対照表計上額が直接的には開示されていませんので，財務諸表の利用者自身が推定する必要があります。

参照文献

ASBJ［2006］：企業会計基準委員会「討議資料『財務会計の概念フレームワーク』」改訂版，2006年12月。
ASBJ［2008a］：企業会計基準委員会「金融商品に関する会計基準」，2008年3月10日最終改正。
ASBJ［2008b］：企業会計基準委員会「債券の保有目的区分の変更に関する当面の取扱

い」，2008年12月5日．
ASBJ［2008c］：企業会計基準委員会「持分法に関する会計基準」，2008年12月26日改正．
ASBJ［2013a］：企業会計基準委員会「企業結合に関する会計基準」，2013年9月13日最終改正．
ASBJ［2013b］：企業会計基準委員会「包括利益の表示に関する会計基準」，2013年9月13日最終改正．
ASBJ［2013c］：企業会計基準委員会「連結財務諸表に関する会計基準」，2013年9月13日最終改正．
JICPA［2016］：日本公認会計士協会「金融商品会計に関する実務指針」，2016年3月25日最終改正．
石川［2000］：石川純治『時価会計の基本問題』中央経済社，2000年3月．
伊藤［2009］：伊藤眞ほか編『金融商品会計の完全解説』改訂8版，財経詳報社，2009年7月．
笠井［2013］：笠井昭次「定利獲得目的金融資産の会計処理の再構成」『三田商学研究』56(4)，1-25頁，2013年10月．
川西［2016］：川西安喜「金融商品の分類及び測定に関するFASBの新会計基準」『会計・監査ジャーナル』28(3)，52-55頁，2016年3月．
斎藤［2007］：斎藤静樹「投資の成果とリスクからの解放」『企業会計』59(1)，4-9頁，2007年1月．
桜井［2014］：桜井久勝「資産負債アプローチへの過剰傾斜の弊害」『企業会計』66(10)，14-20頁，2014年10月．
醍醐［2008］：醍醐聰『会計学講義』第4版，東京大学出版会，2008年5月．
醍醐［2015］：醍醐聰監修『財務会計Ⅰ』東京法令出版，2015年1月．
田子［2012］：田子晃「その他有価証券評価差額金とリサイクリング」『愛知経営論集』166，123-143頁，2012年7月．
田中［2004］：田中弘『不思議の国の会計学』税務経理協会，2004年8月．
辻山［2010］：辻山栄子「会計におけるパラダイムシフトの再検討」『証券アナリストジャーナル』48(5)，6-16頁，2010年5月．
友岡［2012］：友岡賛『会計学原理』税務経理協会，2012年11月．
藤井［2017］：藤井秀樹『入門財務会計』第2版，中央経済社，2017年3月．
堀江［2008］：堀江優子「第13章 売買目的有価証券・その他有価証券の評価差額」石川鉄郎ほか編『資本会計の課題』中央経済社，2008年12月．
マツダ［2017］：マツダ株式会社「トヨタ自動車株式会社とマツダ株式会社の持続的な協業関係の強化及び業務資本提携に関する合意書締結のお知らせ」，2017年8月4日．
吉野［2014］：吉野真治「個別財務諸表における持分法の適用に関する一考察」『商学研究科紀要』79，167-185頁，2014年11月．

費用の会計(1)
―いつ仕入れた商品が どれほど残っているのか―

●本章のポイント●

❶ 商製品の販売にまつわる，売上原価と在庫商品との関係について考えます。

❷ 仕入価格の変動や保有在庫の損耗が経営成績に与える影響について考えます。

市況価格の変動は在庫評価に影響を及ぼすか
——出光興産株式会社

　製造業でも小売業でも，商製品の販売によって収益を稼ぎ，利益を獲得しています。完全な受注生産であれば在庫は発生しませんが，そのような業態は僅少であって，むしろ，大量生産や大量仕入によって単位当たりの原価を低減させ，より多くの利益を狙う戦略が有効でしょう。ただし，この方法は在庫を抱える危険性を孕んでいます。一般的な企業であれば，どれほどの在庫を確保しておくかは経営者の裁量であり腕の見せ所といえます。

　石油元売は「石油の備蓄の確保等に関する法律」により70日分以上の原油・石油製品を常に備蓄しておくことが義務づけられています。世界情勢によって大きく変動する原油価格は石油元売の仕入原価を左右し，ひいては経営成績を大きく揺るがす要因となります。日本経済新聞2017年5月16日（朝刊）15面に「石油元売り4社，黒字転換，16年度決算，そろって改善，原油価格底入れ，利益押し上げ」という記事が掲載されました。

　石油元売り4社の2016年度の決算が15日に出そろった。この日に決算発表した出光興産の17年3月期連結決算は，最終的なもうけを示す最終損益が881億円の黒字（前の期は359億円の赤字）となり，4社そろって最終黒字に転換した。改善の原動力は原油価格の底入れに伴う「在庫評価益」だ。原油価格が伸び悩む中，本業の石油事業の収益力をいかに高めるかが焦点になりそうだ。（中略）

　各社が指標とするドバイ原油の価格は昨年半ばまで1バレル40ドル台前半近辺だった。だが，昨年11月末の石油輸出国機構（OPEC）の減産合意を受けて上昇し年初から3月までほぼ50ドル超と各社の想定した原油価格を上回って推移した。

● 図表3−1　出光興産株式会社（連結）における売上原価に関する開示（一部）

（単位：億円）

[連結損益計算書]	2015年度	2016年度
売上高	35,702	31,903
売上原価*1	33,092	27,709
売上総利益	2,610	4,195
販売費及び一般管理費	2,807	2,843
営業利益*2	△196	1,352
（以下略）		

[連結貸借対照表]	15年度末	16年度末
（棚卸資産*3の内訳）		
商品及び製品	2,209	2,419
仕掛品	7	11
原材料及び貯蔵品	1,412	1,879
合計*1	3,627	4,309

（*1）期末棚卸高は収益性の低下に伴う簿価切下げ後の金額であり，前連結会計年度末の戻入額と当連結会計年度に計上した切下げ額とを相殺した結果，棚卸資産評価損（△は戻入額）が売上原価に次のとおり含まれています。

　　　（15年度）30億円　　（16年度）△199億円

（*3）主として**総平均法**による原価法（貸借対照表価額については収益性低下にもとづく簿価切下げの方法）により算定しています。

（*2）セグメント別営業利益

	15年度	16年度
石油製品	△674	770
（在庫評価影響除き）	(513)	(460)
石油化学製品	423	400
（在庫評価影響除き）	(458)	(379)
資源	△6	166
その他	88	51
調整額	△27	△34
合計	△196	1,352
（在庫評価影響除き）	(1,025)	(1,021)

（出所）同社の有価証券報告書にもとづき，筆者作成。

問題

❶　同社が売上原価の算定に用いる「総平均法」は，何をどのように平均するのでしょうか。

❷　石油元売では，期末に保有する在庫を（2章で取り上げた有価証券のように）時価評価していると考えてよいでしょうか。

用語

費用収益対応の原則　　売上原価　　棚卸資産　　個別法
先入先出法　　移動平均法　　後入先出法　　総平均法
棚卸減耗　　低価法評価損　　正味売却価額　　再調達原価
四半期決算

3.1 売上原価の算定

費用収益対応の原則

収益一般の認識規準を実現主義とする現代会計において（図表1-3），費用一般の認識規準はどのように考えられるでしょうか。実践においては（a）現金主義のような簿記処理が散見されますし（図表3-2），（b）発生主義に依拠した簿記処理もみられます（図表7-1）。

現金主義に依拠すると，決算整理仕訳において「仕入」や「消耗品費」を貸記します（図表3-2，＊）。財産の変動を伴う企業の経済活動を簿記上の取引として記録する複式簿記の体系に［（借）資産 xxx（貸）費用 xxx］という決算整理仕訳は独特に映ります。本書では，［（借）費用 xxx（貸）資産 xxx］という簿記処理で示されるような，「資産の費消をもって費用を認識する発生主義が費用一般の認識規準である」といった基本前提をもって論を進めますが，そうではない考え方を持ち出さざるを得ない部分にも4章以降で言及します。

財務会計には種々の目的を措定し得ますが，他の分野では適わない固有の役割として「適正な期間損益の算定」が挙げられます。経済活動の成果（期間収益）を得るために費やした犠牲分（期間費用）という関係，すなわち費用収益対応の原則（BAC［1982］第二，一，C）にもとづくことで，算定された期間損

● 図表3-2　商品や消耗品の簿記処理にみる現金主義および発生主義

（前提）商品や消耗品を期中に100千円分購入し，期末までに90千円分を費消しています。

(1-a) 商品 現金主義	購入時 期末＊	（借）仕入　　　　100 （借）繰越商品　　10	（貸）現金預金　100 （貸）仕入　　　　10	いわゆる三分法は期末在庫について，当期の費用から除外します。
(1-b) 商品 発生主義	購入時 払出時 期末	（借）商品　　　　100 （借）売上原価　　90 仕訳なし	（貸）現金預金　100 （貸）商品　　　　90	たとえば，売上原価対立法は商品を販売する都度，原価を算定しており，決算整理仕訳はありません。
(2-a) 消耗品 現金主義	購入時 期末＊	（借）消耗品費　　100 （借）消耗品　　　10	（貸）現金預金　100 （貸）消耗品費　10	支出額をもって費用を計上し，期末の未使用分は翌期に繰り越します。
(2-b) 消耗品 発生主義	購入時 期末	（借）消耗品　　　100 （借）消耗品費　　90	（貸）現金預金　100 （貸）消耗品　　90	購入した消耗品のうち，当期の使用分を期末に費用計上しています。

（出所）筆者作成。

● 図表3-3　費用収益対応の原則

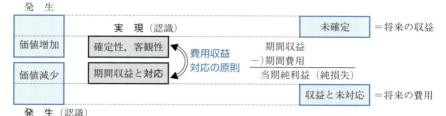

（出所）高瀬［2007］69頁の図に加筆修正。

益に意味を持たせようとしています（図表3-3）。

　費用収益対応の原則は個別的対応と期間的対応とに分類されます。後者の対応関係は，営業収益との間に直接的な因果を見出すことは困難でも期間収益の獲得に貢献した犠牲とされ，具体的には人件費（4章）や引当金繰入額（5章），減価償却費（7章），研究開発費（9章）が挙げられます。本章では，前者の典型例である売上原価について概観します。

売上原価を算定するむっつの方法

　売上原価とは，期間中に販売した商製品に係る仕入原価あるいは製造原価をいいます。期中の仕入高に期首および期末の在庫棚卸高を加減することで算定され（図表3-9），損益計算書においては売上高（営業収益）から第一に控除される費用項目となります。代表的な算定方法および実践における採用の状況は図表3-4のように示されます。

　「正確」な期間損益を算定するためには販売した商品の仕入原価をひとつずつ仕入帳と照らしながら計算する個別法（図表3-4，A-1）が有効ですが，業種や規模，商製品の特性に鑑みると，個別法を採用できない場合も少なくありません。適当な仮定を設けて評価した払出単価×払出数量＝売上原価という計算によって，「適正」な期間損益の算定を狙っています。

　商品を受入や払出のたびに数量を記録する継続記録法は，効果的な在庫管理が期待される一方で，取り扱う物品の種類が多いほど記録が煩雑になる実践上の問題が一般的に指摘されます。これに対して，期末の実地棚卸から期中の払

● 図表3-4　棚卸資産（主として，商製品）の評価方法

		採用数[*1]	概要
(A)継続記録法	(A-1)個別法	37社	商品を払い出す都度，実際の仕入単価を確認します。
	(A-2)先入先出法	15社	先に仕入れた商品から先に売れていく，と仮定しています。
	(A-3)移動平均法	93社[*2]	商品を仕入れる都度，平均単価を算定し直します。
(B)棚卸計算法	(B-1)総平均法		期首在庫と期中仕入分との平均単価を期末に算定します。
	(B-2)最終仕入原価法	0社[*3]	期末に直近の仕入単価を，すべての期末在庫に適用します。
	(B-3)売価還元法	1社[*4]	異種商品を一括した売価合計額から，原価率を逆算します。

(*1) 2017年8月時点でIFRSsを任意適用している上場企業138社の有価証券報告書から検索した結果です。サービス業や情報・通信業などの一部（23社）は取り扱う商製品が僅少であり注記開示されていません。
(*2) IFRSsでは，「移動平均法」(28社)と「総平均法」(44社)とを包含した概念が定められています。
(*3) ASBJ [2008] では認められていないものの，貯蔵品について採用している旨を1社が明記しています。
(*4) 個別法や平均法と近似する結果となる場合に，便宜的に採用されています（IASB [2003] pars.21-22）。

(出所) 筆者作成。

　出高（売上原価）を逆算する棚卸計算法は効率的な反面，現時点の在庫の有高や原価率は期末になるまで把握できないほか，盗難や紛失による減少（棚卸減耗）も売上原価に含めてしまう点は問題視されるでしょう。

　図表3-4をみると，在庫管理のIT化が作用しているのか，手書きによる記帳があたりまえだった時代とは異なり，個別法を採用している企業の多さに驚かされます。実のところIFRSsでは，(a) 通常は代替できない種類の棚卸資産および特定の事業のために製造されて区分されている商製品や役務の原価は個別法により（IASB [2003] par.23），(b) それ以外の棚卸資産の原価は先入先出法または加重平均原価法（weighted average cost formula）により（Ibid., par.25），それぞれ配分することが要請されています。加重平均原価法とは，「企業の状況に応じて，定期的にまたは商品を仕入れる都度，平均単価を計算する方法」と定義されており（Ibid., par.27），わが国における「移動平均法」や「総平均法」のような区別はなされていません（図表3-4，*2）。

〔設例3-1〕 個別法，先入先出法，移動平均法，総平均法，最終仕入原価法，売価還元法，の各方法を採用したときの，20X3年度の売上原価および次期繰越高を計算しましょう。

	個数 (箱)	仕入単価 (千円)	仕入額 (千円)		個数 (箱)	販売単価 (千円)	売上額 (千円)
20X3/1/1	15	360	5,400	5/20	30	840	25,200
4/1	25	432	10,800	9/20	40	900	36,000
8/1	50	495	24,750	12/20	18	960	17,280
11/1	10	585	5,850	合計	88		78,480
合計	100		46,800				

(＊1) 期末在庫（12箱）の販売単価は960千円の予定です。
(＊2) 現実には，期末在庫12箱の内訳は8月仕入分10箱および11月仕入分2箱と判明しています。

　棚卸資産にどの評価方法を採用したとしても売上原価と次月繰越高の合計金額は一致することは（**図表3-6，＊**），商品有高帳の〔(受入欄)期首商品棚卸高＋当期商品仕入高＝(払出欄)当期売上原価＋期末商品棚卸高〕という形式からも読み取れます（**図表3-5**）。

　仕入れた商品は，(a) 当期に販売して売上原価となる（当期の費用），(b) 翌期に繰り越す（翌期の費用），(c) 販売できずに処分する（廃棄時の費用），といった形でいずれは費用となります。その意味で費用収益対応の原則は，「費用の塊」ともいうべき商品の仕入原価から，当期の売上高に貢献した部分を売上原価として取り出す考え方として顕現しています。

　「適正な期間損益の算定」とはいえさまざまな方法を企業は自由に選択することができることから，採用する方法によって利益の金額が大きく変動することがわかります。創業から清算までの「全体損益」から人為的に区切った「期間損益」を取り出すいじょう，何らかの仮定を設けざるを得ません。事業の種類，棚卸資産の種類，その性質や使用方法などを考慮した区分ごとに選択し，継続して適用する必要があります（ASBJ［2008］6-3項）。

　個別法を採用しても払い出す商品を恣意的に選択することで「利益操作」となり得るといった指摘はそのとおりです。それでも現実の経済活動を表現した結果であれば仕方のない状況であり，いずれは高値で仕入れた商品を割安に販

● 図表3-5　設例3-1に関する商品有高帳の記入例（先入先出法，移動平均法）

（先入先出法）　　　　　　　　　　商品有高帳　　　　　　　　（単位：箱，千円）

月日	摘要	受入			払出			残高		
		数量	単価	金額	数量	単価	金額	数量	単価	金額
20X3/1/1	前期繰越	15	360	5,400				15	360	5,400
4/1	仕　入	25	432	10,800				15	360	5,400
								25	432	10,800
5/20	売　上				15	360	5,400	10	432	4,320
					15	432	6,480			
8/1	仕　入	50	495	24,750				10	432	4,320
								50	495	24,750
9/20	売　上				10	432	4,320	20	495	9,900
					30	495	14,850			
11/1	仕　入	10	585	5,850				20	495	9,900
								10	585	5,850
12/20	売　上				18	495	8,910	2	495	990
								10	585	5,850
12/31	次期繰越				*2*	*495*	*990*			
					10	*585*	*5,850*			
		100		46,800	100		46,800			
20X4/1/1	前期繰越	2	495	990				2	495	990
		10	585	5,850				10	585	5,850

（移動平均法）　　　　　　　　　　商品有高帳　　　　　　　　（単位：箱，千円）

月日	摘要	受入			払出			残高		
		数量	単価	金額	数量	単価	金額	数量	単価	金額
20X3/1/1	前期繰越	15	360	5,400				15	360	5,400
4/1	仕　入	25	432	10,800				40	**405**	16,200
5/20	売　上				30	405	12,150	10	405	4,050
8/1	仕　入	50	495	24,750				60	**480**	28,800
9/20	売　上				40	480	19,200	20	480	9,600
11/1	仕　入	10	585	5,850				30	**515**	15,450
12/20	売　上				18	515	9,270	12	515	6,180
12/31	次期繰越				*12*	*515*	*6,180*			
		100		46,800	100		46,800			
20X4/1/1	前期繰越	12	515	6,180				12	515	6,180

（*）斜体字の部分は朱書きします。

（出所）筆者作成。

● 図表3-6　設例3-1に関する20X3年度の売上原価および次期繰越高

（単位：千円）

	売上高	売上原価*	売上総利益	次期繰越高*
（A-1）個別法		40,680		6,120
（A-2）先入先出法		39,960		6,840
（A-3）移動平均法	78,480 ―	40,620 ＝	37,860	6,180
（B-1）総平均法		41,184	37,296	5,616
（B-2）最終仕入原価法		39,780	38,700	7,020
（B-3）売価還元法		40,810	37,670	5,990

（売上総利益列の上部）37,800 / 38,520

（＊）どの方法を採用しても，売上原価と次期繰越高との合計額は46,800千円で一致します。

（出所）筆者作成。

売することになると考えられます。

3.2　石油元売における売上原価

後入先出法の廃止

2008年9月に現行制度が定められる以前は，棚卸資産の評価方法として後入先出法の選択適用も認められていました（図表3-7）。設例3-1のような仕入単価の上昇時に採用しても，払出時点の価格水準に近い価額で費用と収益とを対応させることができます。「事業の採算を把握しやすい」という声も聞かれ（日本経済新聞2010年3月30日（朝刊）16面），特に在庫の備蓄義務が法令で課され

● 図表3-7　ふたつの後入先出法

	概要	設例3-1において採用した場合	
（A-4*）都度後入先出法	商品を払い出す都度，直近に受け入れた分から払い出したと仮定します。	次期繰越高は4,590千円。前期繰越分：10箱×@360千円。8月受入分：2箱×@495千円。	売上原価は 46,800－4,590 ＝42,210千円。
（B-4*）期別後入先出法	期中払出は数量のみを記録し，期首在庫は期末まで寝ていたと仮定します。	次期繰越高は4,320千円。前期繰越分：12箱×@360千円。	売上原価は 46,800－4,320 ＝42,480千円。

（＊）図表3-4における（A）継続記録法，（B）棚卸計算法に，それぞれ該当します。

（出所）BAC［1962］注解11にもとづき，筆者作成。

ている石油元売のような企業については後入先出法を引き続き採用すべき旨の指摘もあったようです（ASBJ [2008] 34-10項）。すなわち，商品の購入から販売までの市況の変動により生じる保有損益を期間損益から排除することによって，相対的により適切な期間損益の計算に資すると考えられてきました（ASBJ [2008] 34-5項）。

しかしながら，最終的には「IFRSsとの収斂」が決定打となり，後入先出法は廃止されています（ASBJ [2008] 34-12項）。価格変動を考慮しない金額で商品の貸借対照表価額が繰り越され続けるため，最近の再調達原価（後述）の水準と大幅に乖離する可能性が問題点として指摘されていました（ASBJ [2008] 34-6項）。費用収益対応の観点と共鳴する損益計算書は拟措き，貸借対照表が実態を示さない点が問題視されたといえます。

図表3-6と図表3-7とを比べれば，価格上昇時に後入先出法を採用したことで売上原価が大きく算定され，その結果として毎期の利益額は小さく示されていたことがわかります。このような環境下で後入先出法から他の評価方法へ変更した場合には一時的に利益が計上されます。たとえば出光興産株式会社は2009年度に「後入先出法から総平均法へ」変更していますが，この変更により営業利益（連結）は368億円押し上げられ445億円となりました。同社は2008年度にも，棚卸資産の評価期間を「年度別から四半期別へ」変更することで売上原価を538億円減少させています。2008年度については四半期決算へ移行した結果とも考えられますが，評価期間を短くしたことで利益を捻出できる仕組みは図表3-7における（B-4）から（A-4）への変更により説明できるでしょう。結果的には2期連続で棚卸資産の評価方法を変更していることから，「企業業績悪化を緩和するための益出しの1つとして用いられたことが推察できる」という指摘がなされています（行待 [2015] 58頁）。

在庫評価益

現在，石油元売の大手は棚卸資産の評価方法に総平均法を採用しています。図表3-1の事例ではドバイ原油価格について，2016年夏までは供給過剰感が拡がるなか9月下旬にOPECが減産に合意し，12月には非OPECとの協調減産も合意したことなどから上昇基調に転じ50ドル／バレルを上回るなど，最終的

● 図表3-8　原油価格の変動が損益に与える影響

	後入先出法	総平均法
(i) 原油価格が上昇する局面	期首の相対的に安い在庫が次期繰越高となるため，損益の悪化要因となります。	期首の相対的に安い在庫が売上原価を押し下げて，損益の改善要因となる「在庫評価益」が生じます。
(ii) 原油価格が下落する局面	期首の相対的に高い在庫が次期繰越高となるため，損益の改善要因となります。	期首の相対的に高い在庫が売上原価を押し上げて，損益の悪化要因となる「在庫評価損*」が生じます。

（*）在庫評価益の場合とは異なり，低価法評価損も含めて示されます。

(出所）筆者作成。

な年度平均価格は前年同期比1.4ドル／バレル上昇の46.9ドル／バレルとなったとされています（図表3-8, i）。

2016年度に石油元売で生じた在庫評価益とは，総平均法を採用している場合に，原油価格の上昇によって期首の安価な在庫が期中の売上原価を押し下げた影響を指しています。まさに「配分と評価の双対性」といった秀逸な整理がなされているとおりであって（石川［2010］104頁），売買目的有価証券のように期末の市場価格を貸借対照表価額として示すことは意図されていない点に留意しましょう。

3.3 棚卸資産の期末評価

棚卸減耗

継続記録法を採用した在庫管理をおこなっていても，盗難や目減りによって実地棚卸数量が帳簿上の期末棚卸数量を下回ることがあるため，実地棚卸による補完は不可欠です（BAC［1962］六）。この場合，経済活動において仕方なく発生し得る分については原価性があるとみなして売上原価または製造原価に棚卸減耗費として処理します。また，異常に発生した分については棚卸減耗損として特別損失に計上すべきと解されます。

〔設例3-2〕 設例3-1を一部改変します。期末実地棚卸により1箱の不足が判明しました。原価性が認められないとして，先入先出法と移動平均法とについて仕訳を考えましょう。
先入先出法：（借）棚卸減耗損　495　（貸）商品　495
移動平均法：（借）棚卸減耗損　515　（貸）商品　515

図表3-5によれば20X3年12月末の時点で帳簿残高12箱のところ，実際有高は11箱でした。どの時点で減耗したかが判別できなかったからこそ，期末の決算整理仕訳が必要となります。先入先出法の場合，やはり先に仕入れた単価495千円×1箱を貸記します。

低価法評価損

翌期以降に「原価割れ」での販売を覚悟せねばならないとき，すなわち期末における正味売却価額が取得原価を下回っている場合には，当該正味売却価額をもって貸借対照表価額とします（ASBJ［2008］7項）。収益性の低下による簿価切下額は売上原価または製造原価に計上し，切放方式あるいは洗替方式を採用することができます（ASBJ［2008］14項）。ただし，重要な事業部門の廃止や災害の発生など臨時の事象に起因し，かつ，多額であるときには切放方式により特別損失に計上します（ASBJ［2008］17項）。

〔設例3-3〕 設例3-2の続きです。競合他社の擡頭により期末在庫が540千円／箱でしか売れないと判明した場合，先入先出法と移動平均法とについて仕訳を考えましょう。
先入先出法：（借）低価法評価損　450　（貸）商品　　　　450——(a)
　　　　　　（借）売上原価　　　450　（貸）低価法評価損　450——(b)
移動平均法：　仕訳なし

売却市場における時価から見積追加製造原価および見積販売直接経費を控除すると正味売却価額が算定されます（ASBJ［2008］5項）。将来の販売時点での

売価，すなわち［将来収入額］にもとづいた測定が望ましいとされますが（ASBJ［2008］41項），その入手や合理的な見積は困難であることから，期末時点での売価の利用が想定されています（ASBJ［2008］42項。この点へ疑問を呈した論攷は，たとえば，角ヶ谷［2009］138頁）。期末在庫（11箱）のうち，先入先出法を採用した場合の10箱は単価585千円と記録されていますので，低価法評価損は（540－585）千円×10箱＝450千円となります。収益性の低下という実態を在庫商品（貸借対照表）で示すための簿価修正であると同時に，石油元売においては「在庫評価損」と合わせて売上原価を押し上げます（図表3-8，＊）。棚卸資産の場合には，固定資産のように使用をつうじて，あるいは債権のように契約をつうじて投下資金の回収を図ることは想定されておらず，通常，販売によってのみ資金の回収を図ることが低価法評価損を認識する考え方の背後にあります（ASBJ［2008］36項）。

設例3-1から3-3までをとおして，先入先出法を採用した場合の棚卸資産の期末評価については［帳簿価額6,840－(棚卸減耗495＋低価法評価損450)＝商品5,895（B/S）］のように表すことができます（図表3-9）。企業会計の目的を「投下資本の回収計算」と措定した場合，ASBJ［2008］で要請された低価基準は純粋な原価主義会計理論によって説明され得る，という興味深い主張

図表3-9　設例3-3までのまとめ（先入先出法の場合）

（単位：千円）

期末商品棚卸高6,840＝@495×2箱＋@585×10箱

@495および@585（帳簿単価）	低価法評価損 450	棚卸減耗*2 495
@540（正味売却価額*1）	商品（B/S）495＋5,400	
0	1＋10箱（実地棚卸）	2＋10箱（帳簿上）

損益計算書（20X3年度）

売上高		78,480
売上原価		
期首商品棚卸高	5,400	
当期商品仕入高	41,400	
合計	46,800	
期末商品棚卸高	6,840	
差引	39,960	
低価法評価損*2	450	40,410
売上総利益		38,070

（以下略）

（＊1）帳簿単価495千円の1箱について，正味売却価額まで簿価を「切り上げる」ことはありません。
（＊2）設例3-2では棚卸減耗に原価性が認められていないため，「低価法評価損」のみが売上原価に計上されます。

（出所）筆者作成。

● 図表3-10　低価法評価損に関するふたつの解釈

(前提条件) 棚卸減耗を考慮した帳簿価額6,345千円の内訳は，@495千円×1箱および@585千円×10箱です。
低価法の時価として，(A) 正味売却価額@540千円，(B) 再調達原価@480千円，をそれぞれ利用します。

(A-1) 10箱を@540千円で売却する	(借) 仮売掛金　　　　5,400　(貸) 商品　　　　5,850 擬制売却損*　　450
(A-2) 即時に@540千円で買い戻す	(借) 商品　　　　　　5,400　(貸) 仮売掛金　　5,400 ［現在収入額］
(B) 11箱を@480千円で仕入れ直す	(借) 新・商品　　　　5,280　(貸) 商品　　　　6,345 ［現在支出額］ 割高購入損　　1,065

(＊)「擬制売却損」は，笠井［2009］図表3に着想を得ています。

(出所) 筆者作成。

がみられます（松下［2016］133頁）。

　決算整理前（**図表3-5**）の商品は［過去支出額］による測定がなされています。しかし，決算整理後（**図表3-9**）の商品は，8月の仕入原価495千円（測定は［過去支出額］による）と正味売却価額5,400千円（測定は［現在収入額］による）とが混在しており，合計金額5,895千円にどのような意味が籠められているかを説明できません。

　低価法における時価として正味売却価額を採用すれば，20X3年度末での売却を擬制し，そのまま保有していれば将来に生じ得る「売却損」を予め認識してしまう考え方につながります。当該商品をいったん売却し買い戻すことで，物理的には「同じ商品」が在庫として20X4年度に繰り越されるとみなせます（**図表3-10，A**）。売却した相手から商品を買い戻すならば，「同じ商品」の取得原価は直前に擬制した売却額，すなわち［現在収入額］にもとづいて測定されます。ただし，「買い戻す」という擬制は，「収益の成立が確実になっておらず（契約が後戻りしない，という条件が充たされておらず），実現の要件を満たしていない」という欠陥が否めません（笠井［2009］65頁）。

　なお，図表3-10で示した簿記処理は切放方式が念頭にあります。特に，正味売却価額を選択して投資の清算がおこなわれた場合には，いったん計上した低価法評価損を戻し入れる洗替方式とは相容れないように思われます。わが国で

は一般的に，正味売却価額が回復する事態は必ずしも多くないと考えられているほか，仮に正味売却価額が回復すれば販売されて在庫として残らないと見込まれ，洗替方式と切放方式との選択を企業に委ねても結果は大きく異ならないとされています（ASBJ［2008］59項）。この点，IFRSsでは洗替方式のみが認められていますが（*Ibid*., par.33），その根拠について直接的な言及はみられません。IFRSsの思考は「価値評価の観点から低価法を定めている」といった整理がなされますが（秋葉［2014］176頁），有形固定資産に係る減損損失の戻入を認めるか否かに関する議論と同根と考えて差し支えないでしょう（8章）。

　正味売却価額を採用する以上の議論に対して，「買い戻す」以外の擬制は可能でしょうか。現行基準では限定的な適用に留まると考えられますが，低価法における時価として再調達原価も選択できます（ASBJ［2008］10項）。再調達原価とは，期末時点で購買市場において追加で仕入れる場合の支出額，すなわち［現在支出額］にもとづく測定がなされます。購買市場と売却市場との価格差が存在するいじょう，売却時価が下がっていれば購買時価も下がっていることが想定されます。図表3-10の条件を用いると11箱の再調達原価は5,280千円となります。帳簿価額6,345千円との差額1,065千円は一般的には「保有損失」とされますが（たとえば，石山［2014］124頁），いわば「割高購入損」といった意味をもっています（図表3-10，B）。このように，正味売却価額と再調達原価とのいずれを選択するかによって，資産の期末評価や損益計算の理論的な意味は大きく変わる点に留意すべきでしょう。

投機を目的とした棚卸資産

　当初から加工や販売の努力をおこなうことなく単に市場価格の変動により利益を得る行為を投機（trading）といいます（ASBJ［2008］60項）。投機目的の棚卸資産については，市場価格にもとづく価額をもって貸借対照表価額とし（ASBJ［2008］15項。時価評価を導入した経緯については，伊藤［2007］），評価差額は原則として純額で売上高に表示します（ASBJ［2008］19項）。損益の表示箇所は異なるものの，評価差額の取扱は売買目的有価証券（図表2-2）に準じています（ASBJ［2008］16項）。かような棚卸資産は，活発な取引がおこなわれるよう整備された，購買市場と売却市場とが区別されていない単一の市場（たとえ

ば，金の取引市場）の存在が前提とされており（ASBJ［2008］60項），購買市場と売却市場とが区別されている一般的な「商品」とはまったく異なります。

> 〔設例3-4〕 当社が投機目的で保有する金地金の取得原価は1,200千円でしたが，期末における時価は (a) 1,195千円，(b) 1,210千円だったとき，決算整理仕訳を考えましょう。
> (a，値下がり局面)：(借) 売上　　　5　　(貸) 金地金　　5
> (b，値上がり局面)：(借) 金地金　10　　(貸) 売上　　 10

設例3-4では「取得原価」や「時価」と示していますが，（敢えて）曖昧な用語法に留まっています。たとえば「時価」について，購買時価と売却時価とのいずれを参照するかは理論的にはきわめて重要ですが，実践上の区別はありません。

棚卸資産を投機目的で保有する企業には商社が目立っており，たとえば伊藤忠商事株式会社では「販売費用控除後の公正価値で測定し，公正価値の変動額は発生した期の純損益として認識しております」といった開示がなされています（第93期有価証券報告書，88頁）。売買目的有価証券を意識して「棚卸資産運用損益」勘定を介在させる簿記処理も提案されていますが（吉田［2017］230頁），投機目的での保有を業とする商社においては売上高を直接に増減させても問題はないと考えられます。

★コラム　投資の成果★

ASBJ が2006年12月に公表した「討議資料『財務会計の概念フレームワーク』」(ASBJ［2006］)において，貸借対照表は「企業が実行した投資の特定時点のポジション」を，損益計算書は「その投資から得られた特定期間の成果」を，それぞれ開示する役割を担っているとされます（第3章1項）。そして，資産を「過去の取引または事象の結果として，報告主体が支配している経済的資源」と定義し（第3章4項），それを出発点として負債，純資産，株主資本，包括利益，純利益，収益，費用，に定義を与えています。

ところで，ASBJ［2006］には「投資の成果」を収益とみるか利益とみるか，ふたつの用語法がみられます。財務諸表における認識と測定とについて

述べられた「収益と費用に関する部分では，企業が投資した資金は，いつ投資のリスクから解放され，<u>投資の成果を表す収益はどのように計上されるのか</u>，その成果を得るための犠牲である費用は，いつ，どのように計上されるのか，といった事項の説明に主眼が置かれている。これは第3章「財務諸表の構成要素」において，<u>純利益がリスクから解放された投資の成果として定義されていること</u>を受けたものである」(第4章序文，傍線は引用者) の段落には，それが如実に表れています。

　ASBJ［2006］では，企業の主たる経済活動として「事業投資」と「金融投資」とが想定されています。前者の典型例である「商品」は，対価として現金又は現金等価物を受け取った時点で投資のリスクから解放されます (第4章57項)。後者に該当する「投機目的の棚卸資産」は，随時換金 (決済) が可能なために，市場価格の変動そのものがリスクから解放された投資の成果とされます (第4章45項)。どちらの「成果」も等しく売上勘定を貸記しますが，対応する「売上原価」の有無がふたつの「投資」を峻別するように思われます。なお，本書では，<u>企業の経済活動で得られた収益</u>について「成果」という用語を当てています。

●●●●　ケース3の問題を考える　●●●●●

　上場企業においては，2008年4月以後開始する連結会計年度から四半期決算が適用されています。四半期財務諸表には株主資本等変動計算書は含まれず，また第1四半期と第3四半期にはキャッシュ・フロー計算書の開示を省略できるなど，大幅な簡素化が図られています。また，損益計算書とキャッシュ・フロー計算書については，期首からの累計期間に係る開示が基本とされています。たとえば，3月決算の出光興産株式会社では，4-6月 (第1四半期)，4-9月 (第2四半期)，4-12月 (第3四半期) の累計が開示されています。**図表3-1**の事例について，各四半期の経営成績および在庫影響をみてみましょう (**図表3-11**)。

　連結損益計算書の「営業利益」は原油価格の変動に大きく影響されていることが読み取れます。「営業黒字に転換した」「営業利益は前期比〇割増」

● 図表3-11　図表3-1の事例（連結）における四半期別の業績概要

(単位：億円)

	2015年度				2016年度			
	1Q	2Q	3Q	通年	1Q	2Q	3Q	通年
売上高	9,228	18,661	27,968	35,702	6,788	14,263	22,609	31,903
営業利益	180	△103	△182	△196	246	325	837	1,352
在庫影響	62	△384	△858	△1,222	63	△48	92	331
在庫影響除き	118	281	677	1,025	182	373	745	1,021
最終損益*	114	△66	△270	△360	184	227	606	882

（＊）正確には，「親会社株主に帰属する当期純利益」といいます（**図表2-8**）。
（出所）同社の四半期決算説明資料にもとづいて，筆者作成。

といった報道を目にしても，石油元売については在庫影響を除いた分析が不可欠となります。

　また，商品の大部分を中東などから輸入しており，為替の変動にも気を配る必要があります。在庫影響を除いた営業利益は通年で4億円減少しているとも読めますが，2016年度は円高の影響を無視できません。すなわち，原油価格は上昇基調である一方で円高が進んだことから，円換算した2016年度の売上高は伸び悩んだようにみえています。各四半期の売上高は前年同期と比べると2-3割減少していますが，在庫影響を除いた営業利益が売上高に占める割合は前年よりも改善しています。

　四半期決算の導入により，一般的には利害関係者の迅速な意思決定が可能となったといわれています。しかしながら，そういった短期志向の株主を酌んだ結果として経営者の意識が近視眼的になってしまっては，長期的に望ましい状況を生み出せません。投資者の側も日々の報道や株価の変動に一喜一憂すべきではないように感じます。ただし，かような短期志向の株主が財務諸表をみて投資の意思決定をおこなっているかは一概にいえません。

参照文献

ASBJ［2006］：企業会計基準委員会「討議資料『財務会計の概念フレームワーク』」改訂版，2006年12月。

ASBJ［2008］：企業会計基準委員会「棚卸資産の評価に関する会計基準」，2008年9月26日改正。

BAC［1962］：企業会計審議会「棚卸資産の評価について（連続意見書第四）」，1962年8月7日。

BAC［1982］：企業会計審議会「企業会計原則」，1982年4月20日最終改正。

IASB［2003］：International Accounting Standard No.2: *Inventories*, Dec.2003, IASB.

秋葉［2014］：秋葉賢一『会計基準の読み方Q&A100』中央経済社，2014年2月。

石川［2010］：石川純治『変わる会計，変わる日本経済』日本評論社，2010年4月。

石山［2014］：石山宏「棚卸資産会計のコンバージェンス」『山梨国際研究』9，118-126頁，2014年3月。

伊藤［2007］：伊藤眞「トレーディング目的で保有する現物商品の会計処理の含意と示唆」『三田商学研究』49(7)，119-145頁，2007年2月。

笠井［2009］：笠井昭次「流動資産・固定資産分類学説の総合的検討」『三田商学研究』52(2)，61-79頁，2009年6月。

高瀬［2007］：高瀬央「第5章　認識，測定，および伝達の原則」友岡賛編『会計学』慶應義塾大学出版会，2007年10月。

角ヶ谷［2009］：角ヶ谷典幸『割引現在価値会計論』森山書店，2009年1月。

松下［2016］：松下真也「棚卸資産の低価基準はなぜ強制されるのか？」『産業経理』76(2)，126-134頁，2016年7月。

行待［2015］：行待三輪「石油業における在庫評価の会計行動」『京都マネジメント・レビュー』25，39-60頁，2015年5月。

吉田［2017］：吉田智也「棚卸資産運用損益」日本簿記学会監修『勘定科目・仕訳事典』第2版，中央経済社，229-231頁，2017年8月。

費用の会計(2)
―現金支給額をもって「人件費」と解釈できるのか―

●本章のポイント●

❶ 従業員の雇用を会計上どのように取り扱うかについて考えます。
❷ 労働という側面から,IFRSs と日本基準との相違点について考えます。

未消化の年休は「人件費」に含まれるのか
―― 日本たばこ産業株式会社

　わが国でもIFRSsの適用が義務づけられるのか，という議論が沸騰した時期に，IFRSsを適用すると未消化の有給休暇について負債計上しなければならないのか，という話題が経済誌や監査法人のウェブサイトをにぎわせました。日本経済新聞2010年2月15日（朝刊）16面に掲載された「「時短」めざす，改正労基法4月施行」という記事もそのひとつです。

> 　2015年までに上場企業に義務付けられるとみられる国際会計基準（IFRS）では，企業は未消化の有給休暇に相当する費用を引当金として負債に計上しなければならない見通しだ。負債の増加を嫌う企業は従業員に有給休暇の取得を促す可能性もある。
> 　有給休暇関連の引当金は一般に「日給×従業員数×期末時点で未消化の有給休暇日数×有給休暇消化率」で計算する。（中略）
> 　一般的な事務職員の場合は，損益計算書のなかで人件費として計上される見通し。ただ，製造業に従事する労働者や技術者などの場合は，実際に売り上げが立つまでは，つまり製品として売買の対象になるまでは，棚卸し資産として一時的に計上される。その後，製品として売りに出されたら，一般的に製造原価として損益計算書に反映することになりそうだ。

　2018年1月時点ではIFRSsが強制適用となる事態にはなっていませんが，任意適用したか，適用を決定した企業の数は2017年7月末には150社を超え，その後も徐々に増え続けています。そのうちの1社である日本たばこ産業株式会社は，国際的な市場における資金調達手段の多様化などを目指して，2012年3月期よりIFRSsを任意適用しています（図表4-1）。
　それまでの日本基準では負債として計上しなかった従業員有給休暇債務

● 図表4-1　日本たばこ産業株式会社における IFRSs の初度適用（一部）

2010年4月1日（移行日）現在の資本に対する調整

日本基準表示科目	日本基準 （百万円）	表示組替 （百万円）	認識及び測定の 差異（百万円）	IFRS （百万円）	IFRS 表示科目
リース債務	480,626	(60,223)	13,056*	433,459	その他の流動負債
未払たばこ税					
未払たばこ特別税					
未払地方たばこ税					
未払消費税等					
その他（流動負債）					
リース債務	141,954	(47,593)	3,620	97,982	その他の非流動負債
その他（固定負債）					

調整に関する注記（抜粋）
(4) 未消化の有給休暇に対する調整
　当社グループは、日本基準の下では会計処理が求められていなかった未消化の有給休暇について、IFRS において負債計上を行っており、利益剰余金に調整が反映されております。

（出所）第27期有価証券報告書にもとづき、筆者作成。

19,577百万円は、「認識及び測定の差異」の一項目として「その他の流動負債」に含まれていると考えられます（**図表4-1, ＊**）。

問 題

❶ 給料や賞与のほかに、どのような労働の対価があるでしょうか。
❷ IFRSs では何を論拠として未消化の有給休暇が負債計上されるのでしょうか。

用 語

人件費　　労働用役　　ストック・オプション　　株式報酬費用
新株予約権　　年次有給休暇

4.1 現金で支給する人件費

一般的な簿記処理

　人件費とは企業の役員や従業員などに関連して発生した費用をいい，労働の対価たる給料や賞与から諸手当までが含まれます。「支給日に費用処理する人件費の認識規準は現金主義である」という考え方の当否について考えてみましょう。

〔設例4－1〕　当社は従業員に対して，基本給として300,000千円，通勤や残業に対する手当として70,000千円を支給しました。なお，健康保険料や厚生年金保険料などとして60,000千円，所得税や住民税の源泉徴収として30,000千円を天引きし，差引額を支払いました。そして，後日に会社負担分の社会保険料60,000千円と合わせて納付しました。

支給時：（借）給　　料　　　370,000　　（貸）預 り 金　　　90,000
　　　　　　　　　　　　　　　　　　　　　　　現金預金　　280,000
納付時：（借）預 り 金　　　　90,000　　（貸）現金預金　　150,000
　　　　　　法定福利費　　　60,000

　社会保険料や所得税は，本来的には給料を受け取る従業員が負担します。企業はそれらを予め差し引いてから支給し，事業主（企業）が負担する部分と合わせて後日に納付しています。費用計上額と支出額とが一致していないことを確認できます。

〔設例4－2〕　当社（12月末決算）は就業規則において11月から翌年4月にかかる賞与を6月に支給しています。決算に際して，(a) 次回支給額は確定していないが，支給見込額のうち110,000千円が当期に帰属する額と判断された。(b) 賞与支給額は部署別に査定され，このうち当期に属する金額は110,000千円である。それぞれの簿記処理を考えましょう。

(a):(借)賞与引当金繰入　110,000　（貸）従業員賞与引当金　110,000
(b):(借)従業員賞与　　　110,000　（貸）未払金　　　　　　110,000

　設例4-2（a）のように，支給額が確定していない場合には賞与引当金を負債計上します（図表5-2）。それに対して，（b）のように支給額が確定していれば確定債務としての負債計上がなされます。実践においては，それが支給対象期間に対応して算定されていれば未払費用を，それ以外の基準ならば未払金を，それぞれ認識するようです（JICPA [2001]）。しかし，ふたつの勘定科目は本質的には大きな相違があります（図表4-2）。

〔設例4-3〕　当社は決算に際して，3ヵ月後の株主総会において決議する予定の役員賞与の支給額80,000千円について，これを当期の人件費としました。
(借)役員賞与引当金繰入　80,000　（貸）役員賞与引当金　80,000

　2006年に会社法が施行される前は，取締役や監査役などの役員に対する賞与は利益処分項目とされてきました。しかし，その経済的実態は業績連動型報酬と同様に職務執行の対価であるとの考え方から，現在では発生した会計期間の費用として処理されています（ASBJ [2005a] 12(1)項）。原則として引当金として計上されますが，実質的に確定債務ならば「未払役員報酬」などの勘定科目

● 図表4-2　未払金と未払費用との相違点

		未払金	未払費用
概要		財貨用役を取得したときに，その対価を支払う義務が確定している債務を表している。ただし，主たる営業活動に係る債務は「買掛金」勘定を用いる。	一定の契約に従って継続的に役務の提供を受ける場合に，支払日が到来せずに期末を迎えたためにすでに受け入れた役務の対価を支払っていない状態を表している（BAC [1982] 注解5(3)）。
認識	仕訳の時点	財貨用役の取得時（期中）	決算整理仕訳のひとつ（期末）
	相手勘定科目	(借方) 資産の増加	(借方) 費用の発生
消滅	仕訳の時点	決済時（期中）	再振替仕訳（翌期首）
	相手勘定科目	(貸方) 現金預金の減少	(貸方) 費用のマイナス発生

(出所) 筆者作成。

も可とされています（ASBJ [2005a] 13項）。

> 〔設例4-4〕 決算に際して，当社の役員が退任する場合に支給する慰労金について，在任期間や役職を勘案したところ，140,000千円が当期末における要支給額と算定されました。なお，前期までに「役員退職慰労引当金」として120,000千円を積み立てています。
> （借）役員退職慰労引当金繰入　20,000　（貸）役員退職慰労引当金　20,000

　役員賞与のみならず役員の退任時に支払われる「役員退職慰労金」も，定款に定めのないときは株主総会の決議がなされるまでは確定債務ではありませんが，その支給に関する内規にもとづいて支給見込額が合理的に算定されるのであれば，決算日時点での要支給額を「役員退職慰労引当金」として計上します。近年では，年功的な性格を有する役員退職慰労金に代わる報酬として，権利行使時に払い込む価格（権利行使価格）を1円とする株式報酬型ストック・オプションが導入されつつあるようです。役員退職慰労金に対する風当たりが強まる中で，現金の社外流出が抑えられ，株価変動の影響は受けるものの退任時に支払われる報酬が一定程度は確保されることから，株主にも役員にも受け入れられ普及していったのではないか，という指摘がみられます（野口 [2013] 18頁）。株式それ自体を役員や従業員の業績連動型報酬として付与する事例も増えており，2017年6月末までに延べ500社以上が導入したと報じられています（日本経済新聞2017年8月6日（朝刊）1面）。

> 〔設例4-5〕 決算に際して，労働協約にもとづき，従業員の退職給付に関する当期負担分150,000千円を見積計上しました。
> （借）退職給付費用　150,000　（貸）退職給付引当金　150,000

　一定の期間にわたって勤務した従業員に対して支払われる退職給付の性格については種々の考え方がありますが，現行制度においては，従業員が提供した労働の対価として支払われる賃金の後払いとして捉えられています（ASBJ [2016] 53-54項）。やはり，退職給付の支給時に費用処理しているわけではない

ことが確認できます（**図表6-7**）。

労働用役の資産性

これまでの設例をとおして，現金等の支払によって従業員や役員から労働用役たる資産を取得していると捉えることができれば，人件費の認識についても発生主義の思考が通底しているといえるかもしれません。製造業を営む企業が製品を製造するために材料や機械を調達するように，労働用役を現金等の支払によって取得し，その費消分が労務費として製造原価を構成すると考えることもできそうです（笠井 [2000] 659頁）。そもそも，人件費を現金主義により認識するという考え方に則るならば，10,000千円の報酬を支払う契約で従業員に勤務してもらった後に手許現金が9,000千円しかなかった場合に，1,000千円が未払であるという経済事象を認識する根拠を失ってしまうように思われます。

労働用役の取得および費消というふたつの別個な取引と捉えることで，本書の題材としてはやや異色かもしれませんが，2010年に公表された「NPO法人会計基準」におけるボランティアの会計処理について合理的な説明が可能となります。無償による労働用役を受け入れて事業活動をおこなう場合に無償分は注記開示する選択肢もありますが，活動計算書（その様式は損益計算書に似ています）に有償分と同じように人件費として計上することで事業の規模や実態がより明確になります。このとき，仮に有償ならば支払うべき金額を合理的に把握できれば［（借）ボランティア評価費用 xxx （貸）ボランティア受入評価益 xxx］といった仕訳がなされます（この仕訳の意義や問題点については，たとえば，金子 [2013] 669-671頁）。費用と収益とが同時に発生することはないと一般的には考えられていますが（**図表1-5，＊1**），労働用役の取得と瞬間的な費消とに分解することで，既存の簿記理論にも反しないことが確認できます（**図表4-3**；徳山 [2014] 86-88頁も参照）。

とはいえ，労働用役に貯蔵性はなく，その取得と同時に費消されます。人件費は継続的に発生し続けているものの，支給時や期末に認識せざるを得ない現実があります。また，**設例4-1**で計上した通勤手当をはじめ，従業員の慶弔や永年勤続表彰に関する福利厚生費，資源価格や為替の動向によって大きく左右される業績連動型報酬などは，必ずしも労働用役の費消に伴って認識している

● 図表4-3 「労働用役」の取得および費消（設例4-1から設例4-5まで）

労働用役の取得	（借）労働用役	730,000	（貸）現金預金	280,000
			預り金	90,000
			諸負債*	360,000
─ 瞬間的 ─				
労働用役の費消	（借）給料	370,000	（貸）労働用役	730,000
	各種引当金繰入	210,000		
	退職給付費用	150,000		

(出所) 筆者作成。

わけではないかもしれません。

さらに，各種引当金繰入と退職給付費用に対応した負債項目（**図表4-3**，*）について，資産の取得と同時に認識するならば「未払金」が適切な勘定科目と考えられますが（**図表4-2**），実践上は決算整理仕訳の一環として引当金や未払費用が計上されています。このような実態に鑑みると，「労働用役の取得および費消」は単なる観念論におわってしまうのでしょうか（本章のコラムも参照のこと）。各種引当金（5章）および退職給付債務（6章）の学習をおえてから，改めて検討してみてください。

4.2 株式報酬型ストック・オプション

株式報酬費用の対価性

ストック・オプション（Employee Share Options，以下，ESO）とは，従業員等が提供した労働や業務執行等の対価として企業から付与される報酬のひとつであり，2015年度には上場企業654社が利用したようです（日本経済新聞2016年4月16日（朝刊）15面）。予め定められた金額を支払うことで当該企業の株式を取得できる権利を指しますが，このうち，権利行使価格が1円であるESOは「株式報酬型ESO」と呼ばれます。権利行使時の株価と1円との差額が従業員等の報酬となり，業績が向上して株価が上昇するほど報酬も拡大することから，労働意欲を促進させる動機づけとしての効果が期待されています。

ESO を付与して企業が従業員等から取得する労働用役は，その取得に応じて**株式報酬費用**として計上し，対応する金額を権利が行使されるか失効が確定するまでの間，純資産の部に**新株予約権**として計上します（ASBJ［2005b］4項；**図表11-2**，＊4）。将来に権利が行使されれば払込資本となりますが，それまでは報告主体の所有者である株主とは異なる新株予約権者との直接的な取引による点が重視されています（ASBJ［2005b］32項）。各会計期間における費用計上額は，ESO の公正な評価額のうち，**対象勤務期間**を基礎とする方法などによって当期に発生したと認められる部分を，公正な評価単価に ESO 数を乗じて算定します（ASBJ［2005b］5項）。**付与日における公正な評価単価**とは，一義的には市場において形成されている取引価格とされていますが，ESO に関しては，通常，市場価格が観察できないことから，Black-Scholes equation などの技法（オプション価格の決定要因については，たとえば，晝間［2018］156-159頁を参照のこと）を用いて見積ります（ASBJ［2005b］48項）。

〔**設例4-6**〕　当社（12月末決算）は，20X1年3月27日の株主総会決議にもとづき，次の条件で従業員500名に ESO を付与（1名につき1個）しました。
ⅰ）付与日：20X1年6月1日。
ⅱ）権利行使により与えられる株式数：1個につき60株。
ⅲ）権利行使価格：1円（一部行使はできず，権利行使価額は60円）。
ⅳ）対象勤務期間：20X1年6月1日から20X2年5月31日まで（1年間）。
ⅴ）権利行使期間：20X2年6月1日から20X2年11月30日まで（半年間）。
ⅵ）退職した場合には，権利を行使することはできません。
ⅶ）付与日における公正な評価単価：2千円。
　ESO の実績は次のとおりでした。

	行使数	失効数（累計）	備考
20X1年6月1日（付与日）	—	—	権利確定日までに退職者20名と見込んでいます。
20X1年12月末まで（決算日）	—	10	20X1年12月末，10名が退職しました。
20X2年5月末まで（権利確定日）	—	35	20X2年3月末，さらに25名が退職しました。
20X2年11月末まで	450	50	15名が権利を行使せず，失効しました。

```
20X1年6月1日：    仕訳なし
20X1年12月末   ：（借）株式報酬費用  33,600  （貸）新株予約権      33,600
     （500名－20名）×60株×2千円×（7ヵ月／12ヵ月）＝33,600千円
20X2年5月末   ：（借）株式報酬費用  22,200  （貸）新株予約権      22,200
     （500名－35名）×60株×2千円×（12ヵ月／12ヵ月）－33,600千円＝22,200千円
20X2年11月末  ：（借）現金預金         27  （貸）資本金         54,027
                新株予約権    54,000
            （借）新株予約権     1,800  （貸）新株予約権戻入益   1,800
```

現金その他の財産の流出を伴わない点に着目して費用計上を不要とする説もありますが，ESOの付与に際しては株式を時価未満で取得できる権利を対価として労働用役の提供を受け入れており無償取得とは異なる，といった理解がなされています（ASBJ［2005b］38項）。ただし，「報酬」という名称こそ付されていますが，従業員等から受け入れた労働用役とは直接的な関係を見出せないことが設例から読み取れます。たとえば，付与日から20X1年12月末まではESOを付与した500名全員が勤務したにもかかわらず，20X1年12月末には480名分しか費用を認識していません。20X2年5月末には権利の確定した55,800千円から33,600千円を控除することで株式報酬費用を算定していますが，465名が5ヵ月勤務したという経済事象を表現したというよりは，むしろ，権利確定日の時点で新株予約権55,800千円を計上するよう帳尻を合わせたといった捉え方のほうが適切でしょう。以上より，決算日に計上される株式報酬費用は，受け入れた労働用役の費消とは関係がなく，また，現金で支給する人件費と比べると金額的な確実性は相対的に低いといえます。

なお，2011年における株式報酬型ESOについての実態調査によれば，対象企業50社293プログラムのうち125プログラムでは，役員の任期までが実質対象勤務期間であり，役員の任期により権利行使できる日が決まる条件となっていたようです（山下［2014］23頁）。このようなプログラムは，他の条件から対象勤務期間が明らかである場合を除いて，権利行使のために業務執行を最低限継続する必要のある，就任後の最初の任期における労働用役と対価関係にあるものと推定されています（ASBJ［2006］55項）。したがって，役員の任期が複数期

にまたがった場合には第2期以降に役員から提供された労働用役を費用計上しないため，株式報酬型 ESO の対価性には疑義がある，という見解もみられます（山下［2014］25頁）。

株式報酬費用に関する簿記論

そもそも，［（借）費用の発生 xxx（貸）純資産の増加 xxx］という結合関係は本来的には成立しないはずです。しかし前節での議論をふまえると，当該仕訳は何らかの勘定科目の変動が省略されている簡便法ではないか，といった推測が成り立ちます。

〔設例4-7〕 設例4-6の条件のうち，ⅳ）を削除し，ⅴ）は「権利行使期間：20X1年6月1日から20X2年11月30日まで」と変更します。すなわち，権利確定条件がなく，付与と同時に権利を行使できる場合を想定します。
20X1年6月1日 ：（借）株式報酬費用　60,000　（貸）新株予約権　　　60,000
　　　　　　　　 500名×60株×2千円＝60,000千円
20X1年12月末 ：（借）新株予約権　　　 1,200　（貸）新株予約権戻入益　 1,200
20X2年5月末　：（借）新株予約権　　　 3,000　（貸）新株予約権戻入益　 3,000
20X2年11月末 ：　設例4-6に同じ。

権利確定条件が付されていない場合には，対象勤務期間はなく，付与日に株式報酬費用を計上する旨が規定されています（ASBJ［2006］18項）。対象勤務期間がない，とは「付与日から権利確定日までの期間」という定義に合致しないということであって，労働用役を受け入れずに ESO を付与したわけではないと考えられます（ASBJ［2005b］36項）。それならば，ESO の付与日以前に受け入れていた労働用役の対価と理解するほかありません（ASBJ［2006］56項）。叙上の仕訳（とくに，付与日）はかような状況を表現できているでしょうか。

ESO について事前的報酬という理解があるように（田中［2007］197頁），労働用役の受入に先立って ESO を付与したという擬制が，動機づけという本質を表しています（図表4-4，第1案）。本来的には「前払金」と称するならば現金支出があってしかるべきですが，ESO の付与がそれに代替しているとみ

● 図表 4-4　受け入れた労働用役と付与した ESO との順序（労働が先か，対価が先か）

第1案	（借）前払金	xxx	（貸）新株予約権	xxx	
	（借）労働用役	xxx	（貸）前払金	xxx	
	（借）株式報酬費用	xxx	（貸）労働用役	xxx	
第2案	（借）労働用役	xxx	（貸）未払金	xxx	
	（借）株式報酬費用	xxx	（貸）労働用役	xxx	
	（借）未払金	xxx	（貸）新株予約権	xxx	

（出所）筆者作成。

なすことができます。あるいは，借方科目を「前払報酬」とする主張も散見されますが，決算整理とは関係のない ESO の付与日に経過勘定を仕訳することとなって違和感があります。いずれにせよ ESO の付与のみでは人件費は発生せず，仕訳の1行目と2-3行目とに時点のズレがあっても問題は生じません。ただし第1案では，**設例4-7**のような付与日以前の勤務を観念できないという欠点があります。

そこで第2案では，従業員等から受け入れた労働用役の対価が未払であり，現金支出でなく ESO の付与によってその決済をおこなう，と擬制します（原 [2003] 脚注13も参照）。新株予約権を払込資本と同視するならば，3行目の仕訳は債務の株式化のように整理できるかもしれません（13章）。ただし，単なる未払であれば労働用役たる資産の受入は完了しているはずであり，追加的な労働用役の受入がない限り，ESO の付与日には人件費を計上できないと考えられます。従業員等の過去の貢献に対して賞与が支払われるなどの事例においては，労働用役の受入時点では合理的な測定ができないために人件費を計上せず，信頼できる測定が可能となってから費用を認識しますが，このような実践例は現金主義に則った会計処理と捉えるほかありません。また，そもそも第2案では，ESO の動機づけという本質を表現できていないという批判を免れないようにも思われます。

ESO の失効

第1案と第2案とでは，「株式報酬費用が労働の対価ならば，労働用役の費消によって発生する人件費といえるのか」について，発生主義の思考を堅持し

ながら論証を試みました。**設例4-6**では，従業員の退職を見込んだうえで株式報酬費用33,600千円を計上し，20X2年3月末にさらなる退職者が生じたことから，その実績を加味して株式報酬費用22,200千円を計上しました（いわゆる，権利不確定による失効）。仮に20X2年3月末の段階で計400名が退職していたら，前期末に計上済みの新株予約権33,600千円を権利が確定した100名分（12,000千円）に修正しなければなりません。前期末に認識した株式報酬費用の金額が（結果として）過大であったとなりますが，どのような会計処理が考えられるでしょうか。

いっぽう，**設例4-7**では付与日の時点で権利が確定した新株予約権60,000千円を，その後の従業員の退職にあわせて（いわゆる，権利不行使による失効），特別利益として新株予約権戻入益を認識しています（ASBJ［2005b］47項）。現行制度では，結果として株式を時価未満で引き渡す義務を免れており，また，従業員等の労働用役が無償で提供されたと考えることができる点が根拠とされています（ASBJ［2005b］46項）。株式報酬型ESOでは僅少かもしれませんが，権利行使時に一定の払込を要するESOでは，株価の低迷などの事情による権利不行使による失効も想定され得ます。従業員等から労働用役を受け入れた事実に変わりはないため，株式報酬費用を取り消すことはできません。しかし，結果として過去の費用が過大であると捉えるならば，過小に繰り越された利益剰余金を直接に増加させる簿記処理も検討されるべきでしょう。新株予約権戻入益を計上する企業における会計利益の価値関連性が低下しているという実証研究もありますが（野口［2008］），新株予約権を利益剰余金へ直接振り替える簿記処理はかような実証分析の結果とも整合すると考えられます。

ESOの失効については，資金調達としての新株予約権が失効した場合の会計処理との整合性から，特別利益の計上が規定されています（ASBJ［2005b］42項）。しかし，労働用役の対価として付与されているというESOの曖昧模糊とした擬制とは異なり，資金調達としての新株予約権ならば現金収入の事実が認められます。発行時の借方科目の資産としての確実性や貸方科目の資金調達という性格の有無に鑑みて，両者の整合性を強調する必然性は低いと考えられます。この点に関連して，2017年5月にASBJから公表された公開草案では，従業員等に対して権利確定条件付き有償新株予約権を付与する取引について，報

酬としての性格と資金調達としての性格とを併せ持った取引と整理したうえで，勤務条件の有無にかかわらず株式報酬費用を認識する旨が提案されています。しかし，「権利確定条件付き有償新株予約権は，その付与に伴い従業員等が一定の額の金銭を払い込むという特徴を除けば，ESO会計基準を設定した当初に主に想定していたESO取引（付与に伴い従業員等が一定の額の金銭を企業に払い込まない取引）と類似している」という奇妙な論理が展開されており（ASBJ［2017］17(1)項），改めて，株式報酬費用とは何かを考えさせられます。

本節では，受け入れた労働用役の対価として付与するESOには株式報酬費用を認識する会計処理を前提として議論を進めました。しかし，付与されたESOと引き換えに追加的な労働用役を受け入れているという現行制度の思考（ASBJ［2005b］35項）には疑問が残ります。「追加的な労働用役」を逐語的に解釈すれば，週4日勤務を週5日勤務に変更するほか，非常勤の役員を常勤へと変更するような労働用役の量に裏付けが求められます。もちろん，そのような考え方は現実的ではなく，むしろ，動機づけという本質に着目するならば労働用役の質の向上に解を求めることになりますが，どのように測定できるかは困難を極めます。かような議論をふまえると，ESOは報酬体系の変更の一環として，既存の金銭報酬の全部または一部を代替するものとして採用される場合に限って報酬費用として認識し，その測定は株価算定モデルの技法を用いることなく代替前の金銭報酬を引き継げばよい，という見解にも首肯できるのです（醍醐［2010］25頁）。

4.3 年次有給休暇

IFRSsの規定

年次有給休暇について，わが国の法制度では，「使用者は，その雇入れの日から起算して6ヵ月間継続勤務し全労働日の8割以上出勤した労働者に対して，継続し，又は分割した10労働日の有給休暇を与えなければならない」と規定されています（労働基準法39条1項）。また，継続勤務年数が長ければ最大20日の

年休が与えられますが（法39条2項），従業員の権利は2年間で消滅時効となります（法115条前段）。わが国における近年の有給休暇の消化率は48％前後を推移していますので（厚労省［2017］7頁），付与された年休を使い切れずに翌期に繰り越している状況が窺えます。

わが国の会計慣行では馴染みの薄い有給休暇ですが，以下では IFRSs の規定を参照しながら，会計処理の考え方について概観します（図表4-5）。IASB［2013］における短期有給休暇は，従業員から労働用役を受け入れた会計期間の末日から12ヵ月以内にすべてが決済されると予想される有給休暇と定義されます（IASB［2013］par.9(b)）。従業員から労働用役を受け入れた会計期間に，その対価として支払うことが予定される金額を割り引くことなく認識します（*Ibid*., par.11）。

わが国では未消化の有給休暇を翌年に繰り越すことはできますが，期限の切れた分を現金で決済することは少ないため累積・不確定型に該当します。従業員の退職に際して消化しきれずに失効していた有給休暇を買い取るなど，法の趣旨に反しない程度に現金で決済される事例があっても，そのことをもって累積・確定型とは断定できません。年休の買上げを予約し，予約された日数について年休取得を認めないことは年休の保障に反しますが，結果的に未消化の年休日数に応じて手当を支給することは違法ではないとされています（菅野［2017］544頁）。累積型有給休暇は権利確定の有無を問わず，期末日において累積した未使用の権利のために企業が支払うと予想される追加金額により測定する旨が規定されています（*Ibid*., par.16）。

● 図表4-5　IFRSs における短期有給休暇の会計処理

		負債計上	費用認識	具体例
累積型 （未消化分を 翌期に繰り越せる）	確定型 （現金決済ができる）	する	将来に休暇を取得できる権利を増加させる労働用役を従業員が提供した時（par.15）	年休
	不確定型 （現金決済はできない）			
非累積型（未消化分は繰り越せない）		しない	従業員が休暇を取得した時（par.18）	産休，育休

（出所）IASB［2013］にもとづき，筆者作成。

〔設例4－8〕 年間250日勤務（うち10日は有給休暇）で年収6,000千円の従業員甲が20X1年に有給休暇を1日も消化できずに翌期へ繰り越しました。当社の従業員の平均的な有給消化率は60％ですが，甲は翌期にすべての休暇を消化しました（甲の勤務条件に変化はなく，20X0年度末の時点では未消化分がなかったと仮定します）。

わが国の会計慣行
- 20X1年：（借）人件費　6,000　（貸）現金預金　6,000
- 20X2年：（借）人件費　6,000　（貸）現金預金　6,000

IASB［2013］
- 20X1年：（借）人件費　6,000　（貸）現金預金　6,000
- 　　　　（借）人件費　　150　（貸）諸負債＊　　150
- 20X2年：（借）諸負債　　150　（貸）人件費　　　150
- 　　　　（借）人件費　6,000　（貸）現金預金　6,000

　甲の出勤日数は20X1年に250日，20X2年に230日となりますが，わが国では20X1年，20X2年ともに6,000千円の人件費を計上します。出勤日数の多寡は従業員から受け入れる労働用役の量が異なることを意味しますが，その点は考慮されません。すなわち，現金主義による費用認識と同じ会計処理がなされており，わが国において有給休暇が人件費として取り扱われてこなかった一因といえるかもしれません（今福［2001］125頁）。

　IASB［2013］によれば，240日の出勤によって10日分の有給休暇の権利が付与されると捉えたうえで，平均的な消化率60％を加味して6日分の人件費（150千円）を追加的に費用計上します。追加計上した費用の相手勘定（＊印）は，IFRSs適用企業における2016年3月期の有価証券報告書をみると，未払費用とする方法（アステラス製薬株式会社など）と，引当金とする方法（日本板硝子株式会社など）とに大別されます。

　20X2年には未消化の休暇が消滅していることから，負債の額は零となります。このとき，貸方科目を人件費とする簿記処理は，諸負債を「未払費用」と捉えるならば再振替仕訳とも理解できますが，「引当金」と捉えても問題はないでしょうか。

IFRSsの規定に関する若干の留意事項

　IASB［2013］では消化率を加味して累積型有給休暇を測定します。240日の出勤によって10日分の有給休暇の権利が付与されていますので，仮に消化率を加味せずに100％を負債として計上するためには，人件費250千円を追加計上する必要があります。この結果，20X1年の人件費は6,250千円となりますが，本来ならば240日の出勤を課せられた甲が年休の10日分も出勤していたという実態を適切に表すことができます。また，20X2年は諸負債の減少とともに人件費を貸記しましたが，出勤日数が230日であることに鑑みれば，5,750千円という人件費は経済活動を適切に示すことができていると考えられます。しかしながら，消化率を加味した負債計上では，人件費の金額は企業が受け入れた労働用役の量とその費消を示すことにはならず，この意味では中途半端な発生主義とみることもできそうです。

　わが国では僅少と考えられますが，累積・確定型の有給休暇の場合には，たとえ消化率が低かったとしても，終局的には現金決済がなされることから，諸負債の勘定科目は「未払金」と捉えることができます。しかし，確定型と不確定型とでは過去の勤務の結果として生ずる有給休暇の本質は変わらず，単に未消化のまま時効を迎えた場合に現金決済がなされるか否かの違いに過ぎません。したがって，不確定型であってもその測定には消化率を加味せず，受け入れた労働用役と付与した有給休暇とを100％計上すべきではないでしょうか。

　さいごに，IASB［2013］では負債計上する未消化分の累積型有給休暇について，後入先出法によって測定している設例が掲載されています（*Ibid*., par.17）。わが国の労働基準法の解釈としては，労働者が繰越年休と当年度の年休の双方を有する場合には，労働者の時季指定権行使は繰越分からなされていくと推定すべきという見解が支配的のようです（菅野［2017］544頁）。実践においては，後入先出法，先入先出法，翌期首付与分も含めた先入先出法が各社の実態に応じて採用されています（経団連［2014］127頁）。**設例4-8**であればともかくも，20X1年と20X2年とで年収が異なる場合には問題となり得るでしょう。

★コラム　人的資産会計★

　経済活動を営むために材料や機械（モノ）に投資するように，人財（ヒト）への投資も企業会計に取り込めないかという研究は1960年代から模索されています。現在では会計技術上や有用性の点でも問題は少ない，といった指摘もみられます（秋葉［2017］25頁）。

　人的資産の認識は，安易な雇用や大量の人員整理の防止につながり得ることで経営者の意思決定を改善させるのみならず，与信情報や投資情報としても有用である，といった興味深い見解がみられます（黒川［1994］）。将来給料支出の現在価値（6章）で測定した人的資産を従業員の雇用時に計上します。訓練などに要した金額も，当該訓練が会社独自のもので，かつ転職率が上昇しないといった条件付で資産計上します。各期末にはリース資産のごとく償却し，余剰人員が出たら価値喪失に伴う損失を計上します。人的資産の増減に関する取引と従業員に給料や退職金を支払う取引とが峻別されている点に着目できましょう。

●●●●●●●　ケース4の問題を考える　●●●●●●●

　同社の有価証券報告書からは，「従業員有給休暇債務」と「従業員数」とがおおむね相関している様子がみてとれます（図表4-6）。

　2015年度の従業員数の減少については，「国内たばこ事業の競争力強化施策に伴う希望退職等の実施及び飲料事業において子会社16社を譲渡したこと」などが要因とされています。国内たばこ事業から約2千名，飲料事業は約5千名が減少しており，この多くが国内の従業員であったことに鑑

図表4-6　日本たばこ産業株式会社（連結）における従業員有給休暇債務および従業員数の推移

	2011/3/31	2012/3/31	2013/3/31	2014/3/31	2014/12/31	2015/12/31
従業員有給休暇債務（百万円）	18,583	18,560	19,815	21,521	21,173	18,827
従業員数（名）	48,472	48,529	49,507	51,563	51,341	44,485

（出所）有価証券報告書にもとづき，筆者作成。

みれば，同社の連結貸借対照表で認識されている従業員有給休暇債務が海外子会社の従業員のみを対象としていたわけではないことが推察されます。

本章冒頭で紹介した新聞記事にあったように，従業員の有給休暇取得を促すことで未消化の有給日数が減少すれば，たしかに負債計上額は低減するでしょう。もっとも，単純に負債計上額を下げるならば，「有給取得率を抑えてしまえばよい」という暴論も成り立ちます。いずれにしても，本来は企業行動を写し出すはずの会計制度が，企業行動を変化させる一例となるかもしれません。

参照文献

ASBJ［2005a］：企業会計基準委員会「役員賞与に関する会計基準」，2005年11月29日。
ASBJ［2005b］：企業会計基準委員会「ストック・オプション等に関する会計基準」，2005年12月27日。
ASBJ［2006］：企業会計基準委員会「ストック・オプション等に関する会計基準の適用指針」，2006年5月31日改正。
ASBJ［2016］：企業会計基準委員会「退職給付に関する会計基準」，2016年12月16日最終改正。
ASBJ［2017］：企業会計基準委員会「従業員等に対して権利確定条件付き有償新株予約権を付与する取引に関する取扱い（案）」，2017年5月10日。
BAC［1982］：企業会計審議会「企業会計原則」，1982年4月20日最終改正。
IASB［2013］：International Accounting Standard No.19: *Employee Benefits*, Nov. 2013, IASB.
JICPA［2001］：日本公認会計士協会「未払従業員賞与の財務諸表における表示科目について」，2001年2月14日。
秋葉［2017］：秋葉賢一「人的資源のオンバランス化」『週刊経営財務』3298，22-25頁，2017年2月20日。
今福［2001］：今福愛志『労働債務の会計』白桃書房，2001年11月。
笠井［2000］：笠井昭次『会計の論理』税務経理協会，2000年11月。
金子［2013］：金子良太「非営利組織におけるボランティアの会計」『早稲田商学』434，667-684頁，2013年1月。
黒川［1994］：黒川行治「人的資産の認識・測定」『三田商学研究』37(3)，1-18頁，1994年8月。
経団連［2014］：日本経済団体連合会「IFRS任意適用に関する実務対応参考事例」，

2014年1月15日版。
厚労省［2017］：厚生労働省「平成28年就労条件総合調査の概況」，2017年2月28日。
菅野［2017］：菅野和夫『労働法』第11版補正版，弘文堂，2017年2月。
醍醐［2010］：醍醐聰「ストック・オプションの費用認識の根拠と基準の再構成」『産業経理』69(4)，18-27頁，2010年1月。
田中［2007］：田中建二『金融商品会計』新世社，2007年11月。
徳山［2014］：徳山英邦「NPO法人会計基準における収益の特質」『會計』185(1)，77-90頁，2014年1月。
野口［2008］：野口晃弘ほか「第19章 新株予約権の失効に伴う会計処理」須田一幸編『会計制度の設計』白桃書房，2008年2月。
野口［2013］：野口晃弘「株式報酬型ストック・オプションの会計」『會計』183(6)，16-26頁，2013年6月。
原［2003］：原俊雄「ストック・オプションの会計処理をめぐる諸問題」『横浜経営研究』24(1・2)，91-98頁，2003年9月。
晝間［2018］：晝間文彦『基礎コース金融論』第4版，新世社，2018年5月。
山下［2014］：山下克之「株式報酬型ストック・オプションに関する一考察」『追手門経済・経営研究』21，19-30頁，2014年3月。

費用の会計(3)
―将来の損失に対して
　　　どのように対処するのか―

・・・●本章のポイント●・・・・・・・・・・・・・・・・・・・・・・・・・・・・・・・
❶　引当金を認識する根拠や必要性について考えます。
❷　引当金をどのように測定し，表示するかについて考えます。

受注した契約からの利益を期待できなくなった——株式会社東芝

　4章までに取り上げた費用の会計は，発生主義の考え方が基礎にありました。しかし，実践上は費用の「発生」を広義に捉える考え方が採用されています。すなわち，幾つかの認識要件を充たした場合には，将来支出の見積額のような未発生の部分も含めて「当期の費用」として損益計算をおこないます。日本経済新聞2015年6月13日（朝刊）1面に「東芝，受注時に損失認識，インフラの不適切会計」という記事が掲載されました。

> 　東芝は12日，不適切会計問題の端緒となったインフラ関連工事9件の詳細を公表した。多くの案件で受注時から損失が出る可能性を認識していたにもかかわらず，本来必要な損失引当金を計上していなかった。東芝の管理体制が厳しく問われそうだ。
> 　過年度決算の減額修正幅が最も大きいのは電力会社向けに2013年9月に受注した次世代電力計（スマートメーター）の255億円，2番目は高速道路の自動料金収受システム（ETC）で144億円だった。

　また，同日11面の関連記事には，次のような報道もなされています。

> 　原価見積もりが甘かった背景には担当者が数年で交代する会社組織の弊害もありそうだ。工事の終了時には担当から外れている可能性が高く責任は別の担当者が負うことになる。目先の成果を追い求め赤字でも受注を優先しがちになるという。
> 　2011年12月に受注した自治体向けの装置などの製造案件では受注時点で原価が受注総額を超過していたという。裏付けのないコスト削減策を織り込むことで，工事の採算が悪化した際に発生する損失引当金の計上を免れていた。

その後の調査によって決算訂正の金額は拡大し，2015年9月7日の段階で，過年度の決算における税引前利益（連結）を2,248億円減額する旨が発表されました。このうち479億円が工事進行基準案件についての減額修正とされています。

> **問題**
> ❶ 将来の支出を見積計上した「引当金」は，すべてが負債に該当するでしょうか。
> ❷ 未発生の費用を期間損益計算に取り込むことには，どのような影響が隠れているでしょうか。
>
> **用語**
> 原因発生主義　　費用収益対応の原則　　最善の見積
> 非金融負債　　従業員賞与引当金　　貸倒引当金
> ポイント引当金　　工事損失引当金　　訴訟損失引当金
> 原子力損害賠償引当金　　災害損失引当金

5.1　引当金会計の論理

認識するための4要件

　将来に見込まれる費用や損失を前倒して見積計上する引当金には多様な実践例がみられます（横山［2013］516-523頁）。決算時における［(借)引当金繰入 xxx（貸）引当金 xxx］という仕訳によって適正な期間損益が算定されると一般的には理解されています（たとえば，番場［1982］73頁）。一定の期間内に故障した製品を無償で修理する製品保証を例に，引当金を認識するための4要件を

整理してみましょう（図表 5-1）。

　製品保証引当金の場合，あくまで翌期に修理の依頼がなされてから修繕用役を費消するため，当期には何らの経済価値の減少もありません。すなわち，**発生主義**の観点から費用は**未発生**ですが（要件(1)），その原因が当期以前にあるならば当期の損益計算に取り込もうという，いわゆる**原因発生主義**の考え方によって正当化されています（要件(2)）。

　ただし，図表 5-1(2) では「製品の販売」を原因事象としていますが，将来における「経済的便益の費消」に至るまでには多くの事象が生ずるため，それらのうちどの事象を原因事象とするかは曖昧である，という指摘がなされています（高田［2003］184頁）。

従業員賞与引当金

　BAC［1982］注解18には，図表5-1の認識要件をふまえた11種類の引当金が例示されています。以下では**従業員賞与引当金**（設例4-2，a）を例に，原因発生主義の曖昧さについて検討してみましょう。あくまで翌期に支給する従業員賞与たる費用項目は決算時には未発生かもしれません。賞与引当金がBAC［1982］注解18に例示されていることをもって，賞与を「将来の費用」とみている記述も散見されます（たとえば，伊藤［2016］386頁）。すなわち，当期以前に受け入れた労働用役の提供は原因事象であり，「報奨」という側面に着目することで「給料」とは一線を画すという理解がなされているようです。

　かような思考は人件費を現金主義のごとく取り扱っているとも捉えられます。

● 図表 5-1　引当金の認識要件

要件	含意（製品保証引当金の場合）
(1)将来の特定の費用または損失である。	(1)将来に故障が生じた場合に，修繕用役を費消します。
(2)その発生が当期以前の事象に起因する。	(2)将来に故障し得る製品を当期に販売しています。
(3)発生の可能性が高い＊。	(3)各企業では，過年度の故障実績を把握しています。
(4)金額を合理的に見積ることができる＊。	(4)(3)と同様に，過年度の実績により見積ります。

（＊）たとえば，係属中の訴訟における損害賠償義務や取引先の債務に係る保証義務などは，発生する可能性が高くなく，あるいは金額を合理的に見積れなければ，注記により開示されます（BAC［1982］第三，1，C）。図表13-3の事例では買収交渉の終盤で偶発債務の存在が問題視され，出資額が4,890億円から3,888億円にまで減少したようです（日本経済新聞2016年3月26日（朝刊）1面）。

（出所）BAC［1982］注解18にもとづき，筆者作成。

● 図表5-2　図表4-3を用いた設例4-2に関する簿記処理の分解

いずれも正則的には

- (a) 金額が不確実：（借）賞与引当金繰入　110,000　（貸）従業員賞与引当金　110,000
- (b) 支給額が確定：（借）従業員賞与　110,000　（貸）未払金　110,000

労働用役の取得：（借）労働用役　110,000　（貸）諸負債*1　110,000
その瞬間的な費消：（借）人件費*2　110,000　（貸）労働用役　110,000

(出所) 筆者作成。

むろん、実際には発生主義の見地から、支給対象期間を考慮し、就業規則などの規程や従業員の勤務状況などに照らして人件費を計上します。さらに、期末において賞与支給額が確定していれば確定債務に該当しますが（**設例4-2**，**b**），支払う金額や時期が不確実な条件付債務の状態であれば引当金として見積計上されます（JICPA [2001]）。もっとも、支給額が確定しているか否かによって労働用役の実相は変化せず、翌期に支給する従業員賞与に係る労働用役の取得および費消は当期中に完了していると考えられます。逆にいえば、賞与支給額が確定していなければ当期中に労働用役は提供されなかった、とはならないはずです（**図表5-2**）。

かような考え方においては、労働用役の取得によって生じた「諸負債」として、引当金項目が妥当か否かが問題となります（**図表5-2，＊1**）。この点については、労働用役たる資産項目は貯蔵性がないことから、原因発生主義なる考え方を持ち出すまでもなく、人件費は既発生と考えられます。ひいては、「諸負債」は受け入れた労働用役の対価に相当し、引当金というよりも未払金として計上すべきである、という見解が導出されるのです（同様の見解に、北村 [2016] 85頁。未払費用説については、松本 [1982] 123頁以下も参照のこと）。そして、賞与引当金繰入と従業員賞与とは支給額が確定しているか否かによる相違はあるものの、いずれも正則的には当期に発生した人件費として観念できると考えられます（**図表5-2，＊2**）。もっとも、「金額が確定しているか否か」が確定債務と条件付債務との境界でもあることから、この点を重要視すれば「諸負債」は未払金か引当金かといった議論も深掘りする必要があるのかもしれません。

引当金の測定

わが国には引当金に関する包括的な会計基準はありませんが，1章でみた「新しい収益認識」のように，IFRSs の改訂次第では収斂を念頭に置いた基準が設定されるかもしれません。現行の IFRSs における引当金 (provision) は，期末時点での義務 (obligation) を決済するために必要な支出の最善の見積として測定されます (IASC [1998] par.36)。そのうえで，(a) 母集団の大きな項目に係る引当金ならばすべての起こり得る結果をそれぞれの確率で加重平均した期待値により見積るほか (Ibid., par.39)，(b) 単一の義務であれば最も起こりやすい結果である最頻値による測定が当該負債 (liability) に関する最善の見積とされています (Ibid., par.40)。ふたつの測定方法について，比較してみましょう。

〔**設例5-1**〕 当社（12月末決算）は，当期中に受注販売した1,000台の製品αが1年以内に故障したときの修理保証を約束しています。翌期の修理に要する金額は，軽微な欠陥が判明した場合は1,000千円（20％），深刻な欠陥が判明した場合は20,000千円（1％）と推定しています。製品保証引当金として負債計上すべき金額を考えましょう。

〔**設例5-2**〕 当社（12月末決算）は，顧客から訴額20,000千円の損害賠償を請求されており，期末時点で係属中です。顧問弁護士によれば，勝訴の可能性79％，早期に収拾すべく1,000千円を支払う和解の可能性20％，敗訴の可能性1％と見込まれています。訴訟損失引当金として負債計上すべき金額を考えましょう。

設例5-1では79％の確率で欠陥はないと見込んでいますが，大量に受注販売しているために欠陥の判明する不確実性を測定の段階で反映させます。すなわち，期待値400千円（＝0×79％＋1,000×20％＋20,000×1％）が負債として計上されます。これに対して，設例5-2では賠償額0千円が最頻値となり，偶発債務としての注記開示に留まると考えられます。

2005年および2010年に公表された **IFRSs** の公開草案では，**図表 5 − 1** の要件(3)を削除したうえで，すべての **非金融負債**（non-financial liabilities）について期待値により測定する旨が提案されています。すなわち，**設例 5 − 2** についても，蓋然性は考慮せずに期待値400千円を負債として見積計上することが要請されています。しかし，期待値を負債として見積計上する意義はどこにあるでしょうか。仮に，期末時点で400千円を原告に支払うことで解決されるならばともかくも，**設例 5 − 2** の場合には和解見込額1,000千円を下回っており，はたして「最善の見積」といえるのか疑問が残ります。私見によれば，**設例 5 − 2** の場合には訴額を注記する現行規定が妥当と考えられますが，**IFRSs** の公開草案やその後の議論については，より専門的な文献を参照してください（たとえば，川村［2007］; ASBJ［2009］; 黒川［2009］; ASBJ［2010］; 松本［2010］; 中山［2015］）。

5.2　収益認識にまつわる引当金

貸倒引当金

　受取手形や売掛金は短期的な決済が予定されているために帳簿価額が時価に近似しているとされ，貸付金などは時価を容易に入手できない場合や売却を意図していない場合が少なくない，という理由から，これらの金銭債権については原則として時価評価をおこないません（ASBJ［2008］68項）。しかし，その貸借対照表価額は取得価額から **貸倒引当金** を控除した金額とされます（ASBJ［2008］14項）。債務者の財政状態および経営成績に応じて貸倒見積高を算定し（**図表 5 − 3**），債権の実質価額が減少していることを表しています。金融機関も，貸出債権を（1）正常先，（2）要注意先，（2-2）要管理先，（3）破綻懸念先，（4）実質破綻先，（5）破綻先と区分して，貸倒引当金を設定します（日本経済新聞2017年 5 月16日（朝刊）3 面）。

　債権放棄，すなわち，回収を断念した時点で［（借）**貸倒損失** xxx（貸）金銭債権 xxx］という簿記処理をおこないます。もちろん，貸倒引当金繰入は貸倒損失の前倒し計上ではありません。毎期末に認識する貸倒引当金繰入は，

● 図表5-3　債権の区分と貸倒見積高

債務者区分	貸倒見積高の算定方法
(1) **一般債権**：経営状態に重大な問題は生じていない。	債権全体または同種・同類の債権ごとに，過去の貸倒実績率などの合理的な基準により算定する。
(2) **貸倒懸念債権**：経営破綻の状態には至っていないが，重大な問題が生じているかまたはその可能性が高い。	(a) 債権額から担保の処分見込額および保証による回収見込額を減額し，その残額について債務者の財政状態および経営成績を考慮して算定する。
	(b) 債権の元本および利息に係るキャッシュ・フローを合理的に見積ることができれば，当期末までの期間にわたり当初の約定利子率で割り引いた金額の総額と債権の帳簿価額との差額を貸倒見積高とする。
(3) **破産更生債権等**：経営破綻または実質的な経営破綻に陥っている。	債権額から担保の処分見込額および保証による回収見込額を減額し，その残額を貸倒見積高とする。

※ (2-b) の原理については，6章を参照のこと。

(出所) ASBJ［2008］にもとづき，筆者作成。

当期までに発生した債権が決算時に未回収であることに端を発しており，費用収益対応の原則（**図表3-3**）の思考が如実に表れています。

ポイント引当金

顧客を囲い込む施策に，販売金額に応じてポイントを付与し，将来の値引として活用してもらう会員特典があります。**ポイント引当金**といった名称での負債計上が散見されますが，認識時点や測定方法に会計基準がなく，企業間での比較可能性の観点で問題がありました。

〔設例5-3〕　当社（12月末決算）は会員顧客には販売金額×5％分のポイントを付与し，行使状況を適時に把握できる体制を整えています。1ポイント＝1円で行使できますが，付与の翌年12月末が有効期限となっており，過年度には期末残高の30％が失効しています。便宜上，原価率を60％とします。
　(1) 20X4年12月31日の販売金額は10,000千円でしたが，このうち1,000千円は過去に付与したポイントが行使されました。(2) 20X4年度末の時点で2,000千ポイントが失効したため，未行使残高は12,500千ポイントとなりました。

実践における簿記処理は**図表5-4**のように大別できますが，幾つかの疑問点

● 図表5-4　設例5-3に関する簿記処理

	原価による引当金方式	ASBJ［2017a］方式
(1-a)	(借)現金預金　9,000　(貸)売上　9,000	(借)現金預金　9,000　(貸)営業収益　8,696*1 　　　　　　　　　　　　契約負債　　304*1
(1-b)	(借)引当金　　600　(貸)商品　　600	(借)契約負債　　966　(貸)営業収益　　966*2
(2-a)	(借)引当金　1,200　(貸)戻入益　1,200	(借)契約負債　1,932　(貸)営業収益　1,932*3
(2-b)	(借)販売促進費　5,250*4　(貸)引当金　5,250	仕訳なし

（＊1）現金受入額9,000千円を，独立販売価格（図表1-12(4)）にもとづき，商品の販売価額9,000千円と契約負債315（＝9,000×5％×70％）千円とに配分します。過去のポイント利用実績が加味されています。
（＊2）行使1,000千ポイント×現金受入額9,000÷独立販売価格（9,000＋315）＝966千円。
（＊3）失効2,000千ポイント×現金受入額9,000÷独立販売価格（9,000＋315）＝1,932千円。
（＊4）未行使残高12,500千ポイント×原価率60％×（1－失効見込30％）＝5,250千円。

(出所) 筆者作成。

が浮かび上がります。第一に，原価による引当金方式では「ポイントの付与」という取引実態を表現できません。レジで紙製カードに印を付けるような形態であれば重要性は低いものの，複数の企業が提携して共通のポイント制度を採用する場合など，ポイントの利用状況や未行使残高を常時管理する必要性は高まっています。第二に，利用実績を加味した負債計上では付与したポイントの全貌が明らかになりません。利用実績を低く見積ることで期末の引当金繰入額を抑えられる一方で，負債計上額を超えてポイントが行使された期は販売促進費が嵩むこととなります。第三に，ASBJ［2017a］方式では，「将来の売上値引」の意味をもつはずのポイントの付与が結果的には「当期の」営業収益を減少させている点が問題といえるでしょう。改善例は図表5-5をみてください。

ポイントが失効したときの義務解放益は，ASBJ［2017a］のように売上高と同じ区分とすることもできますが，ストック・オプション（4章）の失効益のように特別利益に計上することもできるでしょう（図表5-5，＊3）。現行制度では難しいですが，過年度に計上した販売促進費が結果的に過大であったとみて利益剰余金を直接に増加させる処理もないわけではありません。

引当金であれ契約負債や履行義務であれ，未行使ポイントの負債計上は実践において嫌厭されることもあったようです（山本［2006］57頁；日経MJ2014年1月27日，6面）。ASBJ［2017a］が正式な会計基準となれば，ひとまず，企業間の比較可能性は改善されるものと考えられます。ただし，独立販売価格による

● 図表5-5　図表5-4の改善例

	売価による履行義務方式	備考
(1-a)	(借)売掛金*4　9,000　(貸)売上　9,000 (借)現金預金　9,000　(貸)売掛金*4　9,000 (借)販売促進費*1　450　(貸)履行義務　450*2	(＊1) 販売促進費を売価で計上する点には, 問題も残っています（図表1-6, ＊3も参照のこと）。
(1-b)	(借)売掛金*4　1,000　(貸)売上　1,000 (借)履行義務　1,000　(貸)売掛金*4　1,000	ASBJ [2017a] 方式とは異なり, 負債減少額（収益）は1,000千円です。
(2-a)	(借)履行義務　2,000　(貸)義務解放益*3　2,000	(＊3) 義務解放益の性格は, 検討の余地があります。
(2-b)	仕訳なし	

（＊2）利用実績を加味しないため, 履行義務は450（＝9,000×5％×100％）千円となります。
（＊4）**図表1-6**や**図表1-7**での検討をふまえて, 売掛金勘定を介在させています。

(出所) 筆者作成。

配分が実践上, どれほどの意味があり, またそもそも計算できるのか, といった疑問が呈されています（横山 [2013] 439頁）。本書の理解によれば, 付与した450千ポイントや行使された1,000千ポイントは全額を履行義務の増減として認識することで, ポイントに係る経済事象を適切に表現できているでしょう。

なお, 図表5-5に残された問題点を克服する策として, 販売部門では受取対価全額を売上帳に記入し, 決算を俟たずに財務もしくは経理部門が修正仕訳をおこなう, という提案がなされています（中村 [2016] 脚注18）。**図表5-5**に置き換えれば［(借) 売上 450 (貸) 履行義務 450］という簿記処理を (1-a) でおこなうことでポイントに係る負債を早期に認識できるでしょう。企業内でのポイント管理には有用と考えられますが, 当期の収益を減少させている点で叙上の問題点（第三）に立ち戻ってしまうように思われます。

工事損失引当金

1章で取り上げた工事契約について, 販売直接経費の見積額を含む工事原価総額が工事収益総額を超過する可能性が高く, かつ, その金額を合理的に見積ることができる場合, その超過見込額のうち, 当該工事契約に関して既に計上された損益の額を控除した残額を損失として処理し, 流動負債の区分に工事損失引当金を計上します（ASBJ [2017b] 89項）。引当金繰入額は損益計算書の売上原価として表示されます（ASBJ [2017b] 104項）。

現行制度においては, 同一工事契約に関する棚卸資産と工事損失引当金とが

ともに計上されている場合には,金額を注記したうえで貸借対照表上相殺して表示することが認められています(ASBJ[2007]68項)。本書の理解によれば,工事完成基準を採用して工事損失引当金の計上が必要となった場合には,(金銭債権とは異なりますが)貸倒引当金のごとく未成工事支出金から間接的に控除して表示するほうが,むしろ当該工事の採算性が的確に示されるでしょう。

〔設例5-4〕 設例1-1を一部改変した次の資料にもとづいて,工事進行基準を適用した場合の20X2年度における工事収益および工事原価を計算してみましょう。

(単位:百万円)

	請負価額	当初の工事原価見積額	実際の工事原価累計額 20X1年度末	実際の工事原価累計額 20X2年度末	完成予定期日
工事Q	1,050	900	450	840[*2]	20X3年6月

(*2) 資材の高騰により,20X2年度末に工事原価見積額を1,200百万円に見直しました。

見直し後の工事原価見積額1,200百万円が請負価額1,050百万円を超過するため,工事損失引当金を見積計上します(図表5-6)。20X2年度末における工事進捗度が設例1-1では84%でしたが,見直しによって70%にまで下がっている点に留意しましょう。

なお,設例5-4について工事完成基準を適用した場合,20X2年度末の貸借

● 図表5-6 設例5-4に関する工事損失引当金

```
[20X2年度]
    見積工事損失      △150百万円   (=1,050-1,200)
  -) 20X1年度計上利益      75        (=525-450)
  -) 20X2年度計上損失   △180         (=210*1-390)
    工事損失引当金繰入  △ 45百万円
[20X3年度]
工事原価の計上*2:(借)完成工事原価     360  (貸)現金預金        360
工事収益の認識: (借)完成工事未収入金 315  (貸)完成工事高      315
請負金額の受取: (借)現金預金      1,050  (貸)完成工事未収入金 1,050
引当金の戻入: (借)工事損失引当金    45  (貸)完成工事原価     45
```

B/S (20X2年度末)

完成工事未収入金	工事損失引当金
735	45

(*1) 20X2年度の工事収益:請負価額1,050×進捗率70%-20X1年度の工事収益525=210百万円。
(*2) 正則的には材料費や人件費などの費用勘定を経由しますが,この図表では省略しています。

(出所)ASBJ[2017b]設例33にもとづき,筆者作成。

対照表には未成工事支出金840百万円と工事損失引当金150百万円とが掲記されますが、いずれも20X3年度の工事完了時には完成工事原価勘定に振り替えられます。各自で簿記処理を確認するとともに、工事進行基準と工事完成基準とのいずれを適用するかによって工事損失引当金の測定が異なる意味について考えてみてください。

ケース5において言及された「受注時点で原価が受注総額を超過していた製造案件」は、同社の第三者委員会報告書において「A案件」として示されています（**図表5-7**）。工事損失引当金に関する定めは従来の考え方が踏襲される予定です（ASBJ［2017b］142項）。**図表5-7**の事例については、当期利益獲得を至上命題とし、損失の計上を回避したいとする経営者層の強い意向と上司の意向に逆らえない企業風土とがあいまった、会社ぐるみの経営者不正であるという評価がなされています（安田［2015］180頁）。かような状況にあっては、会計監査において「実現可能性の低い原価低減活動による原価低減を考慮した工事原価総額の不適切な見積り」（JICPA［2015］10③項）が指摘されるまで引当金は計上されづらい、という現実が突き付けられたともいえそうです。

カンパニー社長の思考（**図表5-7**，傍線部）は、「当該工事損失は未発生で

図表5-7　A案件に係る工事損失引当金をめぐる社内の動き

概要	・同社社内カンパニーのひとつ「電力システム社」は2012年1月に、A地方自治体からシステム装置の製造を、契約金額71億円で受注した。
経緯	・2011年10月の会議の時点でNET（原価）の集計値は90億円だったものの、事業戦略上の必要性から入札に勝つため、NETのチャレンジ値として70億円を設定した。このチャレンジ値には具体的な裏付けのないコスト削減策が含まれていたが、受注時に工事損失引当金を計上しなかった。 ・その後、NETの見積額が88億円（2013年8月）、89億円（2014年3月）と報告されていたにもかかわらず、見積工事原価総額を変更しなかったため、工事損失引当金は計上されないままだった。 ・2014年12月に至って初めて、工事損失引当金を計上した。
原因	・カンパニー社長は、損失が確実に発生することが明らかになる前に引当金を計上することは事業部におけるコスト削減のモチベーションを弱めると考えていた。 ・しかし、上層部から予算必達に向けた「チャレンジ」のプレッシャーがかけられていた事情から、カンパニー社長には何とかして損失計上を回避したいとの意向が働いた可能性も相当程度存在する。

（出所）東芝［2015］にもとづき、筆者作成。

あり，既発生の費用と同じように取り扱えない」といった発想から生まれたものと推察されます。現行制度においては，「正常な利益を獲得することを目的とする企業行動において，投資額を回収できないような事態が生じた場合には，将来に損失を繰り延べないための会計処理が求められている」ため（ASBJ [2007] 61項），2012年1月にA案件を受注した時点で，NET集計値90億円と契約金額71億円との差額19億円を工事損失としたうえで，引当金を計上しなければなりません。もっとも，受注した時点では工事進捗率は零であって，収益を認識できません。費用収益対応の原則では「未実現の収益に未発生の損失を対応させる」という論理破綻をきたすことから，「原因さえ生起しているならば，未発生の損失であっても当期の費用とする」という原因発生主義による引当計上とみるほかなさそうです。

5.3　収益の獲得には貢献しない損失に係る引当金

訴訟損失引当金

有価証券投資に係る損失計上の先送り（いわゆる，飛ばし）などの不正経理が2011年に発覚したオリンパス株式会社は，機関投資家や信託銀行などの同社株主から当該粉飾（虚偽記載）による損害賠償を求められ，または訴訟を提起されました（図表5-8）。

● 図表5-8　オリンパス株式会社における証券訴訟関連損失の推移（一部）

(単位：百万円)

	2013年度	2014年度	2015年度	2016年度	合計
(B/S) 訴訟損失引当金	11,000	11,000*2	567*3	0*4	
(P/L) 証券訴訟関連損失	17,256*1	6,816	2,072	6,705*4	32,849
(C/F) 訴訟関連の支出額	△6,256	△4,716	△13,975	△7,902	△32,849

（*1）「和解金」6,256百万円と「訴訟損失引当金繰入」11,000百万円とを合算しています。
（*2）2014年度末までに原告らとの間で和解が成立し，最大11,000百万円を支払うことで合意しています。
（*4）2015年度末の567百万円を全額取り崩しましたが，実際には217百万円を繰り入れています。

(出所) 同社の有価証券報告書にもとづき，筆者作成。

図表5-8の事例では，2012年度と2013年度に米国で提起された2件の訴訟について，各年度末において係属中でも，訴訟の進行状況に鑑み，必要と認められる金額を引当金として流動負債に計上しています。この2件については，2015年3月27日付で和解が成立し，2015年度中に10,433百万円が支払われています（図表5-8，＊3）。和解の成立時点で被告の原告に対する支払債務が確定することから（樋口［2016］41頁），2014年度末の貸借対照表には確定債務としての未払金が計上されてもよさそうです。しかし，「最大11,000百万円を支払う」として金額が確定していないことから（図表5-8，＊2），条件付債務としての引当金がそのまま計上されていると考えられます。

なお，有価証券報告書提出日（2015年6月26日）時点で係属中の訴訟に係る訴額の合計は823億円と開示されています。すなわち，叙上の2件以外は金額的影響の算定が困難であるという理由から，偶発債務としての注記開示に留まっています。

原子力損害賠償引当金

原子力発電施設を擁する大手電力会社には，「原子炉の運転等の際，当該原子炉の運転等により原子力損害を与えたときは，当該原子炉の運転等に係る原子力事業者がその損害を賠償する責めに任ずる。ただし，その損害が異常に巨大な天災地変又は社会的動乱によつて生じたものであるときは，この限りでない」として（原子力損害の賠償に関する法律3条），原則的な無過失責任が課されています。東京電力株式会社福島第一原子力発電所が引き起こした事故は，2011年3月11日に未曾有の被害をもたらした東日本大震災が引き金となっています。ただし，同法の「異常に巨大な天災地変」という定義の曖昧さが一因となり（日本経済新聞2014年6月13日（朝刊）5面），同社への免責適用は見送られました（図表5-9）。

図表5-9の事例では，2011年3月期には「賠償額を合理的には見積ることができない」といった理由から偶発債務としての開示に留まっていました。2012年度に入り，原子力損害の範囲の判定等に関する中間指針が原子力損害賠償紛争審査会で順次決定されたことをふまえ，損害項目ごとに賠償基準を策定して引当金を見積計上しています。具体的には，各期末における損害賠償請求実績

図表5-9　福島第一原子力発電所の事故に係る原子力損害賠償引当金および交付金の推移

(単位：億円)

	原子力損害賠償引当金（固定負債）				交付金[*6]（特別利益）	
	増加額[*1]	(累計)	減少額[*2]	期末残高	（単年）	（累計）
2012年3月期	25,249	25,249	4,615	20,634	24,263	24,263
2013年3月期	11,620	36,869	14,597	17,657	6,968	31,231
2014年3月期	13,956	50,825	15,977	15,636	16,658	47,888
2015年3月期	5,959	56,785	10,980	10,616[*3]	8,685	56,574
2016年3月期	6,787	63,571	9,024	8,379[*4]	6,998	63,571
2017年3月期	3,920	67,492	5,355	6,944[*5]	2,942	66,514

(*1) 原子力損害賠償費（特別損失）と同額です。
(*2) すべての年度において「目的使用」とされています。
(*3) 2015年3月末に公布された経済産業省令により，除染費用等に対応する資金交付金に係る未収金について，資金援助の申請時に未収計上せず，同相当額を原賠引当金の見積額から控除する旨の改正がなされました。この変更により，期末時点での未収交付金および原賠引当金は2,789億円減少しています。
(*4) *3と同様に，期末時点での未収交付金および原賠引当金は7,697億円減少しています。
(*5) *3と同様に，期末時点での未収交付金および原賠引当金は5,597億円減少しています。
(*6) 原子力損害賠償支援機構資金交付金には，原賠補償契約にもとづく補償金を含めていません。また，2015年3月期から「原賠・廃炉等支援機構資金交付金」へと表示が変更されています。

(出所) 同社の有価証券報告書にもとづき，筆者作成。

や客観的な統計にもとづいた賠償見積額から，法律にもとづく補償金の受入額および2015年1月以降に国に対する債務として認識した除染費用に対応する資金援助の申請額を控除しています。その一方で，合理的に見積ることができない間接被害や一部の財物価値の喪失または減少等については引当金を計上していません。具体的な実施内容等を把握できる状況になく，費用負担の在り方について国と協議中である除染費用等についても，賠償額を合理的に見積ることができていません。

災害損失引当金

災害損失引当金に関する開示内容の分析によれば，未曾有の震災が起きた2011年3月期においても，「東日本大震災により被災した資産の復旧費用等の支出に備えるため，当該損失見積額を計上しております。」(58.8％) や「東日本大震災により被災した資産の撤去，修繕費用及び原状回復費用等に備えるた

め，将来の支出見積額を計上しております。」(30.2%) といった定型的な記述に留まる企業が多かったとされています (JICPA [2013] 33頁)。

東京電力株式会社は災害損失引当金残高の内訳を追加情報として開示している少数例のひとつであり，2007年に発生した新潟県中越沖地震による損失等に係る引当金残高と東日本大震災による損失等に係る引当金残高とが区別されています (**図表5-10**)。前者に係る引当金は2008年3月期からの2ヵ年に繰り入れられており，2010年3月期以降は一部が戻し入れつつあります。多くの場合には流動負債の区分に計上することから (新日本 [2014] 288-289頁)，災害損失の影響が長きにわたっている同社の事例はきわめて特殊といえます。

福島第一原子力発電所1～4号機については2011年5月20日の取締役会で廃止を決定し，2012年4月19日付で認可されましたが，その廃止損失は2011年3月期に災害特別損失として計上されています。また，同5・6号機は2013年12月18日に廃止を決定し2014年1月31日付で認可されていますが (**図表15-6**)，福島第一5・6号機廃止損失として災害特別損失とは別個に掲記されています。**図表5-10**からは，1～4号機と5・6号機とで廃止損失を認識する論拠が異なっている点や，装荷核燃料と加工中等核燃料とでは処理費用に係る引当金の勘定科目が区別されている点などが読み取れるでしょう。

★コラム　特別修繕引当金の性格★

　船舶や溶鉱炉などは，毎年の継続的な修繕だけでなく，法律にもとづく大規模で定期的な修繕を必要とします。費用収益対応の原則にもとづき，当該費用を各期に前倒し計上することが適正な期間損益計算の観点からも合理的と考えられているようです。

　IFRSsにおける非金融負債の議論が国内でも活発になると，特別修繕引当金の取扱は必然的に俎上に載ります。ただし，IFRSsにおいては，「修繕は操業停止や対象設備の廃棄をした場合には不要となり，義務を決済しないという選択肢が存在する」といった論理によって負債とされず (IASC [1998] par.17)，要件を満たせば有形固定資産として減価償却の対象となります (IASB [2014] par.14)。

　特別修繕引当金については興味深い議論が近年でも展開されています (たとえば，笠井 [2011]；松本 [2016])。修繕に要するカネではなく，修繕を要す

● 図表 5-10　東京電力株式会社における災害損失引当金および福島第一原発の廃止決定に係る仕訳（推定）

```
[2011年3月期]
（借）災害特別損失              10,205
　　（貸）災害損失引当金                     7,753*1
　　　　　使用済燃料再処理等準備引当金     102   （1～4号機の装荷核燃料に係る処理費用）
　　　　　原子力発電設備                   1,017  （原子力発電設備の減損損失）
　　　　　装荷核燃料および加工中等核燃料   449   （核燃料資産の減損損失）
　　　　　建設仮勘定                         394  （7・8号機の増設計画を中止）
　　　　　資産除去債務                       458  （6章を参照のこと）
　　　　　その他資産の減少または負債の増加  32

[2012年3月期]（1～4号機の廃止を決定）
（借）災害損失引当金  3,228　（貸）諸口              3,228
（借）災害特別損失    2,978　（貸）災害損失引当金   2,978*2

[2013年3月期]
（借）災害損失引当金  1,149　（貸）諸口              1,149
（借）災害特別損失      402　（貸）災害損失引当金     402*3

[2014年3月期]（5・6号機の廃止を決定）
（借）福島第一5・6号機廃止損失  398
　　（貸）原子力発電設備                       197  （発電のみに使用する設備*4の減損損失）
　　　　　装荷核燃料および加工中等核燃料     154  （核燃料資産の減損損失）
　　　　　使用済燃料再処理等準備引当金        47  （5・6号機の装荷核燃料に係る処理費用）
（借）災害損失引当金  1,306　（貸）諸口                986
　　　　　　　　　　　　　　　　　　引当金戻入額      320*5
（借）災害特別損失      267　（貸）災害損失引当金     267*6
```

（＊1）災害損失引当金残高7,753億円の内訳は以下のとおりです。
・(a-1)　原子炉等の冷却や放射性物質の飛散防止等の安全性の確保等に要する費用または損失　　4,250億円
・(b)　　1～4号機の廃止に関する費用または損失のうち加工中等核燃料の処理費用　　　　　　　45億円
・(c-1)　5・6号機及び福島第二原発の原子炉の安全な冷温停止状態を維持するため等に
　　　　要する費用または損失　　　　　　　　　　　　　　　　　　　　　　　　　　　　　　2,118億円
・(d)　　火力発電所の復旧等に要する費用または損失　　　　　　　　　　　　　　　　　　　　497億円
・(e)　　その他　　　　　　　　　　　　　　　　　　　　　　　　　　　　　　　　　　　　　843億円
（＊2）災害損失引当金残高7,503億円の内訳は以下のとおりです。
・(a-2)　福島第一原子力発電所の事故の収束及び廃止措置等に向けた費用または損失　　　　　　5,123億円
・(b) 47億円　・(c-1) 1,886億円　・(d) 178億円　・(e) 269億円
（＊3）災害損失引当金残高6,756億円の内訳は以下のとおりです。
・(a-2) 4,829億円　・(b) 48億円　・(c-1) 1,737億円　・(d) 98億円　・(e) 44億円
（＊4）原子力発電設備のうち、タービンや発電機などを指します（**図表15-4、＊2**）。
（＊5）個々の工事内容にもとづいた見積への変更に伴う戻入額320億円を特別利益に計上しています。
（＊6）災害損失引当金残高5,717億円の内訳は以下のとおりです。
・(a-2) 4,400億円　・(b) 50億円　・(d) 45億円　・(e) 15億円
・(c-2)　福島第二原発の原子炉の安全な冷温停止状態を維持するため等に要する費用または損失　1,207億円
　　　　　　　　　　　　　　　　（出所）同社の有価証券報告書にもとづき，筆者作成。

るモノ（すなわち，船舶や溶鉱炉など）に着目したこれらの論攷は，一読に値する文献といえるでしょう。

● ● ● ● ● **ケース 5 の問題を考える** ● ● ● ● ●

引当金一般を認識する論拠にはふたつの考え方がありますが，工事損失引当金の場合には工事を受注した時点でさえも状況によっては認識を迫られる点に鑑みて，「費用収益対応の原則」ではなく「原因発生主義」による認識が求められているという結論を示しました。

しかし，工事の進捗に伴って損失が見込まれるようになった場合，その「原因」をどこに求めるかによって損益計算の結果が左右されることも考えられます。敷衍すれば，過年度に杜撰な工事がなされたことが工期の終盤で発覚したとき，将来の追加工事について当期以降の損失とするか，あるいは（現行制度では認められていませんが）過少な費用計上の結果として蓄積された利益剰余金を直接に減額させる，という議論にもつながります。

また，工事損失引当金は負債項目といえるのか，資産項目の控除という考え方は成り立たないのか，という点にも本文で言及しました。IFRSs との収斂によって「引当金」という勘定科目がなくなる日は来るかもしれませんが，将来の不確実性を現在の会計に取り込む場面において，考え方が廃れてしまうことはないように思われます。なお，IFRSs においては，工事損失引当金の計上が要請されるような「赤字が想定される取引」は，不利な契約（onerous contract）として別個の引当金を認識する旨が定められています（IASC［1998］pars.66-69）。

参照文献

ASBJ［2007］：企業会計基準委員会「工事契約に関する会計基準」，2007年12月27日。
ASBJ［2008］：企業会計基準委員会「金融商品に関する会計基準」，2008年3月10日最終改正。

ASBJ［2009］：企業会計基準委員会「引当金に関する論点の整理」，2009年9月8日。

ASBJ［2010］：企業会計基準委員会「IASB公開草案「IAS第37号における負債の測定」に対するコメント」，2010年5月19日。

ASBJ［2017a］：企業会計基準委員会「収益認識に関する会計基準（案）」，2017年7月20日。

ASBJ［2017b］：企業会計基準委員会「収益認識に関する会計基準の適用指針（案）」，2017年7月20日。

BAC［1982］：企業会計審議会「企業会計原則」，1982年4月20日最終改正。

IASB［2014］：International Accounting Standard No.16: *Property, Plant and Equipment*, Jun.2014, IASB.

IASC［1998］：International Accounting Standard No.37: *Provisions, Contingent Liabilities and Contingent Assets*, Sep.1998, IASC.

JICPA［2001］：日本公認会計士協会「未払従業員賞与の財務諸表における表示科目について」，2001年2月14日。

JICPA［2013］：日本公認会計士協会「我が国の引当金に関する研究資料」，2013年6月24日。

JICPA［2015］：日本公認会計士協会「工事進行基準等の適用に関する監査上の取扱い」，2015年4月30日。

伊藤［2016］：伊藤邦雄『新・現代会計入門』第2版，日本経済新聞出版社，2016年3月。

笠井［2011］：笠井昭次「資産負債観の説明能力」『三田商学研究』54(2)，1-21頁，2011年6月。

川村［2007］：川村義則「非金融負債をめぐる会計問題」『金融研究』26(3)，27-67頁，2007年8月。

北村［2016］：北村敬子「引当金とは何か」『産業経理』76(2)，84-85頁，2016年7月。

黒川［2009］：黒川行治「非金融負債の公正価値測定の含意」『會計』176(5)，1-16頁，2009年11月。

新日本［2014］：新日本有限責任監査法人編『引当金の会計実務』中央経済社，2014年9月。

高田［2003］：高田京子「引当金にかかわる不確実性と因果関係と」『税経通信』58(13)，181-186頁，2003年10月。

東芝［2015］：株式会社東芝「第三者委員会の調査報告書全文の公表及び当社の今後の対応並びに経営責任の明確化についてのお知らせ（別添資料を含む）」，2015年7月21日。

中村［2016］：中村亮介「ポイントプログラムの簿記処理と新たな収益認識基準」『日本簿記学会年報』31，79-87頁，2016年7月。

中山［2015］：中山重穂「2013年IASB『討議資料』における資産および負債の定義の検討」『国際会計研究学会年報2014年度』1，67-83頁，2015年7月。

番場［1982］：番場嘉一郎「新企業会計原則の公表とその意義」『企業会計』34(6)，72-80頁，1982年6月。

樋口［2016］：樋口達「訴訟損失引当金の会計処理ポイント」『経理情報』1434，40-43頁，2016年1月。

松本［1982］：松本敏史「賞与引当金の設定と未払賞与の認識」『同志社商学』34(3)，111-134頁，1982年10月。

松本［2010］：松本敏史「IAS37号を巡る動きと計算構造の変化」『企業会計』62(9)，25-32頁，2010年9月。

松本［2016］：松本敏史「引当金会計における資産負債アプローチの意味」『商学論究』63(3)，91-109頁，2016年3月。

安田［2015］：安田忍「工事契約の会計と利益操作」『南山経営研究』30(2)，173-184頁，2015年10月。

山本［2006］：山本守「ポイント引当金の現状と対応」『経理情報』1116，56-59頁，2006年5月。

横山［2013］：横山和夫『引当金会計制度論』森山書店，2013年11月。

費用の会計(4)
―長期にわたる負債は当期の
　損益計算にどのような影響を及ぼすのか―

・・・・●本章のポイント●・・・・・・・・・・・・・・・・・・・・・・・・・・・・・
❶　将来支出額を現在価値に割り引くという意味について考えます。
❷　資産除去債務会計が採用した資産負債両建方式の意義について考えます。

長期金利の下落が業績に水を差した
——大和ハウス工業株式会社

　設備投資に際して，その資産から将来にどれくらいの収入や支出が予想されるかを経営者は吟味しなければなりません。このような「将来キャッシュ・フロー」と呼ばれる考え方は企業内部の意思決定（管理会計）においてかねてより採用されていました。1990年代から企業外部への財務報告（財務会計）に制度として組み入れられるようになると，資産のみならず負債についても「将来にどれくらいの支出が予定されるか」といった観点が重視されるようになりました。これらの将来収支額を現在価値に変換する割引率に関連して，日本経済新聞2016年4月14日（朝刊）13面に「年金負担，企業収益を圧迫，大和ハウス，前期特損849億円，マイナス金利で費用膨張」という記事が掲載されました。

> 　年金や退職金の負担増が上場企業の収益を圧迫している。日銀のマイナス金利政策で市場金利が下がり，将来の支払いに備えて用意すべき金額が増えたためだ。大和ハウス工業は13日，負担増加分にあたる849億円を2016年3月期の特別損失に計上すると発表した。

　2016年6月28日に公表された同社の有価証券報告書では，「退職給付債務割引率変更数理差異償却」として849億円を計上した点について注記開示されています（図表6-1）。

図表6-1　大和ハウス工業株式会社における退職給付関連の注記（一部）

(4) 退職給付費用及びその内訳項目の金額

	前連結会計年度	当連結会計年度
勤務費用	20,424百万円	20,571百万円
利息費用	6,966	7,253
数理計算上の差異の費用処理額	△21,046	94,142
確定給付制度に係る退職給付費用	6,344	121,966

　退職給付債務の計算における割引率変更の要否については，従来より重要性基準に基づき判定を行い，変更が必要となった場合には，変更によって生じた重要な数理計算上の差異を特別損益で発生年度に一括処理しております。当連結会計年度における数理計算上の差異の費用処理額には，割引率変更による影響額として84,959百万円（特別損失に計上。）が含まれております。

(6) 数理計算上の計算基礎に関する事項

	前連結会計年度	当連結会計年度
割引率	主として1.7%	主として0.8%
長期期待運用収益率	0.0	0.0
予想昇給率	2.2	2.2

（出所）第77期有価証券報告書にもとづき，筆者作成。

問題

❶　リース債務や退職給付債務，資産除去債務における割引計算の意味を考えましょう。

❷　資産除去債務会計の導入によってどのような副作用があったでしょうか。

用語

将来支出額　　現在価値　　支払利息　　社債　　リース債務
退職給付債務　　資産除去債務

6.1 社債

社債利息の意義

企業が経済活動に必要な資金を調達する方法のひとつに，社債の発行が挙げられます。社債の発行企業は投資者に対して債券を発行し，満期日まで定期的に所定の利息を支払い，満期日には額面金額を返済することを約束します。

〔設例6－1〕 当社（12月末決算）は20X1年1月1日に額面総額11,280千円の社債を発行し，10,000千円が払い込まれました。満期は20X4年12月31日，表面利率は年1.8％，利払日は毎年12月末（年1回），実効利率は5％です。なお，額面金額と収入金額との差額は金利の調整と認められます。

20X1年1月1日： （借）現金預金 10,000 （貸）社債 10,000
20Xt年12月末： （借）社債利息 BI_t （貸）社債 BI_t
　　　　　　　 （借）社債* 203 （貸）現金預金 203
20X4年12月末： （借）社債 11,280 （貸）現金預金 11,280

借入金や社債その他の債務は，債務額をもって貸借対照表価額とします。ただし，社債を額面金額よりも低い価額で発行した場合など，収入金額と債務額とが異なる場合には，当該差額は一般的に金利の調整という性格を有しているため，償却原価法にもとづいて算定された価額をもって貸借対照表価額とします（ASBJ［2008a］26項）。つまり，金銭債務は原則として［将来支出額］で測定しますが，［現在収入額］と［将来支出額］とにズレがある設例6－1では償却原価法を用いて測定します。

発行額と償還額との差額は，社債の発行企業にとって負担すべき価値犠牲であり，社債利息勘定で処理します。設例6－1は設例2－3を発行企業の立場からみているため，社債利息の考え方は債券保有者にとっての有価証券利息の考え方と同様に捉えられます。クーポン利息として203千円の現金支出を伴いますが，増価した社債の一部を取り崩したと捉えればよいでしょう（＊印）。すな

● 図表6-2　設例6-1に関する20X1年12月末の簿記処理の理解

	仕訳	含意
一般的な簿記処理	（借）社債利息 500　（貸）現金預金 203 　　　　　　　　　　　　　社債　　　297	社債の増価分（¥297）は現金支出を伴うクーポン利息（¥203）との差額として算定されます。
本書の理解	（借）社債利息 500　（貸）社債　　　500 （借）社債　　　203　（貸）現金預金 203	社債利息（¥500）は社債の増価分と捉え、クーポン利息（¥203）はその取崩と捉えます。

(出所) 笠井 [2005] 図表12-9にもとづき，筆者作成。

わち，一般的な簿記処理と本書の理解とでは，203千円の支出に対応する相手勘定科目が異なっています（**図表6-2**）。

社債の発行条件

社債の発行企業は幹事証券会社からの協力を得て，償還期間や利率を検討します。信用力が低いほど，また，償還期間が長いほど，国債の利回りに上乗せする金利（上乗せ金利）を大きくしないと債券の買い手はつきません。ただし，日本経済新聞2016年3月9日（朝刊）15面に「社債，揺らぐ信用の物差し，マイナス金利が影響，「上乗せ」拡大相次ぐ，市場縮小を懸念する声も」という記事が掲載されました。

> 日銀によるマイナス金利政策の影響で，社債の価格形成に異変が生じている。買い手の確保を狙って発行時の金利をプラスに保つことが優先され，発行企業の信用力は変わらないのに「上乗せ金利」が拡大するケースが相次いでいる。（中略）
> 日通が2011年10月と今年2月に出した5年債を比較すると分かりやすい。上乗せ金利は0.11％から0.26％へと急拡大した。（中略）同社の格付けはダブルA格のままなのに，「信用力が悪化した」ように見えてしまう。

これらの5年債が発行された当時，国債（期間5年）の利回りは，2011年10月は0.344％から0.388％の間，2016年2月は－0.255％から－0.105％の間でそれぞれ推移していました。上乗せ金利を拡大させても社債の発行利率は低下しています（**図表6-3**）。

● 図表6-3　日本通運株式会社における社債明細表（一部）

銘柄	発行年月日	当期首残高（百万円）	当期末残高*（百万円）	利率（％）	担保	償還期限
第6回無担保普通社債	2011.10.20	20,000	20,000 (20,000)	0.46	無担保	2016.10.20
第8回無担保普通社債	2016. 2.25	―	10,000	0.10	無担保	2021. 2.25

（＊）内書は，1年内償還予定の金額です。

（出所）第110期有価証券報告書にもとづき，筆者作成。

　発行利率の低下は，企業にとって有利な条件で資金を調達できることを意味します。実際に，2016年上期の社債発行額は3兆8,913億円と前年同期比7％増との報道もなされました（日本経済新聞2016年8月4日（朝刊）16面）。一方で，投資者にとっては，その投資から得られる収益が減少することを意味します。より多くの利回りを求めて信用力の低い投資先を選択する可能性もありますが，そもそも上乗せ金利が信用の物差しという機能を維持できていなければ，投資するか否かの判断に混乱をきたしかねません。

6.2　リース債務

実質優先主義

　リース取引とは，特定の物件の所有者である貸し手が当該物件の借り手に対し，合意された期間にわたりこれを使用収益する権利を与え，借り手は合意された使用料を貸し手に支払う取引をいいます（ASBJ［2007］4項）。法的形式が重視された時代には，使用料の支出額を現金主義のごとく費用認識する処理が一般的でした。しかし，その経済的実質が物件を分割払で購入した場合と同様の状態にある場合，リース資産やリース債務を貸借対照表に計上することで財務諸表の比較可能性が担保されることになります。IFRSsでは2016年1月に新たな会計基準（IASB［2016］）が公表され，短期間または少額なリース契約を除

き，使用権資産とリース負債とを貸借対照表に計上する旨が定められました。わが国の会計基準にどのような影響をもたらすかは扨措き（ASBJ［2007］34項），通常の売買取引に係る方法に準じて処理するファイナンス・リース取引（以下，FL取引）について概観しましょう。

ファイナンス・リース取引

FL取引とは，リース契約にもとづくリース期間の中途において実質的に当該契約を解除できない取引のうち，借り手が当該リース物件からもたらされる経済的利益を実質的に享受すると同時に物件の使用に伴って生じるコストを実質的に負担する取引をいいます（ASBJ［2007］5項）。具体的には，(a) 現在価値基準と (b) 経済的耐用年数基準のいずれかに該当すればFL取引と判定されます。これらの判定基準を充たさなかった場合には，使用料を単純に費用処理するオペレーティング・リース取引（以下，OL取引）と判定されます。

> 〔設例6-2〕 当社（12月末決算）は20X1年1月1日付で甲機械装置のリース契約を締結し，使用を開始しました。解約不能のリース期間は4年，年間のリース料2,820千円を毎年12月末に支払います。リース会社が当該物件の購入に要した金額や計算に用いた利率は不明ですが，当社が同じ機械装置を購入する場合は10,300千円を要し，この資金を金融機関から追加的に調達する場合の利率は5％とされています。当該物件の経済的耐用年数は5年であり，見積残存価額は零とします。当該物件は特別仕様ではなく，契約期間満了後にはリース会社へ返却し，所有権が移転しない契約となっています。
> 20X1年1月1日：（借）機械装置　10,000　（貸）リース債務　10,000

はじめに，リース契約がFL取引とOL取引とのいずれに該当するかを判定します。(a) 現在価値基準とは，解約不能のリース期間中のリース料総額の現在価値が，当該リース物件を借り手が現金で購入するものと仮定した場合の合理的見積金額の概ね90％以上である状況を指します（ASBJ［2011］9 (1)項）。設例6-2では，追加借入利率5％を用いて支払リース料総額の現在価値を計算すれば，

● 図表6-4　設例6-2に関する支払リース料の内訳

(単位：千円)

リース債務期首簿価	支払リース料	内訳		リース債務期末簿価
		利息発生分	元本返済分	
20X1年度	10,000	2,820	500	2,320	7,680
20X2年度	7,680	2,820	384	2,436	5,244
20X3年度	5,244	2,820	262	2,558	2,686
20X4年度	2,686	2,820	134	2,686	0
合計	―	11,280	1,280	10,000	―

(出所) 筆者作成。

$$\frac{2,820}{1+r}+\frac{2,820}{(1+r)^2}+\frac{2,820}{(1+r)^3}+\frac{2,820}{(1+r)^4}=10,000$$

より，現在価値基準は10,000千円÷10,300千円≒97%≧90%を充たしています。
(b) 経済的耐用年数基準とは，解約不能のリース期間が，当該物件の経済的耐用年数の概ね75%以上であることをいいます（ASBJ［2011］9(2)項）。**設例6-2**では，4年÷5年＝80%≧75%を充たしており，(a)と(b)のいずれによってもFL取引に該当します。貸し手の購入価額等は明らかでないため，支払リース料総額の現在価値と見積購入価額とのいずれか低い額をリース債務の当初測定額とし，同額をリース資産の計上金額とします（ASBJ［2011］22(2)項）。

支払リース料の総額は11,280千円となりますが，20X1年1月1日に計上したリース債務10,000千円との差額1,280千円は4年間にわたる支払利息と捉えられます。したがって，各期の支出額2,820千円は，リース債務から生じる利息の発生分とリース債務の元本返済分とに区別されます（**図表6-4**）。各期の支払利息はリース債務の期首帳簿価額に追加借入利率5%を乗じた金額となっています（ASBJ［2007］11項）。社債と同様に，この追加借入利率には当社の信用力が加味されていると考えられます。

所有権が借り手に移転しないFL取引では，リース期間を耐用年数とし，残存価額を零とする減価償却がおこなわれます。20X1年度末の簿記処理は以下のとおりです。

リース債務：（借）支払利息　　　500　（貸）リース債務　　500
　　　　　　（借）リース債務　2,820　（貸）現金預金　　2,820
リース資産：（借）減価償却費　2,500　（貸）機械装置　　2,500

　一般的には支出額の相手科目は支払利息500千円およびリース債務2,320千円とされ，それ自体は**図表6-4**のとおりです。しかしながら，**図表6-2**での検討をふまえれば支払利息はリース債務の増価分に対応しており，増価後のリース債務を現金預金2,820千円で返済したとみるべきでしょう（IASB［2016］par.36も参照のこと）。

オペレーティング・リース取引との比較

　仮に，設例6-2についてOL取引として処理した場合と比較してみましょう（**図表6-5**）。FL取引とOL取引とで，4期にわたる費用計上額はいずれも11,280千円です。しかし，OL取引は費用の金額が安定していることから経常利益への影響が一貫していますが，FL取引は支払利息がリース期間の初期に影響を及ぼします。また，リース資産やリース債務の計上により貸借対照表が膨らむため，自己資本比率や総資産利益率（ROA）などの経営指標の悪化を嫌厭する経営者心理も推察されます。

　図表6-6の事例（2012年度までは，全日本空輸株式会社）では，所有権の移転しないFL取引について2006年度までは通常の賃貸借取引に係る方法に準じた会計処理を採用していましたが，ASBJ［2007］の適用により流動負債158億円および固定負債569億円が増加しました。しかし，2006年度末と2015年度末の航空機数を比較すると，退役するジャンボ機の後継として導入した中型機の多くは自社保有である，客席数の少ない小型機の多くをリースから保有に切り

●　図表6-5　FL取引とOL取引とにおける費用計上額の比較

（単位：千円）

	勘定科目	20X1年度	20X2年度	20X3年度	20X4年度	合計
FL取引	支払利息	500	384	262	134	1,280
	減価償却費	2,500	2,500	2,500	2,500	10,000
OL取引	支払リース料	2,820	2,820	2,820	2,820	11,280

（出所）筆者作成。

● 図表6-6　ANAホールディングス株式会社の各年度末における航空機数および
リース債務の推移

	2006年度末	2007年度末	…	2011年度末	…	2015年度末
航空機数（保有／リース） （下段：リース機の割合）	125／86 41%	136／82 38%	… …	166／60 27%	… …	198／59 23%
リース債務（百万円）	—	72,696	…	36,032	…	23,734

（出所）同社の有価証券報告書にもとづき，筆者作成。

替えた，などの理由から保有機は73機増に対して，リース機は27機減となっています。「今は金利など経済性を考慮しても購入のほうが有利」（日本経済新聞2008年4月5日（朝刊）15面）という同社の思惑は財務数値にも表れています。

6.3　退職給付債務

確定拠出年金と確定給付年金

　退職給付制度には，事業主である企業が一定の掛け金を外部に積み立てるほかに追加的な拠出義務を負わない確定拠出年金と，それ以外の確定給付年金とのふたつがあります。公的年金の上乗せとして2001年に始まった確定拠出年金制度は，2017年7月末までに27,465社（企業型の加入者数は約628万人）が採用しています（厚労省［2017］）。確定拠出年金は当該制度にもとづく要拠出額をもって費用処理します（ASBJ［2016b］31項）。これに対して，確定給付年金は退職時に支払うべき金額を見積ったうえで現在価値に変換して負債計上する必要があります。いずれにしても，発生主義の思考から，退職給付の原因となる労働用役を費消した時点に人件費を計上します（4章）。

確定拠出年金：（借）退職給付費用　　xxx　　（貸）現金預金　　　　　xxx
確定給付年金：（借）退職給付費用　　xxx　　（貸）退職給付引当金　　xxx

勤務費用

　貸借対照表では，年金資産の額（後述）を控除した退職給付債務の金額を退

職給付引当金として計上します（ASBJ [2016b] 13項）。退職給付債務は，退職により見込まれる退職給付の総額のうち，期末までに発生していると認められる額を，原則として個々の従業員ごとに割り引いて計算します（ASBJ [2016b] 16項）。累積給付債務（Accumulated Benefit Obligation，以下，ABO）方式と予測給付債務（Projected Benefit Obligation，以下，PBO）方式のいずれを採用するかについて議論がなされましたが，現行制度では，予想される昇給などの合理的に見込まれる退職給付の変動要因をも加味するPBO方式が採用されています（ASBJ [2016b] 57項）。このときに用いる割引率は，期末における国債，政府機関債および優良社債のような安全性の高い債券の利回りを基礎として決定されます（ASBJ [2016b] 20項）。なお，退職給付見込額のうち期末までに発生したと認められる額は，退職給付見込額について全勤務期間で除した額を各期の発生額とする方法（期間定額基準），あるいは，企業の定めた給付算定式に従って各期の発生額を見積る方法（給付算定式基準）のいずれかを選択適用して計算します。従業員の昇給率や死亡率に代表される数理計算には，一定人数以上でないと意味のある計算はできない，という特徴がありますが（西川 [2017] 29頁），本書では便宜上，まずは従業員1名に着目していきます。

他方，損益計算書では，(a) 勤務費用，(b) 利息費用，(c) 期待運用収益，(d) 数理計算上の差異に係る当期の費用処理額，(e) 過去勤務費用に係る当期の費用処理額，の各項目を加減算した金額を退職給付費用として処理します（図表6-7）。このうち，(a) 勤務費用とは，1期間の労働の対価として発生したと認められる退職給付をいいます（ASBJ [2016b] 8項）。

〔設例6-3〕 当社（12月末決算）では確定給付型の企業年金制度を採用しています。20X1年1月より勤務する乙氏は，当期末から3年後における退職給付見込額は11,280千円です。期間定額基準により各期の発生額を見積り，計算に用いる割引率は5％とします。
20X1年12月31日：（借）退職給付費用　2,436　（貸）退職給付引当金　2,436

期間定額基準により退職給付見込額11,280千円を全勤務期間4年で除せば，各期の退職給付の発生額は2,820千円となります。現在価値に割り引くと，

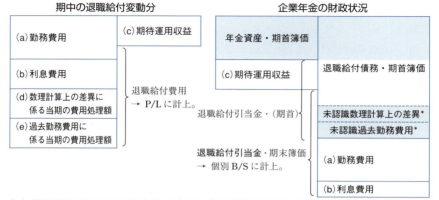

● 図表6-7　退職給付費用と退職給付引当金との連繋

(＊) 網掛け部は個別B/Sには計上されませんが,「未認識数理計算上の差異」および「未認識過去勤務費用」は連結B/Sの「その他の包括利益累計額」に計上されます（図表2-8）。
個別B/Sでの「退職給付引当金」は，連結B/Sでは「退職給付に係る負債」と名称が変わります。

(出所) 筆者作成。

$$\frac{2,820}{(1+r)^3}=2,436$$

より，2,436千円が20X1年度の勤務費用となります（ASBJ [2016b] 17項）。現金預金の流出を伴わない人件費が発生し，社内に資金を留保させて積み立てる効果がもたらされます。

利息費用

　設例4-5でみたように，労働用役の費消時と対価の支払時とに長期にわたるズレが生じる退職給付について，企業にとってはその支払を猶予されている時間だけ利息が発生しているとみることができます。つまり，(b) 利息費用とは，割引計算により算定された期首時点での退職給付債務について，期末までの時の経過により発生した「計算上の利息」をいいます（ASBJ [2016b] 9項）。設例6-3において，20X2年1月1日時点での退職給付債務が2,436千円と算定され，20X2年12月末までの1年間，決済されることがありませんでしたので，

$$2,436 \times r = \frac{2,820}{(1+r)^2} - \frac{2,820}{(1+r)^3} = 122$$

● 図表6-8　設例6-3に関する退職給付債務の推移および退職給付費用の内訳

(単位：千円)

	退職給付の発生額	退職給付債務期首簿価	退職給付費用の内訳			退職給付債務期末簿価
			利息費用	勤務費用	合計	
20X1年度	2,820	0	0	2,436	2,436	2,436
20X2年度	2,820	2,436	122	2,558	2,680	5,116
20X3年度	2,820	5,116	256	2,686	2,941	8,057
20X4年度	2,820	8,057	403	2,820	3,223	11,280
合計	11,280	—	780	10,500	11,280	—

(出所) 筆者作成。

より，20X1年度の勤務費用に係る20X2年度の利息費用は122千円となります。20X2年度の勤務費用2,558千円とあわせた2,680千円が年度末に費用処理されます（**図表6-8**）。

利息費用は，退職給付債務が時の経過とともに増価した分と観念されます。前節までにみた社債やリース債務における支払利息が営業外費用として処理される一方，退職給付債務については「退職給付費用」の内訳項目として売上原価または販売費及び一般管理費に計上され（ASBJ [2016b] 28項），負債の割引計算によって生じた「支払利息」の性格は異なるようです。

期待運用収益

特定の退職給付制度のために積み立てられ，「退職給付以外に使用できない」「事業主やその債権者から法的に分離されている」などの要件を満たした基金を年金資産といいます（ASBJ [2016b] 7項）。基金は掛け金を元手として国債や株式などへ投資し，運用益も含めて将来の退職給付の財源とします。このため，基金に掛け金を拠出した分は事業主の貸借対照表からは切り離され（**図表6-7**），従業員の退職時には当該基金から退職金が支払われます。

年金資産の額は，期末における時価（公正な評価額）により計算されます（ASBJ [2016b] 22項）。(c) 期待運用収益とは，年金資産の運用によって生じると合理的に期待される計算上の収益をいい，期首の年金資産の額に長期期待運用収益率を乗じることで算定されます（ASBJ [2016b] 23項）。すなわち，基金

の運用が成功している状況においては,事業主にとって費用負担が軽減される効果がもたらされます。

> 〔設例6-4〕 設例6-3の続きです。当社（12月末決算）は20X2年1月1日付で信託銀行と契約を締結し,従業員の退職給付のための基金を社外に設立しました。当該基金の長期期待運用収益率は2％であり,乙氏に関して1,000千円の掛け金を毎期末に拠出します。
> 20X2年12月末：（借）退職給付費用 2,680 （貸）現金預金 1,000
> 退職給付引当金 1,680
> 20X3年12月末：（借）退職給付費用 2,921 （貸）現金預金 1,000
> 退職給付引当金 1,921

20X3年度には2,941千円の退職給付費用を計上するはずでしたが（**図表6-8**）,**設例6-4**では期待運用収益20千円を控除した2,921千円を費用計上しています。ただし,運用の成果は事前の期待と乖離する場合もあります。過去最高の運用成績を記録した翌年度に,株安や円高を背景として通算利回りが急落した事例もあるようです（日本経済新聞2016年6月7日（朝刊）15面）。

退職給付費用の算定に用いるその他の要素

年金資産の期待運用収益と実際の運用成果との差異,退職給付債務の数理計算に用いた見積数値と実績との差異および見積数値の変更等により発生した差異を (d) 数理計算上の差異といいます（ASBJ [2016b] 11項）。退職給付水準の改訂等に起因して発生した退職給付債務の増減の部分を (e) 過去勤務費用といいます（ASBJ [2016b] 12項）。いずれの要素についても,予想される平均残存勤務期間以内の一定の年数で按分した額を毎期の費用として処理する旨が規定されていますが（ASBJ [2016b] 24-25項）,**ケース6**のように発生年度に一括処理される実践もみられます。

割引率等の計算基礎に重要な変動が生じない場合には,合理的な範囲で重要性による判断が認められています（ASBJ [2016b] 67(2)項）。IFRSsでは,退職給付債務の金額を毎期末において厳格に再計算し,その結果生じた差異に一定

の許容範囲を設ける回廊方式が採用されていましたが，2011年6月の改訂以後，その他の包括利益をつうじて即時認識する方法に一本化されています（IASB [2013] pars.BC70–BC72）。

企業が国際的な資金調達をおこなっている昨今，数理計算上の差異や過去勤務費用に起因して年金資産の額が退職給付債務に満たない，いわゆる「積立不足額」が貸借対照表にまったく反映されなければ，海外の企業との比較可能性が損なわれることになってしまいます。そこで，**設例6-3**においてたとえば700千円の積立不足額が生じている場合には，わが国でも，企業グループ全体の業績を示す連結財務諸表の作成にあたっては，次のような連結修正仕訳を追加的におこないます（ASBJ [2016b] 29項）。

(借) 退職給付引当金　　　　　　2,436　　(貸) 退職給付に係る負債　3,136
　　　退職給付に係る調整累計額　　700

退職給付に係る調整額は将来の期間にわたって負担すべき部分であるため，その他の包括利益累計額の一項目として純資産の部へ計上されます（**図表2-8**）。次期以降における損益計算書をつうじて利益剰余金へ振り替える処理（組替調整）の有無はともかくも（石川 [2016] 18–19頁も参照のこと），連結貸借対照表においてはIFRSsに近似した開示がなされています。

6.4　資産除去債務

資産負債両建方式

資産除去債務（Asset Retirement Obligations, 以下，ARO）とは，有形固定資産の取得，建設，開発または通常の使用によって生じ，当該有形固定資産の除去に関して法令または契約で要求される法律上の義務およびそれに準ずるものをいいます（ASBJ [2008b] 3(1)項）。具体的には，原子力発電施設の廃止措置に係る解体義務や賃貸物件から撤退する際の原状回復義務（**図表6-9**）が挙げられます。AROが発生し，除去に要する将来支出額を合理的に見積ることができた時点でその割引価値を負債計上します（ASBJ [2008b] 5項）。このと

● 図表6-9　株式会社ローソンにおけるAROに関する開示

イ　当該資産除去債務の概要
　　当社及び当社の連結子会社が運営する店舗等の不動産賃貸借契約に伴う原状回復義務等であります。
ロ　当該資産除去債務の金額の算定方法
　　使用見込期間を8～20年と見積り，割引率は0.2～2.2％を使用して資産除去債務の金額を計算しております。
ハ　当連結会計年度における当該資産除去債務の総額の増減
　　　　期首残高（注）　　　　　　　　　　　14,305百万円
　　　　有形固定資産の取得に伴う増加額　　　 1,151百万円
　　　　時の経過による調整額　　　　　　　　　 214百万円
　　　　資産除去債務の履行による減少額　　　△407百万円
　　　　期末残高　　　　　　　　　　　　　　15,263百万円

（注）当連結会計年度より「資産除去債務に関する会計基準」及び「資産除去債務に関する会計基準の適用指針」を適用したことによる期首時点における残高であります。

（出所）第37期有価証券報告書，106頁。

き，貨幣の時間価値を反映した無リスクの税引前の利率を用います（ASBJ[2008b]6(2)項）。

　AROの会計処理として引当金方式と**資産負債両建方式**のふたつが検討されました。たとえば原子力発電施設を有する電力会社では従来より，発電の時点と廃止措置の時点とのズレが顕著であり，世代間における負担の公平を図るためには引当金方式が適切であるとして，発電実績に応じた原子力発電施設解体引当金の負債計上がなされていました（15章）。しかしながら，引当金方式では将来支出額の全貌を貸借対照表上に示すことができません。有形固定資産の除去に要する支出が不可避的に生じるならば，その支払が後日であっても，債務として負担している金額が合理的に見積られることを条件にAROの全額を負債計上し，同額を有形固定資産の取得原価に反映させる資産負債両建方式のほうが，企業の将来の負担を財務諸表に反映させられるという点で投資情報としては有用であろうという判断がなされました（ASBJ[2008b]22，34項）。

〔設例6-5〕　当社（12月末決算）は20X1年1月1日より丙機械装置を取得，使用を開始しました。取得原価は80,000千円（同月末に支払），減価償却は定額法（償却率：0.250，残存価額：零，直接法）によります。4年間使用した

> 後には当該機械装置を除去する法的義務があり，除去見積額は11,280千円です。AROは取得時にのみ発生し，割引率は5％とします。
>
> 20X1年1月1日：（借）機械装置　89,280　（貸）未払金　　80,000
> 　　　　　　　　　　　　　　　　　　　　　　資産除去債務　9,280
> 20X1年1月末：　（借）未払金　80,000　（貸）現金預金　80,000

　除去に要する支出額11,280千円は当該機械装置の使用が終了した20X5年1月に支払いますが，これを機械装置の取得時に負債として認識するために割引価値に換算すると，

$$\frac{11,280}{(1+r)^4}=9,280$$

より，9,280千円が20X1年度期首時点のARO帳簿価額となります。有形固定資産の除去時に不可避的に生じる支出額は，当該資産への投資について回収すべき額を引き上げることを意味するために，付随費用と同様に取得原価80,000千円に加算されます（ASBJ［2008b］41項）。

　20X4年度末時点でのARO帳簿価額を11,280千円とするために，4年間かけて2,000千円だけ増価させる必要があります。時の経過によるAROの調整額は，その発生時の費用として処理します（ASBJ［2008b］9項）。当該調整額は期首帳簿価額に当初認識時の割引率を乗じて算定することから，見積に重要な変更が生じていない限り，割引前の金額に帳簿価額を「戻す」処理とみることができます（**図表6-10**）。

　たとえば，20X1年度における時の経過によるAROの調整額は，

$$9,280\times r=\frac{11,280}{(1+r)^3}-\frac{11,280}{(1+r)^4}=464$$

より，（外形こそ）退職給付債務における利息費用と同様の取扱がなされています（ASBJ［2008b］48項）。このとき，時の経過によるAROの調整額は損益計算書上，当該資産除去債務に関連する有形固定資産の減価償却費と同じ区分に含めて計上します（ASBJ［2008b］55項）。

● 図表6-10　設例6-5に関するAROの推移と諸費用の内訳

(単位：千円)

	将来除去費用期首相当額	ARO期首簿価	諸費用の内訳			ARO期末簿価
			時の経過による調整額	減価償却費上乗せ分	合計	
20X1年度	9,280	9,280	464	2,320	2,784	9,744
20X2年度	6,960	9,744	487	2,320	2,807	10,231
20X3年度	4,640	10,231	512	2,320	2,832	10,743
20X4年度	2,320	10,743	537	2,320	2,857	11,280
20X5年度	0	11,280	―	―	―	―
合計	―	―	2,000	9,280	11,280	―

(出所) 筆者作成。

将来除去費用は「付随費用」なのか

　ARO会計では有形固定資産の除去に要する［将来支出額］の全貌を貸借対照表に示すことが先にありきのため，相手勘定の性格については早くから疑問の声が挙がっていました（図表6-11）。将来除去費用は，法律上の権利ではなく財産的価値もないこと，また，独立して収益獲得に貢献するものではないことから，別の資産として計上する方法は採用されませんでした（ASBJ［2008b］42項）。しかし，有形固定資産の稼働に不可欠だからといって付随費用と同様に捉える考え方に問題はないのでしょうか。

　自動車を取得する場合，本体の代金とは別にリサイクル料金を支払う必要があります。車両の取得原価は800千円，減価償却は定額法（償却率：0.250，残存価額：零，間接法），リサイクル料金は20千円，といった場合の簿記処理を考えてみましょう（図表6-12）。

　車両の使用終了後に発生するはずの廃棄費用は，車両を取得する時点では（支出がなされたとしても）未発生といえます。そのような将来費用を「付随費用」として取得時に資産の原価に含めてしまうと，資産の減価償却費が上乗せされて毎期の損益計算を歪ませる結果となります。仮に，預託金として処理した場合と同額の200千円を各期の減価償却費としても，廃棄用役20千円と車両の残存簿価20千円との物々交換といった簿記処理は現実の経済活動を表現できていません。

● 図表6-11　将来除去費用についての見解

・有形固定資産の取得原価に加算される除去費用は，いわゆる収益費用観における取得原価とされてきた「原価即事実説による回収可能額」としての性質も有していないし，いわゆる資産負債観における取得原価とされてきた「経済的便益を表す将来キャッシュ・フロー」としての性質も有していないのである。したがって，資産除去債務基準等に従った場合，取得原価概念の変容を招き，他の会計基準との齟齬をきたすという問題が指摘されるのである。
・除去債務対応資産の実体が（将来受取りの）有害物質除去労働用役であるかぎり，仮にそれを設備資産の取得原価に算入したとしても，そして，形式的には減価償却の処理を行なったとしても，価値移転現象を説明したことにはならないのである。したがって，製品等に含めることはできない。つまり，原価計算が，ひいては損益計算そのものが，理論的に破綻してしまうのである。

（出所）久保［2009］206頁；笠井［2013］9頁。

● 図表6-12　自動車の取得時に支払うリサイクル料金の簿記処理

	預託金として処理	付随費用として処理
取得時	(借)車両　　　　800　(貸)現金預金　820 　　　預託金　　　20	(借)車両　　　　820　(貸)現金預金　820
毎期末	(借)減価償却費　200　(貸)D累計額　　200	(借)減価償却費　205　(貸)D累計額　　205
廃棄時	(借)廃棄費用　　 20　(貸)預託金　　　20 (借)D累計額　　800　(貸)車両　　　　800	― (借)D累計額　　820　(貸)車両　　　　820

※D累計額は「減価償却累計額」のことです（図表7-1）。

（出所）筆者作成。

　なお，図表6-12では車両本体の代金とリサイクル料金とを資産の取得時に支出した簿記処理を考えましたが，支出の時点は問題ではありません。付随費用とするか否かは当該費用が既発生か未発生かが肝心であり，その点で将来除去費用を付随費用と同様の性格とみなすARO会計の論理には無理が生じているといえます。そもそも，「当該有形固定資産への投資について回収すべき額を引き上げる」(ASBJ［2008b］34項）ために資産を増額させるという会計処理は，設備投資した金額を回収することがある程度約束されている環境ならばともかく（図表15-9），通常の企業を想定する限り，回収必要額と回収可能額とを混同しているようにも思えます（西谷［2001］102-103頁も参照）。財務会計の考え方として，未だ投下していない資本の回収計算は成立するのでしょうか。財務政策の観点と発生主義による期間損益計算のための費用計上とは区別される必

要があるという指摘には改めて肯かされます（石川［2016］17頁）。

6 時の経過による調整額は「支払利息」なのか

本章では，社債（**設例6-1**），リース債務（**図表6-4**），退職給付債務（**図表6-8**），ARO（**図表6-10**）について，それぞれ4年間（4年後）に11,280千円の支出が見込まれるときに，割引計算（$r=5\%$）による各期の損益計算への影響をみてきました。

図表6-13に示されていない最大の違いとして，AROだけは資金の調達を観念できない点が挙げられます（笠井［2013］6頁）。リース債務の場合には，追加借入利率を用いて売買取引に準じた会計処理が要請されていました。すなわち，購入に必要な資金の借入が想定されています。退職給付債務の場合には，受け入れた労働用役の対価が未払であり，その支払が退職時まで猶予されているとみることができました。もちろん，PBO方式が採用されている現行制度において，**設例6-3**の2,436千円は20X1年度末の時点で乙氏に支払うべき金額ではなく，あくまで退職時の［将来支出額］の現在価値と捉えるべきかもしれません。とはいえ，現実の経済活動として人件費が既発生である点に鑑みると

● 図表6-13　それぞれの負債項目とそれから生じる「利息」の意味

	社債	リース債務	退職給付債務	ARO
借方科目	社債利息	支払利息	退職給付費用	資産除去債務調整額
計算式	社債・期首簿価×r	債務・期首簿価×r	債務・期首簿価×r	ARO・期首簿価×r
損益計算書表示区分	営業外費用	営業外費用	販売費及び一般管理費	販売費及び一般管理費
適用されるr	実効利率	追加借入利率	安全性の高い債券の利回りを基礎として算定	無リスク利子率
信用力	rに加味される	rに加味される	rに加味されない	rに加味されない
rの見直し	おこなわない	おこなわない	毎期おこなう*	おこなわない
4年間の「利息」総額	2,092千円（=1,280+203×4）	1,280千円	780千円	2,000千円
当初「元本」額	10,000千円	10,000千円	10,500千円	9,280千円

（＊）退職給付会計がrの見直しを要請している点については，「伝統的な原価主義の計算枠組みと異なって，当初認識時から分離切断，つまりリセットされた特定時点での再測定に基づいている（中略）ストックの価値（ここでは負債の評価額）を洗い直す点は時価会計の特徴といえます」という指摘がなされています（石川［2012］158頁）。

（出所）筆者作成。

未払金と捉えても不自然ではないでしょう（北村［2016］85頁）。

　しかしながら，ARO に関しては資金の借入は疎か，未払金と捉えることもできません。借入元本がないいじょう，利息が発生する余地はありません。設例6-5の9,280千円は，財産の変動を伴っていないことから簿記上の取引の概念を変容させたといえるかもしれません。図表6-13で ARO を他の項目とは二重線で区切った所以です。さらに，ARO は「債務」ではなく単なる「義務」に過ぎないという考え方もあるでしょう（生島［2015］脚注5）。法令などで要求された将来支出であることに異論はありませんが，それがすなわち，現在の負債とみてよいものかは議論の余地があり，ひいては，負債とは何か，といった問題にも発展し得るのです。

> ★コラム　動的貸借対照表論★
>
> 　貸借対照表には，現金収支（収入と支出）と損益計算（収益と費用）とのズレを収容する役割がある――かような思考は，動的貸借対照表論と呼ばれます（図表6-14）。
>
> 　本来的には動的貸借対照表論の構造からは導出され得ませんが，将来除去費用を資産化するならば「未支出・未費用項目」の性格を有すると考えられます。全額後払いによる購入やリース契約によって取得した有形固定資産も，厳密には「未支出・未費用項目」となりますが，現実の経済活動として当該資産への支配が存在しており，負債の増加とともに記録する必然性が認められます。将来除去費用についても同様の議論が可能でしょうか。
>
> ● 図表6-14　動的貸借対照表の一例
>
> 貸借対照表
>
> | 支払手段 | 収入・未収益 |
> |---|---|
> | 支出・未費用 | 収入・未支出 |
> | 支出・未収入 | 費用・未支出 |
> | 収益・未収入 | 当期純利益 |
>
> （出所）新田［1999］37頁。

ケース6の問題を考える

　日本銀行が導入したマイナス金利政策は、償還期間が10年以下の国債の利回りをマイナスとさせる効果を（2016年2月下旬から同年11月中旬まで）もたらしました。ASBJ［2016a］の影響もあってか、退職給付債務やAROの算定に用いる割引率をマイナスまで引き下げた実践例もあったようです（髙橋［2016］）。

　割引率に負数を認めてしまうと、将来の支出額を割り増しさせた金額が算定されます。たとえば、長期金利がマイナス0.2％という状況下で8年後の設備解体に要する法的な支出額が100万円と見積られた場合には、当期の負債計上額は1,016,145円となります。支出見積額を超えてAROを計上し、さらに、毎期末に計上される「時の経過による調整額」がAROを徐々に目減りさせていく様子は財政状態や経営成績を適切に表しているでしょうか。あくまで割引計算した結果に過ぎず現時点で決済すべき金額ではありませんが、債務額と同額の現金預金を準備しておけば不足が生じることはなく、割引率をマイナスに引き下げる合理性はないと考えられます。

　退職給付債務については、年金資産の期待運用収益や期末における公正な評価額がマイナス金利と無関係とは考えづらく、「もし年金資産の運用収益がマイナスになれば、企業は外部に年金資産として拠出する代わりに内部で運用するオプションを選ぶと考えるほうが経済合理性にかなっている」という見解があります（辻山［2016］11頁）。退職給付債務とAROとを同列に扱ってよいかはともかくも、割引率としてマイナス金利の状況にある国債の利回りを利用する意味を考え直す機会となるかもしれません。

参照文献

ASBJ［2007］：企業会計基準委員会「リース取引に関する会計基準」、2007年3月30日改正。

ASBJ［2008a］：企業会計基準委員会「金融商品に関する会計基準」、2008年3月10日最

終改正。

ASBJ［2008b］：企業会計基準委員会「資産除去債務に関する会計基準」，2008年3月31日。

ASBJ［2011］：企業会計基準委員会「リース取引に関する会計基準の適用指針」，2011年3月25日最終改正。

ASBJ［2016a］：企業会計基準委員会「マイナス金利に関する会計上の論点への対応について（審議事項(4)）」，2016年3月9日。

ASBJ［2016b］：企業会計基準委員会「退職給付に関する会計基準」，2016年12月16日最終改正。

IASB［2013］：International Accounting Standard No.19: *Employee Benefits*, Nov.2013, IASB.

IASB［2016］：International Financial Reporting Standard No.16: *Leases*, Jan.2016, IASB.

生島［2015］：生島和樹「資産除去債務の測定についての検討」『横浜国際社会科学研究』19(4・5)，35-46頁，2015年1月。

石川［2012］：石川純治「第8章　時価会計の浸透(2)」齋藤正章ほか『新訂　社会のなかの会計』放送大学教育振興会，2012年3月。

石川［2016］：石川純治「資産除去債務と減価償却」『週刊経営財務』3272，16-22頁，2016年8月。

笠井［2005］：笠井昭次『現代会計論』慶應義塾大学出版会，2005年12月。

笠井［2013］：笠井昭次「資産負債観の説明能力」『三田商学研究』55(6)，1-20頁，2013年2月。

北村［2016］：北村敬子「引当金とは何か」『産業経理』76(2)，84-85頁，2016年7月。

久保［2009］：久保淳司「資産除去債務基準における資産負債の両建処理」『経済学研究』59(3)，199-213頁，2009年12月。

厚労省［2017］：厚生労働省年金局，http://www.mhlw.go.jp/stf/seisakunitsuite/bunya/nenkin/nenkin/kyoshutsu/sekou.html（2017年9月8日閲覧）。

髙橋［2016］：髙橋康之「マイナス金利下の割引率に関する開示分析」『企業会計』68(10)，50-56頁，2016年10月。

辻山［2016］：辻山栄子「企業会計とマイナス金利」『週刊経営財務』3269，8-12頁，2016年7月。

西川［2017］：西川郁生「第19回　退職給付債務」『週刊経営財務』3309，28-31頁，2017年5月。

西谷［2001］：西谷順平「将来除却支出の会計処理とその問題点」『會計』160(1)，96-107頁，2001年7月。

新田［1999］：新田忠誓『財務諸表論究』第2版，中央経済社，1999年11月。

資産の会計(1)
―資産の利用はどのように示されるのか―

・・・●本章のポイント●・・・・・・・・・・・・・・・・・・・・・・・・・・・・・・・・・・・・・

❶ 種々の減価償却方法における異同点を学び，それらの優劣について考えます。

❷ 資産の利用度に関する仮定と現実とに，大きな乖離が生じた場合について考えます。

減価償却方法を変更する意図はどこにあるのか
——株式会社資生堂

　企業は建物や機械装置といった有形固定資産に対して，将来の収益獲得への貢献を期待して投資をおこないます。設備を導入する際の初期投資は，一般的に長期にわたって回収することになります。日本経済新聞2014年9月23日（朝刊）15面に「資生堂，減価償却見直し，今期営業，9億円の増益要因」という記事が掲載されました。

> 　資生堂は2015年3月期，設備や建物など有形固定資産の減価償却方法の見直しが約9億円の営業増益要因になりそうだ。従来は国内は定率法，海外は定額法としていたが，定額法に一本化する。将来のIFRS（国際会計基準）導入も視野に，グループ全体で会計処理方法をそろえる。
> 　今期の海外売上比率は前期比2.1ポイント増の52.6％になる見通しで，海外事業の比重が年々高まっている。国内外で長期で安定的なブランド構築を進める方針から，毎期に均等額の償却費を計上し，少しずつ償却が進む定額法に統一する。

　実際には，同社および国内連結子会社について，(1) 建物（附属設備を除く）およびリース資産を除く有形固定資産の減価償却方法を定率法から定額法に変更したことで2015年3月期の減価償却費が従来の方法によった場合と比べて1,124百万円減少した，(2) 使用実態にもとづく耐用年数の変更と残存価額を零とした変更によって減価償却費が49百万円増加した，という影響がありました（第115期有価証券報告書，94-95頁）。

> **問 題**
>
> ❶ 減価償却方法を定率法から定額法に変更することは増益要因となるのでしょうか。
> ❷ 将来のIFRSs適用を視野に減価償却方法を変更することは認められるでしょうか。
>
> **用 語**
>
> 減価償却費　　配分思考　　資本的支出　　収益的支出
> 法定耐用年数　　逆基準性　　生産高比例法　　定額法
> 定率法　　会計上の見積り　　継続性の原則

7.1　減価償却の基本的な考え方

減価償却の目的

　有形固定資産に係る投資の回収は一般的に長期にわたります。むろん，ここでは売却による回収ではなく，当該有形固定資産の使用による収益の獲得が想定されています。有形固定資産を長期にわたって使用すれば，資産価値は一般的に下落していくでしょう（ここでは，日常的な用語法としての「価値」を指します）。その下落が規則的であると擬制して，毎期末に費用を認識し，資産の帳簿価額を減少させる手続を減価償却といいます。

　長期にわたる設備の利用には多少の維持費（収益的支出）がかかりますし，建物の耐震工事や機械装置の部品の質を特に向上させるような支出（資本的支出）もあるかもしれませんが，以下では初期投資にのみ焦点を当てます。新規の購入に60,000千円を要した機械装置を6年間使用する場合の簿記処理をみてみましょう（図表7-1）。

● 図表7-1　有形固定資産に関する簿記処理

	現金主義	発生主義
20X1年1月1日 （取得時）	（借）機械装置取得費　60,000 　　　（貸）現金預金　60,000	（借）機械装置　　　　60,000 　　　（貸）現金預金　60,000
20Xt年12月31日 （決算整理仕訳）	仕訳なし	〔直接法〕（借）減価償却費　10,000 　　　　　　　（貸）機械装置　10,000 〔間接法〕（借）減価償却費　10,000 　　　　　　　（貸）減価償却累計額　10,000

(出所）筆者作成。

　6年間使用する機械装置にもかかわらず，現金主義による費用認識では20X1年度に支出額の全額を負担させています。60,000千円はいずれ費用となりますが，それを当期と翌期以降とに配分することで，期間損益の平準化が図られています。すなわち，機械装置という資産の費消を伴うことで6年間にわたって収益を獲得したならば，費用収益対応の原則により適正な期間損益が算定されるはず，という発想がみられます（図表3-3）。

　発生主義の思考にもとづく減価償却費は，製造原価をつうじた売上原価として，あるいは，販売費及び一般管理費の一項目として計上されます。簿記処理には，償却額を機械装置勘定の貸方に直接記入する直接法と，減価償却累計額勘定を別途設ける間接法とがあります。財産管理の観点からは，取得原価の表示は維持させる間接法が望ましい記帳であることは言を俟たないでしょう。

　資産価値の下落は一様ではなく，毎期末にすべての有形固定資産の「価値」を再評価するわけでもありません。減価償却方法を決定するには，(a) その資産が何年間使えるのか（耐用年数の決定），(b) 使用終了後には処分価値があるのか（残存価額の推定），(c) 価値の下落はどのような曲線を描くか，といった仮定を必要とします。貸借対照表には減価償却の計算結果しか開示されません（図表7-2）。取得原価，期中増減額，減価償却累計額などは附属明細表でも開示されていますので，設備投資の様子を窺い知ることができるでしょう。

減価償却の財務効果

　減価償却の実施による自己金融はよく知られています。図表7-1を用いれば，(1) 機械装置に投下された60,000千円はその後の経済活動（たとえば，商品の

● 図表7-2　株式会社資生堂（連結）における有形固定資産に関する開示

	（2015年3月31日） （単位：百万円）	
有形固定資産		
建物及び構築物	163,777	
減価償却累計額	△101,389	62,388
機械装置及び運搬具	86,840	
減価償却累計額	△72,784	14,056
工具，器具及び備品	79,683	
減価償却累計額	△54,892	24,790
土地		30,256
リース資産	6,678	
減価償却累計額	△2,935	3,743
建設仮勘定		1,752
有形固定資産合計		136,986

重要な減価償却資産の減価償却の方法（一部）

① 有形固定資産（リース資産を除く）

（2014年3月期）

建物（附属設備を除く）は定額法，建物以外については当社及び国内連結子会社は主として定率法，在外連結子会社は主として定額法を採用しております。

また，国内の主要な固定資産については，その資産の耐久度，陳腐化の程度及び特殊性を勘案した独自の耐用年数（法定耐用年数を2〜3割程度短縮）を設定しております。

（2015年3月期）

主として定額法を採用しています。なお，主な耐用年数は次のとおりです。

　建物及び構築物　　　2〜50年
　機械装置及び運搬具　2〜12年
　工具，器具及び備品　2〜15年

（出所）同社の有価証券報告書にもとづき，筆者作成。

生産および販売）による現金預金の増加として回収される，（2）毎期10,000千円の減価償却の手続は現金支出を伴わない費用の計上である，といったふたつの要素によって説明されます。たとえば，現金収入を伴う収益は500,000千円，現金支出を伴う費用は300,000千円，減価償却費は10,000千円のとき，当期純利益は190,000（＝500,000－310,000）千円と算定されます。このとき，純利益のすべてを配当や納税として社外に流出させたとしても，減価償却費相当額は社内に留保されます。すなわち，減価償却の実施により毎期10,000千円が蓄えられ，20X6年度末には新たな設備投資のための60,000千円が留保されていることが期待されます。

　かような説明は広くなされており，直感的には受け入れやすいものですが，（a）収益や費用の金額と現金収支とが一致するとは限らない，（b）純損失を計上していても自己金融の効果はあるといえるか，といった疑問が湧いても不思議ではありません。当然ながら，叙上の状況にあっても，配当や納税の後に10,000千円の現金が残っているとは限らず，その現金は次の投資に充てられている場合が少なくないでしょう。また，償却額が多ければ多いほど投資が回収できている，といったものでもありません。ときに，純損失が生じるときには

その分だけ償却をおこなわず，代わりに純利益の生じるときには過去の償却不足分も合わせて費用計上する，といった利益調整に減価償却が利用されることもあったようです（飯野［1993］7-5頁）。しかし，期間損益に与える影響を顧慮して減価償却費を増減させては正規の減価償却に反します（BAC［1960］第一，二）。減価償却は本来，適正な期間損益の算定が目的にあったことを改めて確認しましょう。

減価償却の計算要素

　減価償却方法の決定には，種々の仮定を必要とします。(a) 耐用年数とは，当該資産を取得した時点における利用可能年数をいいます。当該資産を正常に利用した場合の磨滅損耗を原因とする物質的減価に，技術革新など外的事情による陳腐化や不適応化を原因とする機能的減価を加味して決定されます。本来ならば各企業における資産の利用状況や業界が置かれた環境に鑑みて決定されるべきですが，わが国の現状としては，税務上の計算と足並みを揃えるべく，資産の種類と用途別に定められた法定耐用年数が多くの企業によって採用されているようです（JICPA［2012］24項）。なお，企業の経済活動にほとんど貢献していない遊休資産であっても，時の経過に伴ってその資産価値は下落しているとみなされ，その減価償却費は原則として営業外費用に計上されます（ASBJ［2009a］56項）。

　(b) 残存価額とは，耐用年数が経過した後に予想される当該資産の売却価格などをいいます。このとき，解体，撤去，処分などの支出を要するときには，これを控除した額をもって残存価額としていました（BAC［1960］第一，四）。なお，耐用年数が経過した後も，当該資産を除却するまでは備忘価額1円が帳簿に記録されます。

　2007年税制改正において償却可能限度額や残存価額の概念が廃止となり，2007年4月1日以後に取得した資産については残存価額を零とした減価償却がおこなわれています。ゆえに，「残存価額は取得原価の10％とする」という従来の考え方は徐々に消えていくと考えられます。税法にもとづく減価償却が企業会計において強制的に適用されるものではありません（JICPA［2012］47項）。しかし，会計上の損益計算の結果にもとづいて税務上の課税所得の計算をおこ

なう確定決算主義を念頭に置くならば（図表10-3），会計実践が税務上の取扱に準拠する事態（逆基準性）は已むを得ません。確定決算主義が本来の会計目的を拗捛いて費用の計上を歪ませているわけではなく，根本的には企業側の便宜性の問題と自律的判断の問題に由来しているという指摘もみられます（野口[2009] 72頁）。かような実践をふまえて，ASBJは今後，減価償却に関する会計基準の開発に着手することの合意形成に向けた取り組みを進め，会計基準の高品質化を図るとしています（ASBJ [2016] 13項）。

7.2　減価償却の方法

生産高比例法

設備の利用度に応じた費用配分の方法を生産高比例法といいます。車両の走行距離のように除却までの総利用可能量（時間，数）が推定できるならば，当期に利用した分だけ費用計上することで収益との対応が適切になされると期待されています。

〔設例7-1〕 当社（12月末決算）は20X1年1月1日に機械装置60,000千円の使用を開始しました。この機械装置は6年間使用する予定ですが，主要な部品が500万回転すると生産能力の寿命を迎える仕様となっています（残存価額は零）。当該部品が90万回転した当期の減価償却費を生産高比例法にもとづいて計算しましょう。
20X1年12月末：（借）減価償却費　10,800　（貸）減価償却累計額　10,800

生産高比例法においては，「6年間」という年数は関係がありません。この場合における収益（売上）に対応した費用とは，製品の販売に係る売上原価が想起されるでしょう。製品の在庫を度外視すれば，製造量と販売量とは比例の関係にあるため，利用度（製造量）に応じた減価償却が適しているといえます。もっとも，多くの資産では総利用可能量を推定できません。また，費用と収益

との対応といっても，製品の製造に係る機械装置等でない限り期間収益との直接的な関係は見出せず，生産高比例法の適用は限定的といえそうです。

定額法

　設備の利用期間にわたって，毎期同じ金額だけ減価すると仮定した費用配分の方法を定額法といいます。当該設備が何年間利用できるかは，設備投資に関する重要な意思決定要素のひとつです。「今後何年間は（一定額の）固定費がかかる」というように，経営者としては最も直感的に捉えやすい減価償却方法といえるでしょう。

> 〔設例7－2〕　当社（12月末決算）は20X1年1月1日に機械装置60,000千円の使用を開始しました。この機械装置は6年間使用する予定です。残存価額は取得原価の10％として，定額法による毎期の減価償却費を計算しましょう。

> 〔設例7－3〕　設例7－2について，残存価額は零，償却率は0.167を前提として，定額法による毎期の減価償却費を計算しましょう。

　2007年3月31日までに使用を開始した資産については，（取得原価－残存価額）÷耐用年数＝減価償却費という計算式を用います（旧定額法）。これに対して，2007年度税制改正により，新規取得資産については，取得原価×定額法償却率＝減価償却費という計算式を用いて減価償却費を算定しています（新定額法）。定額法償却率は1÷耐用年数により計算されますが，3年や7年のように割り切れない場合には，小数第3位未満を切り上げます。6年の場合には，1÷6＝0.1666…より，償却率は0.167となります（図表7－3）。

　定額法によれば，毎期同額の減価償却費を計上するため，取得原価から減価償却累計額を控除した金額（未償却原価）は直線的に減少することとなります。ただし，帳簿価額が零を下回ることはなく，設例7－3における20X6年度の減価償却費は未償却原価9,900千円が限度となります。

● 図表7-3　設例7-2および設例7-3を用いた定額法の計算例

(単位：千円)

	設例7-2（旧定額法）			設例7-3（新定額法）		
	期首帳簿価額	減価償却費	償却累計額	期首帳簿価額	減価償却費	償却累計額
20X1年度	60,000	9,000	9,000	60,000	10,020	10,020
20X2年度	51,000	9,000	18,000	49,980	10,020	20,040
20X3年度	42,000	9,000	27,000	39,960	10,020	30,060
20X4年度	33,000	9,000	36,000	29,940	10,020	40,080
20X5年度	24,000	9,000	45,000	19,920	10,020	50,100
20X6年度	15,000	9,000	54,000	9,900	9,900	60,000

(出所)　筆者作成。

定 率 法

　定額法では取得原価に定額法償却率を乗じましたが，定率法では期首の未償却原価×定率法償却率＝減価償却費という計算式を用います。毎期の償却額は耐用年数の初期ほど多く，定額法に比べて保守的な計算といえるでしょう。

〔設例7-4〕　設例7-2について，残存価額は取得原価の10％，償却率は0.319であることを前提として，旧定率法による毎期の減価償却費を計算しましょう。

〔設例7-5〕　設例7-2について，残存価額は零，償却率は0.417，改定償却率は0.500，保証率は0.05776を前提として，250％定率法による毎期の減価償却費を計算しましょう。

〔設例7-6〕　設例7-2について，残存価額は零，償却率は0.333，改定償却率は0.334，保証率は0.09911を前提として，200％定率法による毎期の減価償却費を計算しましょう。

　2007年度税制改正では，定率法の計算方法も大幅に変わりました。それまで

● 図表7-4　設例7-4，設例7-5および設例7-6を用いた定率法の計算例

(単位：千円)

	設例7-4（旧定率法）			設例7-5（250%定率法）			設例7-6（200%定率法）		
	期首帳簿価額	減価償却費	償却累計額	期首帳簿価額	減価償却費	償却累計額	期首帳簿価額	減価償却費	償却累計額
20X1年度	60,000	19,140	19,140	60,000	25,020	25,020	60,000	19,980	19,980
20X2年度	40,860	13,034	32,174	34,980	14,587	39,607	40,020	13,326	33,306
20X3年度	27,826	8,876	41,051	20,393	8,504	48,111	26,694	8,889	42,195
20X4年度	18,949	6,045	47,096	11,889	4,958	53,069	17,805	5,947*	48,142
20X5年度	12,904	4,117	51,212	6,931	3,466*	56,534	11,858	5,947*	54,089
20X6年度	8,788	2,803	54,015	3,466	3,466*	60,000	5,911	5,911*	60,000

（*）改定償却率にもとづく償却額が計算されています。

(出所）筆者作成。

の旧定率法償却率は，取得原価の10％を残存価額とする前提のもとで償却率が定められていました。**設例7-4**においても，20X6年度末の未償却原価5,985千円は取得原価の約10％となっています。残存価額の概念が廃止されて以降，2007年4月以後に取得した資産に関しては250%定率法が適用されていましたが，2012年4月以後に取得した資産に関しては200%定率法が適用されています。200%定率法については定率法償却率＝定額法償却率×200％の算定式にもとづき，たとえば6年の場合には，0.1666…×200％より，償却率は0.333となります。

叙上の計算式による償却額が償却保証額に満たなくなった場合には，その期からは毎期同額を償却します（**図表7-4，＊**）。たとえば**設例7-6**において，20X4年度の減価償却費は期首未償却原価17,805×償却率0.333＝5,929千円とはなりません。各期の償却額は償却保証額5,946千円（＝取得原価60,000×保証率0.09911）を下回ってはならないからです。ゆえに，20X4年度以降は改定取得価額17,805千円×改定償却率0.334＝5,947千円が償却額となります。すなわち，耐用年数の終期には定額法に切り替わると理解できます。むろん，帳簿価額が零を下回ることはできず，20X6年度の償却額は5,911千円となっています。

定率法の償却率，改定償却率および保証率は，「減価償却資産の耐用年数等に関する省令」において定められています。「持続的な経済社会の活性化を実

現するためのあるべき税制の構築に向け，我が国経済の成長基盤を整備する観点から減価償却制度の抜本的見直しを行う」というように（財務省［2006］1頁），省令は国の政策如何で改正されます。たとえば2015年12月に閣議決定された2016年度税制改正大綱では，法定実効税率を20％台に引き下げることの代替財源の一環として，2016年4月1日以降に取得する建物附属設備および構築物に関する税制上の減価償却方法が定額法に一本化されました。再言となりますが，本来ならば，適正な期間損益の算定を目的とした企業会計の計算とは一線を画すべきでしょう。

　一般的に，利用初期に多額の減価償却費を計上する定率法の採用によって，税務上の利点を享受できるといわれます。法人税法には，企業会計における損益計算において費用処理しない限り，課税所得の計算において損金算入できないという損金経理の考え方があります（図表10-5，＊1）。定率法の採用により相対的に多額の減価償却費が損金経理されれば，支払うべき法人税も抑えられます。国内企業は税制に左右される場面も小さくないかもしれませんが，（税率が一定ならば）通期での利益額や納税額に損得は生じない点には留意すべきでしょう。

7.3 会計上の見積り

会計方針と会計上の見積り

　財務諸表の作成にあたって採用した会計処理の原則および手続を会計方針といいます（ASBJ［2009b］4(1)項）。また，資産および負債や収益および費用等の額に不確実性がある場合において，財務諸表作成時に入手可能な情報にもとづき，その合理的な金額を算出する行為を会計上の見積りといいます（ASBJ［2009b］4(3)項）。減価償却方法は会計方針に該当し，耐用年数や残存価額などの仮定は会計上の見積りの具体例といえます。いったん選択した会計方針は毎期継続して適用することが求められています（継続性の原則）。正当な理由なく会計方針を変更すれば，財務諸表の期間比較が困難となり，利害関係者の

判断を誤らせることになりかねないからです。

会計方針を変更する場合には，原則として，変更後の会計方針を過去の期間のすべてに遡及適用する必要があり（ASBJ［2009b］6項），会計基準等の改正に関係なく自発的に変更した場合には会計方針を変更した正当な理由も注記開示しなければなりません（ASBJ［2009b］11(2)項）。ただし，減価償却方法の変更については，会計上の見積りの変更と区別することが困難であるとして，過去に遡って処理せず，その影響は当期以降の財務諸表において認識します（ASBJ［2009b］20項）。

償却額の算定に係る仮定の見直し

耐用年数や残存価額などの仮定は，当該資産の取得時における合理的な見積りの結果です。有形固定資産の耐用年数について，生産性向上のための合理化や改善策が策定された結果，従来の減価償却期間と使用可能予測期間との乖離が明らかとなれば，新たな耐用年数を採用することが考えられます（ASBJ［2009b］40項）。過去に定めた耐用年数や残存価額が，その時点での合理的な見積りにもとづく結果であり，それ以降の変更もやはり合理的な見積りによる場合には，当期に対する変更の影響は当期の損益で認識し，当該資産の残存耐用年数にわたる将来に対する影響は将来の期間の損益で認識します（ASBJ［2009b］56項）。

〔設例7-7〕 当社（12月末決算）は20X1年1月1日に機械装置60,000千円の使用を開始し，耐用年数は10年，残存価額は取得原価の10％，定額法による減価償却を20X3年度まで実施していました。ところが20X4年度中に，残存耐用年数は3年，残存価額は零，と償却額の算定に係る仮定を見直しました。20X4年度の減価償却費を計算しましょう。
20X4年12月末：（借）減価償却費　14,600　（貸）減価償却累計額　14,600

従来の実践においては，見直し後の仮定を当初から適用していたとして再計算した未償却原価まで一時の損益として認識する臨時償却の考え方（catch-up方式）が採られており（BAC［1960］第一，三），次のような簿記処理がなされ

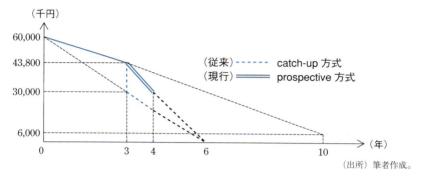

● 図表7-5　設例7-7に関する償却額の算定に係る仮定の見直し

(出所) 筆者作成。

ていました（**図表7-5**，青色破線）。

20X4年12月末：(借)過年度償却修正損　13,800　(貸)減価償却累計額　23,800
　　　　　　　　　　減価償却費　　　　10,000

　しかし，この方法はIFRSsでは採用されておらず，そもそも実質的に過去の期間への遡及適用と同様の効果をもたらす処理となっては，新たな事実の発生に伴う見積りの変更に関する会計処理として適切ではない，といった理由から廃止となりました（ASBJ [2009b] 57項）。ゆえに，耐用年数の変更等については当期以降の費用配分に影響させる方法（prospective方式）のみが認められています（**図表7-5**，青色二重線）。

　ところで，**設例7-7**が製品の製造に係る機械装置だった場合，原価計算への影響は小さくありません。20X3年度までの3年間の減価償却費（5,400千円）が誤謬により過小であったことが明らかになったならば修正再表示が必要となります（ASBJ [2009b] 21項）。しかし，取得時から20X3年度までの見積りに誤謬がなかったのであれば，当初の減価償却費は妥当な水準であり，それをふまえた原価計算がなされていたと考えられます。20X4年度に新たに発生した事実とはいえ，当初の約2.7倍に相当する減価償却費を販売価格に転嫁できるかは別の問題です。極端な状況では当該機械装置の収益性が低下したとみる減損処理の適用が視野に入ることとなるでしょう（8章）。

減価償却方法の変更

既述のとおり，減価償却方法の変更については遡及適用せず，会計上の見積りの変更と同様に処理します。法令等の改正に伴う変更に準じた取扱いはごく一部の場合に限られており（JICPA［2012］49項），多くは自発的な会計方針の変更として取り扱われることから，その変更には正当な理由が不可欠となります。そもそも減価償却の目的が適正な期間損益の算定にあったと考えれば，所定の減価償却方法にもとづいて計画的，規則的に実施されなければならないことは容易に理解できるでしょう（BAC［1960］第一，二）。

正当な理由と判断されるには，次のような事項が勘案されます（JICPA［2011］8項）。

- 企業の事業内容または企業内外の経営環境の変化に対応した変更か
- 財政状態，経営成績およびキャッシュ・フローの状況をより適切に示すための変更か
- 変更後の会計方針は一般に公正妥当と認められる企業会計の基準に照らして妥当か
- 利益操作等を目的とした変更ではないか
- なぜ当該事業年度に変更すべきか（変更の適時性）

すなわち，単に法人税法の改正のみでは正当な理由とはなりません（JICPA［2012］51項）。たとえば，ケース7における開示をみてください（図表7-6）。

叙上の5要素のうち「利益操作等を目的としていない」旨については，短期

図表7-6　株式会社資生堂における減価償却方法の変更等に関する開示

（有形固定資産の減価償却方法の変更）
当社グループでは，既存品育成を始めとしたマーケティングや事業運営スタイルの抜本的な見直しによる長期安定的な設備の稼働や収益獲得が今後見込まれること及び海外市場での持続的な成長や対応強化とグローバル展開の進展による処理統一の観点から，有形固定資産の減価償却方法を検討した結果，当社及び国内連結子会社について海外連結子会社と同じ定額法に変更することが，経営実態をより適切に反映すると判断しました。

（有形固定資産の耐用年数及び残存価額に対する見積りの変更）
当社グループでは，減価償却方法の変更を契機に使用実態の調査を行った結果，当連結会計年度より使用実態に基づき一部の有形固定資産の耐用年数を見直しています。また，当社及び国内連結子会社では残存価額について備忘価額まで償却する方法に変更しています。

（出所）第115期有価証券報告書，94-95頁。

間に幾度となく会計方針を変更するような極端な事例であればともかくも，その判断には困難をきたすでしょう。たとえば定率法から定額法への変更は，当該資産の償却年数が浅い時期ほど償却額が少なくて済むことから，その期間については利益が大きくなります。そのため，「変更の適時性」が重要な判断材料となってくるのです。

　ところで，減価償却方法を定率法から定額法に変更する旨の報道には，しばしば，「将来のIFRSs導入を視野に，グループで会計処理をそろえる」といった文言が散見されます。アサヒグループホールディングス株式会社についての記事では「IFRSは定額法を義務付けてはいないが，海外企業の間では定額法が一般的。国内外のグループで償却方法を統一するため，IFRS導入の準備段階で定額法にそろえる企業が多い」といった解説も付されています（日本経済新聞2014年2月22日（朝刊）13面）。同社は2016年12月期からIFRSsを任意適用していますが，**ケース7**では「日本基準のコンバージェンスの動向やIFRS自体の改訂状況に鑑み，基準の変更及びその対応が経営に及ぼす影響等を踏まえ，適用可能性を検討している状況です」といった言及に留まっており（同社の2015年12月期決算短信，9頁），報道がやや勇み足だった印象も受けます。

　IFRSsにおける減価償却に関する特徴的な規定を幾つか挙げてみましょう。
- 減価償却方法には，将来の経済的便益を企業が費消すると予測される傾向（pattern）を反映させなければならない（IASB［2014］par.60）。
- その方法は，少なくとも各事業年度末に見直さなければならず，著しい変化があった場合には変更させなければならない。その変更は会計上の見積りの変更として処理されなければならない（*Ibid*., par.61）。
- 当該資産の利用を含む経済活動から生み出される収益にもとづいて減価償却方法を定めることは適切ではない。収益の価格要素は物価上昇の影響を受けることもあり，資産の費消とは関係がないからだ（*Ibid*., par.62A）。

　減価償却方法を会計方針と捉えるわが国とは異なり，IFRSsにおいては会計上の見積りと位置づけられ，毎事業年度末には見直しが必要とされています。ゆえに，法人税法がそうなっているから，という理由は成立せず，あくまでもその方法こそが将来の経済的便益の費消を反映する，といった理論武装が必要とされます（木村［2011］14頁）。IASB［2014］では獲得する収益にもとづく仮

定は不適切であるとされており (*Ibid*., par.62A),定額法の採用が相対的に多くなっているのかもしれません。

なお,有形固定資産の減価償却方法について,個別決算(国内基準)において税務を意識した定率法を採用し,連結決算(IFRSs)では定額法を採用することは認められています。むろん,同一の有形固定資産について二重の管理を要することとなるので(窪田 [2015] 92頁),企業自身にとっても手間がかかる状況といえますが,経営者の合理的な判断の結果であるならば,それも会計上の「真実」といえるのです(本章のコラム)。

7.4　減価償却と似て非なる考え方

減耗償却

鉱山や山林などの天然資源は,採掘(伐採)に応じて費用を認識します。この場合,減耗償却をおこないますが,その方法は生産高比例法による減価償却に似ています(図表7-7)。

〔設例7-8〕　木材加工業を営む当社(12月末決算)は20X1年度に山林50haを40,000千円で取得しました。当該山林からは7,500m³の素材生産が見込まれており,同年度末までに600m³を伐採したときの簿記処理を考えましょう。
20X1年12月末:(借)減耗償却費　3,200　(貸)山林　　　　3,200
　　　　　　　(借)棚卸資産　　3,200　(貸)減耗償却費　3,200

本来的には山林の伐採によって「減耗償却費」が発生し,しかし,すぐに仕掛品や製品への価値移転がなされるために簿記上も省略され,損益計算書への影響はないとみられています。なお,鉱山や油田を鉱業権や採掘権などの無形固定資産とした場合には,定額法ばかりではなく生産高比例法による償却もなされます(佐々木 [2007])。

図表7-7　減価償却資産と減耗性資産との比較

	減価償却資産	減耗性資産
資産価値	時の経過や使用の実態に応じて償却します。	物量的に実体として減少します。
償却方法	間接法または直接法によります。	直接法によります。
借方科目	減価償却費として，売上原価あるいは販売費及び一般管理費の区分に計上します。	採掘（伐採）により即時的に仕掛品（製品）へ転化します。

(出所) 筆者作成。

取替法と廃棄法

同種の物品が多数集まってひとつの全体を構成し，老朽品の部分的な取替を繰り返すことによって全体が維持されるような固定資産については，取替法を適用することができます（BAC［1982］注解20）。取替工事に要した支出額を収益的支出として費用計上できる資産には，軌条（レール）や信号機のほか，送電線や工具器具等が挙げられます。

> 〔設例7-9〕　鉄道事業を営む当社（12月末決算）は20X1年度に軌条や架線などの取替工事に20,000千円を支出しました。このときの簿記処理を考えましょう。
> 20X1年12月末：（借）取替費　20,000　（貸）現金預金　20,000

また，実際の取替が生じるまで資産は取得原価で計上したまま（取替工事に要した支出額は資本的支出として資産計上），取替工事によって廃棄された旧資産の取得原価を費用とする方法は廃棄法と呼ばれます。棚卸資産に関する払出の仮定計算に準えて考えれば，取替法は新規取得の部分を即時に費用計上する点で後入先出法に類似しており，廃棄法は旧資産の帳簿価額を全額費用計上することから先入先出法に類似しているといえます。

もっとも，取替法や廃棄法を採用していると，取替工事をおこなう直前まで旧い帳簿価額がずっと維持されることから，徐々に下落しているはずの資産価値の変動を反映できません。もちろん，適正な期間損益計算の観点からも問題があります。この点を克服すべく，法人税法施行令に掲げられるように，取得原価の50％に達するまでは減価償却をおこなったうえで取替法を適用するよう

● 図表7-8　西日本鉄道株式会社における有形固定資産の減価償却方法に関する開示

> 有形固定資産（リース資産を除く）の減価償却の方法は，親会社及び連結子会社については定率法を採用しています。（中略）鉄道事業固定資産のうち，取替資産については，取替法を採用し，取得価額の50％に達するまで定率法による減価償却を行っています。
> 主な耐用年数は以下のとおりです。
> 　建物及び構築物　　　　　　　　10～50年
> 　機械装置及び運搬具　　　　　　5～15年

（出所）第176期有価証券報告書，79頁。

な実践上の工夫（いわゆる，半額償却法）もみられます（図表7-8）。この工夫には，帳簿価額を財産計算的な見地から修正する意味がある，といった説明もなされています（新日本［2010］93頁）。

　以上のような有形固定資産への支出とその費用化に係る実践は，19世紀の英国における鉄道業で既にみられるといわれます。ただしそこでは，減価償却の意義や必要性がなかなか認識されず，減価償却の減額や中止による配当の増加を優先させてしまった事例もあったようです（友岡［2018］174-180頁）。

★コラム　会計上の「真実」★

　企業の財政状態，経営成績およびキャッシュ・フローの状況に関して，財務会計は真実な報告を提供するものでなければなりません（真実性の原則）。ただし，絶対的な真実が要求されているわけではありません。本章の例でいえば，採用する減価償却方法によって期間損益や未償却原価の金額は変わり得るからです。そもそも，耐用年数や残存価額については経営者の主観が介入しており，既にその段階で「絶対」ではありません。

　それゆえ，「使用実態を適切に反映できている」と判断される方法を継続的に採用し，正規の簿記の原則に従って作成した財務諸表であれば，それは相対的な真実と捉えられます。監査人はそれらの「真実」について，ある程度の質や量の合理的といえる監査証拠を得てから，監査意見を表明しているのです（1章）。

ケース7の問題を考える

　ケース7では，なぜそれまで定率法が用いられていたのかは明らかではありません。しかし，「長期安定的な設備の稼働や収益獲得が今後見込まれる」ことが経営環境の変化として挙げられ，定額法が経済実態をより適切に示すと判断したようです（図表7-6）。

　経済実態と会計数値とは乖離し得るものですが，そもそも取得原価を配分した結果が「有形固定資産」として貸借対照表に計上されているだけであって，資産価値を直接に測定しているわけではありません。その意味でもあくまで仮定計算ですから，むやみに変更することは認められず，選択した会計方針は継続的に適用することが求められています。

参照文献

ASBJ［2009a］：企業会計基準委員会「固定資産の減損に係る会計基準の適用指針」，2009年3月27日最終改正。

ASBJ［2009b］：企業会計基準委員会「会計上の変更及び誤謬の訂正に関する会計基準」，2009年12月4日。

ASBJ［2016］：企業会計基準委員会「平成28年度税制改正に係る減価償却方法の変更に関する実務上の取扱い」，2016年6月17日。

BAC［1960］：企業会計審議会「有形固定資産の減価償却について（連続意見書第三）」，1960年6月22日。

BAC［1982］：企業会計審議会「企業会計原則」，1982年4月20日最終改正。

IASB［2014］：International Accounting Standard No.16: *Property, Plant and Equipment*, Jun.2014, IASB.

JICPA［2011］：日本公認会計士協会「正当な理由による会計方針の変更等に関する監査上の取扱い」，2011年3月29日最終改正。

JICPA［2012］：日本公認会計士協会「減価償却に関する当面の監査上の取扱い」，2012年2月14日最終改正。

飯野［1993］：飯野利夫『財務会計論』三訂版，同文舘出版，1993年4月。

木村［2011］：木村直人「減価償却方法に関する理論武装のポイント」『経理情報』1296，13-18頁，2011年11月。

窪田［2015］：窪田真之「減価償却が税法基準で行われる結果，経済実態と乖離する問

題」『企業会計』67(9)，92-93頁，2015年9月。
財務省［2006］：財務省「平成19年度税制改正の大綱」，2006年12月19日。
佐々木［2007］：佐々木隆志「減耗資産」安藤英義ほか編『会計学大辞典』第五版，中央経済社，432頁，2007年5月。
新日本［2010］：新日本有限責任監査法人編『鉄道・バス事業』第一法規，2010年11月。
友岡［2018］：友岡賛『会計の歴史』改訂版，税務経理協会，2018年2月。
野口［2009］：野口昌良「法定耐用年数と確定決算主義」『会計人コース』44(13)，71-73頁，2009年11月。

新世社・出版案内 Mar. 2018

法学新刊

新法学ライブラリ 2
憲法 第7版
長谷部恭男 著　　　　　　　　　　　　A5判／504頁　本体3,400円

長谷部憲法学テキスト最新版。夫婦同氏制の合憲性，再婚禁止期間規定の合憲性，GPS捜査と令状主義，検索エンジンの表示結果の削除の可否等に関する新たな判例についての記述を加えるとともに，各分野の制度改正に即して記述を改め，さらに各所で説明の補充や削除を行うなど，理論状況の変化に対応する内容の修正を行った。

＜目次＞
憲法の基本原理－憲法とは何か／日本憲法史／平和主義／天皇制
憲法上の権利保障－権利保障の基本問題／包括的基本権／平等／自由権／社会権／参政権／国務請求権
統治機構－国会／内閣／裁判所／地方自治

＊電子版も同時刊行し，弊社ホームページ（http://www.saiensu.co.jp）にて販売中。

ライブラリ 民法コア・テキスト
コア・テキスト 民法 第2版
　　　　　　　　　　　　　　　　　　　　平野裕之 著
Ⅴ　契約法　　　　　　　　　　　　　A5判／424頁　本体2,500円

民法学修の「コア」を明快に説き，初学者から司法試験受験生まで幅広く好評を得ている「ライブラリ民法コア・テキスト」を2017年民法（債権関係）改正に合わせ内容を刷新・拡充！　本巻では今改正においてとりわけ影響の大きい契約法を扱い，解説を新たにしている。さらに図表を大幅に追加し，各巻のクロスリファレンスのリファインも行い，一層のわかりやすさを配慮した。

Ⅰ　民法総則　　　　　　　　　　　　A5判／384頁　本体2,300円
Ⅳ　債権総論　　　　　　　　　　　　A5判／392頁　本体2,400円

発売 サイエンス社
TEL (03)5474-8500　FAX (03)5474-8900
＊表示価格はすべて税抜きです。

法学新刊

ライブラリ 法学基本講義 6
基本講義 債権各論 第3版
I 契約法・事務管理・不当利得　A5判／
II 不法行為法　　　　　　　　A5判／

1896年の民法制定以来となる大幅な制度・概念変
民法（債権関係）改正に対応し、丁寧で行き届
基本書を全面改訂！　法制審議会民法（債権関
携わった著者が審議内容を踏まえ、また従前
認した上で、改正後の契約・事務管理・不
おける基本的考え方を説き明かす。学部生
既に実務に従事する方にとっても、新し
書。読みやすい2色刷。

グラフィック［法学］6
グラフィック 行政法入
原田大樹 著
行政法の基礎を、平易な文章と
解説した入門テキスト。左頁
配した左右見開き構成と2
し、大学学部生のみならず

コンパクト 法学ライブ
コンパクト 刑事
廣瀬健二 著
平成28年の法改正
協力及び訴追に関
者及び証人を保護する
す影響を解説。最新の裁判

法学叢書 13
法学叢書 刑法各論
橋本正博 著
多様な犯罪類型について、設例を交えながら解説し、
考え方の論理を明示した法学部生・法科大学院生必携の
な教科書の構成を踏襲しつつ、初学者に向けて刑法学の基礎
した章を設け、各論から刑法を学び始める場合にも配慮した。

経営学・会計学新刊

A5判／288頁　本体2,500円
多国籍企業の歴史
グローバル化におけるマネジメント
サプライチェーン・マネジメントをし
る組織デザイン（全15章構成）。読みやすい2色刷。

A5判／280頁　本体2
今日の企業経営において
経営学の最新入門テキストに対応してい
等の制度改革に対応。初学者の理解を配慮した

ライブラリ 経営学コア・テキスト 11
コア・テキスト 国際経営
大木清弘 著
国際経営の理論と実際を一貫した視点により解説
や海外直接投資論から、グローバル化、サプライチ
ション、生産、マーケティング、マーケティング
人的資源管理までカバーする（全15章構成）

ライブラリ [経営学] 1
基礎コース 経営学 第3版
小松 章 著
「会社の一生」という経営学の全体像を描いた経営や企業
論点を網羅しつつ会社法改正等の関連法令を意識
規格が、2014年の会社法改正などをふまえやすく
野の記述をもりこみ、これまでにないテキストで

マーケティング・オン・ビジネス
基礎からわかるマーケティングと経営
有馬賢治・岡本 純 編著
A5判／
マーケティングを学ぶ際に前提となるビジネスの
ながら工夫された。マーケティングとビジネスを
ように工夫された。マーケティングからこれまで専門トピックまで幅広く解

新経営学ライブラリ 9
管理会計論 第2版
上總康行 著
A5判／
現代管理会計・総合管理会計のための会計を平易に
の最新版。総合管理会計史、ミニプロ
理論の戦後管理会計史、ミニプロ
マを加え、記述を大幅に拡充

発行 新世
〒151-0051　東京都渋谷区千駄ヶ谷
ホームページのご案内　http://w

資産の会計(2)
―資産価値の下落（上昇）はどのように示されるのか―

・・・●本章のポイント●・・
❶ 投資先の収益性が下がったときの会計処理について考えます。
❷ いったん減損させた投資先の収益性が回復したときの会計処理について考えます。
・・

投資先の収益性を予測できるのか
——住友商事株式会社

　経営者は債権者や株主から調達した資金を元手に投資活動をおこない，その結果としての利益を追求しています。しかし，予期せぬ事情から投資先の収益性が下がってしまい，すでに投下した金額の回収が難しくなってしまったら，会計上どのように取り扱えばよいでしょうか。日本経済新聞2015年5月2日（朝刊）13面に「住商，16年ぶり最終赤字，前期731億円，伊藤忠は23％増益」という記事が掲載されました。

> 　住友商事が1日発表した2015年3月期の連結決算（国際会計基準）は最終損益が731億円の赤字（前の期は2,230億円の黒字）と16年ぶりに赤字となった。資源開発など3,103億円の減損損失を計上した。（中略）
> 　住友商の減損は米シェールガス関連で1,992億円，ブラジルの鉄鉱石開発で623億円など。海外の電力，リース事業の伸びでは補えなかった。
> 　16年3月期の最終損益は2,300億円の黒字に転じる見通し。（中略）最高財務責任者（CFO）は「原油価格は反転しない」と述べ，資源開発や油井管は低迷が続くとの見方を示した。

　2015年6月23日に公表された有価証券報告書には，2014年度に減損損失等を計上した事業が具体的に開示されています（**図表8-1**）。IFRSsにおける損益計算書の区分はわが国の会計基準と異なり，固定資産評価損は「営業活動に係る利益または損失」に反映されています。

● 図表8-1　住友商事株式会社（連結）における減損損失に関する注記

事業名	連結純利益への影響額	主な損失発生理由	対象資産	損益計算書での表示
米国タイトオイル開発プロジェクト	△1,992億円	保有資産の譲渡の決議並びに原油価格の下落および長期事業計画の見直し	鉱業権など	固定資産評価損*
ブラジル鉄鉱石事業	△623億円	鉄鉱石価格の下落および長期事業計画・拡張計画の見直し	持分法適用会社に対する投資	持分法による投資損益
米国シェールガス事業	△311億円	原油・ガス価格の下落および長期事業計画の見直し	鉱業権など	固定資産評価損*
豪州石炭事業	△244億円	石炭価格下落	鉱業権など	固定資産評価損*
米国タイヤ事業	△219億円	事業計画の見直し	のれん	固定資産評価損*
北海油田事業	△36億円	原油価格の下落および長期事業計画の見直し	のれん	固定資産評価損*
税効果等	323億円	—	—	
合計	△3,103億円			

（*）棚卸資産，繰延税金資産及び生物資産を除く当社の非金融資産の帳簿価額については，期末日ごとに減損の兆候の有無を判断しております。減損の兆候が存在する場合は，当該資産の回収可能価額を見積り，（中略）資産または資金生成単位の帳簿価額が回収可能価額を超過する場合には，減損損失を認識しております。また，減損損失の戻し入れを行った場合は当該戻し入れ金額も含めております。

（出所）第147期有価証券報告書にもとづき，筆者作成。

問題

❶ 「減損の兆候がみられる」とは，どのような状況でしょうか。

❷ わが国の会計基準とは異なり，IFRSsでは減損損失の戻入が認められています。それぞれの会計基準にはどのような考え方が背景にあると考えられるでしょうか。

用語

減損損失　　評価思考　　回収可能価額　　使用価値
正味売却価額　　賃貸等不動産

8.1　有形固定資産の減損処理

減価償却との関係

　減価償却に関する本書の理解は,「経済実態と会計数値とは乖離し得るものですが,そもそも取得原価を配分した結果が「有形固定資産」として貸借対照表に計上されているだけであって,資産価値を直接に測定しているわけではありません」でした（7章）。ところが,有形固定資産の収益性が著しく低下している状況では,取得原価から減価償却累計額を控除しただけの帳簿価額は資産価値を過大に表示したまま将来に損失を繰り延べているのではないか,という懸念が噴出します。財務諸表への社会的な信頼性,経営者による裁量の抑制,国際的な会計基準との調和,といった観点から,2002年に「固定資産の減損に係る会計基準」は設定されました（BAC［2002a］二）。

　減価償却と減損処理とは,いずれも当該資産の帳簿価額を減少させる点では共通しているようにみえますが,たとえば,その背後にある測定思考は借方と貸方との先後が逆向きとして理解されるなど,さまざまな相違点が挙げられます（**図表8-2**）。減価償却と減損処理との関係は,本章をおわりまで読んでから,他の文献も参照してください（たとえば,鵜池［2008］43-45頁；内藤［2014］17-21頁；佐藤［2017］117-119頁）。

● 図表8-2　減価償却と減損処理との異同

	減価償却	減損処理
意義	適正な期間損益の算定を目的として,資産の取得原価を配分する。	収益性の低下した資産について,過大に表示された帳簿価額を臨時的に減少させる。
対象	償却性資産	土地を含む資産または資産群
認識	毎期末に,計画的かつ規則的に減価償却費を認識する。	投資額の回収が見込めなくなった状態が相当程度に確実になった時点で減損損失を認識する。
測定思考	（借）減価償却費 → （貸）資産の減少	（借）減損損失 ← （貸）資産の減少
表示	（B/S）間接法または直接法	（B/S）直接法または間接法
	（P/L）売上原価または販管費	（P/L）原則として,特別損失

(出所) 筆者作成。

減損損失の認識と測定

減損損失を認識するかどうかの判定は，他の資産または資産群のキャッシュ・フロー（以下，CF）から概ね独立したCFを生み出す最小の単位（資金生成単位）でおこなわれます（BAC [2002b] 二，6 (1)）。資産群について認識された減損損失は，帳簿価額にもとづく比例配分などの合理的な方法により，当該資産群を構成する各資産に配分されます（BAC [2002b] 二，6 (2)）。減損損失は当該資産の帳簿価額を回収可能価額まで切り下げた額を指しますが，その計算過程はやや複雑です。はじめに，用語の定義を示しておきましょう（BAC [2002b] 注解1）。

- 回収可能価額とは，正味売却価額と使用価値とのいずれか高い方の金額をいう。
- 正味売却価額とは，資産の公正な評価額（売却時価）から処分費用見込額を控除して算定される金額をいう。
- 使用価値とは，資産を継続的に使用し，その後の処分によって生じると見積った将来CFの現在価値をいう。

減損損失を認識するかどうかの判定は，資産に減損が生じている可能性を示す次のような事象（減損の兆候）がある場合におこなわれます（BAC [2002b] 二，1）。

- 資産が使用されている営業活動から生ずる損益またはCFが，継続して（おおむね過去2期）負の値となっている（見込を含む，以下同じ）。
- 資産が使用されている事業の廃止や再編，資産を著しく早期に処分，当初の予定と異なる用途への転用，遊休状態，などの変化が生じた（たとえば，図表8-3）。
- 資産が使用されている事業の経営環境が著しく悪化した。

減損の兆候がある資産について，当該資産から得られる割引前将来CFの総額が帳簿価額を下回る場合に減損損失を認識します（BAC [2002b] 二，2 (1)）。貸付金や社債券のように将来CFが約定されている場合と異なり（2章），減損損失の測定は主観的にならざるを得ません。割引前将来CFの総額が帳簿価額を下回っていれば，減損の存在が相当程度に確実であるとみなされており（BAC [2002a] 四，2 (1)），期末でなくとも必要があれば減損処理をおこないま

● 図表8-3　中部電力株式会社における減損損失の計上例

　2008年12月22日開催の取締役会において，浜岡原子力発電所1，2号機の運転終了および6号機の建設等を内容とする浜岡原子力発電所リプレース計画等について決定した。浜岡原子力発電所1，2号機の運転終了に伴い，153,698百万円（うち，減損損失は30,861百万円）を当連結会計年度において特別損失に計上している。

(1) **資産のグルーピングの方法**
　　当社グループは，原則として継続的に収支の把握を行っている単位ごとに資産のグルーピングを行っている。電気事業については，発電から販売までの資産が1つのネットワークとして構成されており，事業全体で収支の把握を行っているため，廃止を決定した資産等を除き事業全体を1つの資産グループとしている。

(2) **減損損失を認識した資産または資産グループ**

用途	場所	種類	減損損失（百万円）	
廃止決定済の発電設備等（電気事業固定資産，固定資産仮勘定）	浜岡原子力発電所1，2号機（静岡県御前崎市）	建物	1,396	合計 30,861
		構築物	2,996	
		機械装置	25,372	
		その他	1,097	

(3) **減損損失の認識に至った経緯**
　　上記設備については，運転終了に伴い投資の回収が困難であるため，帳簿価額を回収可能価額まで減額し，当該減少額（30,861百万円）を減損損失として浜岡1，2号運転終了関連損失に含めて特別損失に計上した。

(4) **回収可能価額の算定方法**
　　回収可能価額に用いた正味売却価額については，他への転用や売却が困難であるため零円としている。

(出所) 第85期有価証券報告書にもとづき，筆者作成。

す（ASBJ［2009］134項）。

　減損損失を認識するかどうかの判定や使用価値の算定における将来CFは，企業に固有の事情を反映した合理的で説明可能な仮定および予測にもとづいて見積られます（BAC［2002b］二，4(1)）。将来CFの見積金額は，生起する可能性の最も高い単一の金額（最頻値）または生起し得る複数の将来CFをそれぞれの確率で加重平均した金額（期待値）とされます（BAC［2002b］二，4(3)）。実践上は将来CFの見積値から乖離する誤差を割引率に反映させている場合が多く，このとき見積将来CF（分子）には当該リスクを反映させません（ASBJ［2009］39(1)項）。減損会計における現在価値の測定および割引率は，現在価値技法の基礎理念を忠実に具体化しているともいわれます（桜井［2014］20頁）。

〔設例8-1〕 当社（12月末決算）は20X1年1月1日，甲事業を手掛けるためにA建物を64,000千円，B機械装置を36,000千円で取得し，使用を開始しました。建物は新定額法（8年），機械装置は200％定率法（6年）による減価償却をおこなっています。

ところが，業界全体が著しい市況の下落に陥ったことから事業計画を見直した結果，20X2年11月1日の取締役会において，20X4年度末を目途に同事業から撤退することが決まりました。なお，A建物は他の用途への転用が見込まれますが，B機械装置は当社独自の仕様のために他社への売却は困難です。使用価値の算定に際して用いる割引率は4％とします。

	各年度における将来CFの見積額（すべて期末に発生すると仮定）								比較	20X1年度期末簿価*	減損損失
	20X2	20X3	20X4	20X5	20X6	20X7	20X8	総額			
A	6,800	4,200	14,000	14,000	14,000	14,000	8,000	75,000	≧	56,000	認識しない
B	5,000	2,300	1,200	1,000	500	—	—	10,000	<	24,012	認識する
合計	11,800	6,500	15,200	15,000	14,500	14,000	8,000	85,000			

（*）20X1年度の減価償却費および同年度末の期末帳簿価額（未償却原価）の計算方法は，7章を参照。

20X2年11月1日：（借）減損損失　16,011　（貸）機械装置　16,011

甲事業からの撤退は，資産A，Bについて減損の兆候がみられることを意味します。各年度における将来CF見積額について，A建物とB機械装置との合計額85,000千円は帳簿価額の合計額80,012千円を上回っていますが，A建物は独立したCFを生み出すことから，両資産は別個に減損判定をおこないます。

この結果として，B機械装置の割引前将来CF総額10,000千円は未償却原価24,012千円を下回っていることから，減損処理をおこないます。他社への売却ができないために正味売却価額は零と判明しました。使用価値はB資産を利用する20X4年度までの将来CFを4％で割り引くことから，

$$\frac{5,000}{1+r}+\frac{2,300}{(1+r)^2}+\frac{1,200}{(1+r)^3}=8,001$$

より，回収可能価額は使用価値8,001千円と算定されます。20X1年度末の帳簿価額24,012千円との差額16,011千円が減損損失となります。

わが国に減損会計が強制適用された2006年3月期以降，実践においては種々

の要因による減損処理がおこなわれています。2007年から2010年における計上例の分析結果として，(1) 企業内部者が経営者に就任する場合や企業が金融機関等と財務制限条項が付された債務契約を結んでいる場合に減損損失がより多く計上されたこと，(2) 当該固定資産の収益性と関連の深い経済的な要因は反映されているものの会計基準が意図している水準以上に経営者の裁量が入り込んでいるとみられること，などが報告されています（胡［2012］）。

8.2　減損処理後の会計処理

減損処理後の減価償却

　使用価値まで帳簿価額を切り下げておくと，その後の経済活動が期待どおりに推移する限り，減損時点以降の期間における会計上の利益の総額は資本のコスト（資金提供者が要求する最低限のリターン）に見合う，という説明がなされています（米山［2011］228頁）。実践においても，「事業の改革に向け，より適切な帳簿価額で議論する素地が整った」と前向きに捉えられているようです（日本経済新聞2009年3月19日（朝刊）14面）。

　減損処理をおこなった資産については，減損損失を控除した帳簿価額にもとづいて，その後の減価償却を規則的，合理的におこないます（ASBJ［2009］55項）。

> 〔設例8-2〕　設例8-1の続きです。20X2年11月に8,001千円まで減損処理したB機械装置について，20X2年度の償却額を考えましょう。
> 20X2年12月末：（借）減価償却費　5,329　（貸）減価償却累計額　5,329

　当初，200％定率法（6年）により減価償却をおこなっていましたが，20X4年度末で甲事業から撤退し，他の用途への転用や他社への売却も見込めないことから，減価償却の前提が変更されます。つまり，減損処理後の帳簿価額8,001千円を「新たな取得原価」とし，20X4年度末までの3年を（新たな）耐

用年数とした減価償却をおこないます。**設例8-2**では耐用年数も変更されましたが，減損処理によって資産の帳簿価額を一時に切り下げると，その後の償却計算は軽くなります。すなわち，減損処理によって将来の減価償却費が少なくて済むことから，相対的に利益額は大きくみえるようになります。

　減価償却の本質は配分思考にあるといっても過言ではなく，そこでは［過去支出額］による測定がなされていました。**設例8-2**に置き換えてみれば，20X1年1月1日の取得原価36,000千円，20X1年12月末の帳簿価額（未償却原価）24,012千円はともに，B機械装置への支出額36,000千円にもとづいた金額です。これに対して，20X2年11月に減損処理をおこなった後の帳簿価額8,001千円には回収可能価額という名称が付されているとおり，その測定は正味売却価額ならば［現在収入額］に，使用価値ならば［将来収入額］に，それぞれ依拠します。本来ならば機械装置に収入額系統による測定はなされませんが，この点をどのように理解したらよいでしょうか。

　たとえば，［過去支出額］の配分とは関係なく当該資産の「価値」を直接的に評価した結果が回収可能価額であり，配分思考とは異なる考え方（評価思考）が突如として容喙してきたという見方はどうでしょうか。少なくともわが国の会計基準では，いったん［将来収入額］による測定をおこなったのだから減損処理後の毎期末には回収可能価額を評価し直す，とは規定されていません。かような思考においては，機械装置の利用に伴う原価計算が無意味になってしまうともいえるでしょう（笠井［2014］23頁）。

　ここでは，機械装置の売却および再取得を擬制してみます（笠井［2014］16-17頁も参照のこと）。売却により生ずる未収入金と再取得により生ずる未払金とを相殺すれば，結果的には一般的な簿記処理と同じですが，減損処理という異常事態をふまえて，収益性の低い状況に応じた新たな設備投資をおこなったと捉えます（**図表8-4**）。減損処理後の帳簿価額を「新たな取得原価」とみる所以であり，ひいては，減価償却を費用配分の一環として問題なくおこなうことができます。蛇足となりますが，20X2年11月1日での機械装置の再取得を擬制しても20X2年12月末の償却額は12ヵ月分で問題ありません。減損処理時には20X2年度以降の使用価値を算定しており，20X2年度期首での売却および再取得とみなせばよいでしょう。

● 図表8-4　設例8-1を用いた減損処理の捉え方

	一般的な簿記処理	本書の理解
20X2年 11月1日 （減損処理）	（借）減損損失　16,011 　　（貸）機械装置　16,011	（借）減損損失　16,011　（貸）機械装置　24,012 　　　未収入金　8,001 （借）機械装置　8,001　（貸）未払金　8,001 （借）未払金　8,001　（貸）未収入金　8,001
含意	［将来収入額］による回収可能価額まで帳簿価額を切り下げても，その後の費用配分を説明できません。	売却および再取得を擬制し，8,001千円は新たに取得した機械装置への支出額とみれば，その後の費用配分を合理的に説明できます。

（出所）筆者作成。

　なお，本書の理解とは異なり，減損処理を「配分計画の修正」とする捉え方も知られています。この点については，臨時償却の手続（**図表7-5**，青色破線）との概念的な相違点を見出しにくいという整理もなされていますが（高瀬［2003］169頁），そもそも，配分思考の償却計算に［将来収入額］による測定を持ち込むためには売却および再取得を観念しなければならず，しかし，再取得によってそれまでの投資とは切り離されているようにも思われます。

減損損失の戻入

　わが国の会計基準においては，資産価値の変動による利益の測定や決算日における資産価値の表示を減損処理の目的とはしておらず，取得原価基準の下でおこなわれる帳簿価額の臨時的な減額と性格づけています（BAC［2002a］三，1）。さらに，減損の存在が相当程度確実な場合に限って減損損失を認識すること，また，事務的負担を増大させるおそれがあることを理由に，減損損失の戻入は認められていません（BAC［2002a］四，3(1)）。この点について，わが国の減損会計は投下資本の毀損額の反映を重視しており，事後的に判明した投資の失敗に関して，投資時点に遡り，改めて投資回収計算をやり直すための帳簿価額の評価切下げとみる見解があります（吉田［2015］121頁）。投資成果の実績や将来に対する期待の変化など，新しい情報を入手したときに，もし最初からそれを知っていたとすれば投資時点の価値はこうだったであろうというように，事後に判明した負ののれんを取得原価から取り除く操作であるといった解釈もみられます（斎藤［2013］277頁）。

これに対してIFRSsでは，減損処理後に回収可能価額が上昇すると，減損損失の戻入を純損益（in profit or loss）として認識します（IASB［2013］pars. 114 and 119）。ただし，過年度に減損損失を認識しなかった場合の（減価償却控除後の）帳簿価額を超えてはなりません（*Ibid*., par.117）。減損損失の戻入によって，回収可能価額の上昇を貸借対照表上で適切に反映させられる点が念頭に置かれた規定と理解できます（*Ibid*., par.BCZ184）。経営者の裁量は拡大するものの，減損情報全般の信頼性や有用性は高まる可能性がある，といった主張がなされています（小林［2014］31頁）。しかし，「基本となる減価償却に戻入れも遡及もないのに補完に過ぎない減損だけ戻入れをして，精緻であるかのような計算をしてどれほどの意味があるのでしょうか」とはまさに言い得て妙でしょう（西川［2016］29頁）。

　なお，本書の理解としては，減損の兆候が反転するなど当該資産の収益性が改善したら，その成果は経済活動をつうじて，収益の向上および減額された償却費という形で純利益計算に反映されるように思われます。減損処理時の見積に誤謬があったならばともかくも，そもそも，減損処理を当該資産の売却および再取得と捉えるならば，収益性の改善を資産の価値に反映させるという発想には至りません。

8.3　賃貸等不動産

期末時価やその算定方法等の注記開示

　賃貸等不動産とは，賃貸収益や時価の変動による利益の獲得を目的として保有されていて，かつ，棚卸資産に分類されていない不動産を指します（ASBJ［2011］4 (2)項）。貸借対照表において投資不動産に区分された不動産や，将来の使用が見込まれていない遊休不動産などが含まれます（ASBJ［2011］5項）。これらの不動産を保有している場合には，期末における時価などの注記開示が要請されています（ASBJ［2011］8項；図表8-5）。

　参考までにIFRSsでは，投資不動産に関して時価評価ないし原価評価の選

図表 8-5　オカモト株式会社における賃貸等不動産に関する注記開示

当社および一部の子会社では，東京都その他の地域および海外において，保有資産の有効活用の一環として土地または土地建物を賃貸しております。

これら賃貸等不動産に関する連結貸借対照表計上額および当連結会計年度における主な変動ならびに連結決算日における時価および当該時価の算定方法は以下のとおりであります。

(単位：百万円)

	連結貸借対照表計上額			連結決算日における時価
	当連結会計年度期首残高	当連結会計年度増減額	当連結会計年度期末残高	
賃貸等不動産	1,711	△79	1,632	4,743

注　1．連結B/S計上額　取得原価から減価償却累計額を控除した金額であります。
　　2．主な変動　　　　減少は，不動産売却等46百万円であります。
　　3．時価の算定方法　不動産については，主として「不動産鑑定評価基準」にもとづいて自社で算定した金額（指標等を用いて調整をおこなったものを含む。）であります。

また，賃貸等不動産に関する2015年3月期における損益は，次のとおりであります。

(単位：百万円)

	賃貸収益	賃貸費用	差額	売却損益等
賃貸等不動産	409	107	302	60

(出所)　第119期有価証券報告書にもとづき，筆者作成。

択適用とされ，とくに原価評価の場合には時価等を注記する旨が定められています（IASB［2016］par.79(e)）。

●●●●●　ケース8の問題を考える　●●●●●

ケース8では税効果考慮前で約3,400億円の減損損失を計上していますが（図表8-1），その7割が鉱業権の減額とされています（図表8-6）。なお，鉱業権は一般的には無形固定資産（9章）とされますが，同社では有形固定資産の一項目として掲記されています。

同社が2014年度に約2千億円の減損損失を計上した「米国タイトオイル開発プロジェクト」は，2012年8月，米国の独立系石油ガス開発会社であるDevon Energy社が米国テキサス州で進めていた開発計画に投資したことが契機となっています。参画にあたって同社は，D社が保有していた既存権益（リース権，生産中の原油生産井，付帯中流設備）の30％相当を取

図表8-6　住友商事株式会社（連結）における減損損失のセグメント別内訳

(単位：百万円)

	持分法有価証券	有形固定資産			無形資産		投資不動産
		鉱業権	ほか	合計	のれん	ほか	
メディア・生活関連事業部門	—	内訳不明	内訳不明	1,202	8,747	内訳不明	249
資源・化学品事業部門	60,805	内訳不明	内訳不明	176,743	3,047	内訳不明	—
海外現地法人・海外支店部門	1,537	内訳不明	内訳不明	71,185	13,659	内訳不明	—
ほか	—			47	3,075		—
合計	62,342	239,391	9,786	249,177	28,528	666	249

(出所) 第147期有価証券報告書にもとづき，筆者作成。

得しています。取得資産の対価である約1,365百万ドルのうち25％相当は契約発効時に支払い，残り75％相当はその後3年間を目途にD社の開発費用を肩代わりする形で追加的に資金拠出すること，さらに同社持分の権益開発費用とあわせて合計約20億ドルを段階的に拠出する計画でした（以上，2012年8月2日付のニュースリリース）。2013年は順調に投資を続け，「今後2年間を目途に（中略）約730百万米ドルを段階的に拠出していく予定」でした（第146期有価証券報告書，122頁）。

しかし，2014年9月29日開催の取締役会において，同社傘下の100％子会社 Summit Discovery Resources Ⅲ LLC が所有する固定資産の一部について，D社と共同で譲渡する旨を決議しました。具体的には，本件の北部地域（約17.2万エーカー）において投下資金を回収するほどの効率的な生産が見込めず，減損損失173,638百万円を計上しています。その後，南部地域（約4.7万エーカー）についても事業価値の再評価をおこない，減損損失25,586百万円を計上しています（第147期有価証券報告書，129頁）。

『日経ビジネス』2016年1月25日号には「資源安・円高に"東芝ショック"，国内企業にトリプルパンチ」という記事が掲載されています。

　1月13日，住友商事はアフリカ・マダガスカルのニッケル事業で，2016年3月期第3四半期決算に770億円の減損を計上すると発表。それ

まで2,300億円としていた通期連結純利益予想を「未定」に修正した。
(中略)
　住商は2015年3月期に，米タイトオイル事業などで総額約3,100億円の減損を計上し，731億円の最終赤字に陥った。赤字転落は16年ぶりだった。
　当時，商社業界には首をかしげる向きが少なくなかった。「マダガスカルのニッケル事業は資産価値が大幅に落ちているはず。なぜ減損処理をしなかったのだろう」といぶかしんだ。それを今期は損失として認識したわけだが，「足元の急激な資源安ばかりが理由ではない。監査厳格化の影響が出ているのではないか」(大手商社首脳)と見る向きもある。

　投資先の収益性を予測するに際して，経営者は将来キャッシュ・フローの金額や割引率などについて何らかの方法により見積もらなければなりません。このとき，監査人は経営者の見積について何らかの根拠をもって合理的か否かを判断しています。
　同社の2015年度の業績については，「非資源ビジネスは概ね堅調に推移したものの，資源価格下落の影響により，資源ビジネスや鋼管事業の業績が悪化したことに加え，資源上流案件を中心に複数の案件において計1,951億円の減損損失を計上した結果，誠に遺憾ながら，連結純利益は2,300億円の目標に対し，745億円となりました」と説明されています（第148期有価証券報告書，17頁）。この減損損失には2014年度にも減損処理した「ブラジル鉄鉱石事業」や「豪州石炭事業」が含まれており，将来の収益性を予測することの難しさが見え隠れします。海外開発案件は海外資源大手が持分の過半を保有しており，すなわち商社は非支配株主の立場にあるため，案件全体のコスト把握が難しい面もある，という指摘もみられます（日本経済新聞2015年3月20日（朝刊）17面）。

参照文献

ASBJ［2009］：企業会計基準委員会「固定資産の減損に係る会計基準の適用指針」，2009年3月27日最終改正。

ASBJ［2011］：企業会計基準委員会「賃貸等不動産の時価等の開示に関する会計基準」，2011年3月25日改正。

BAC［2002a］：企業会計審議会「固定資産の減損に係る会計基準の設定に関する意見書」，2002年8月9日。

BAC［2002b］：企業会計審議会「固定資産の減損に係る会計基準」，2002年8月9日

IASB［2013］：International Accounting Standard No.36: *Impairment of Assets*, May2013, IASB.

IASB［2016］：International Accounting Standard No.40: *Investment Property*, Dec.2016, IASB.

鵜池［2008］：鵜池幸雄「減損会計における評価と配分問題についての一考察」『産業総合研究』16，41-49頁，2008年3月。

笠井［2014］：笠井昭次「減損会計再論(1)」『三田商学研究』57(5)，13-27頁，2014年12月。

胡［2012］：胡丹ほか「日本における減損会計に関する実証分析」『会計プログレス』13，43-58頁，2012年9月。

小林［2014］：小林直樹「第1章Ⅷ　有形固定資産会計に関する実証研究」菊谷正人編『IFRSにおける資産会計の総合的検討』税務経理協会，26-31頁，2014年9月。

斎藤［2013］：斎藤静樹『会計基準の研究』増補改訂版，中央経済社，2013年7月。

桜井［2014］：桜井久勝「現在価値測定における割引率」『税経通信』69(4)，17-23頁，2014年4月。

佐藤［2017］：佐藤信彦「第4章　固定資産の減損」佐藤信彦ほか編『財務会計論Ⅱ〈応用論点編〉』第10版，中央経済社，2017年5月。

高瀬［2003］：高瀬央「「減価償却」と「減損」と」『税経通信』58(4)，164-173頁，2003年4月。

内藤［2014］：内藤高雄「収益費用アプローチと資産負債アプローチの計算構造」『杏林社会科学研究』29(4)，11-24頁，2014年3月。

西川［2016］：西川郁生「第7回　減損会計」『週刊経営財務』3252，26-29頁，2016年3月。

吉田［2015］：吉田武史「減損会計の将来の方向性とその課題」『会計・監査ジャーナル』27(8)，119-128頁，2015年8月。

米山［2011］：米山正樹「第11章　固定資産」清水孝ほか編『アカウンティングの基礎』中央経済社，2011年7月。

資産の会計(3)
—実態の見えづらい資産を
どのように可視化できるのか—

●**本章のポイント**●
① 無形資産を会計上どのように取り扱うかについて考えます。
② 企業結合によって生じるのれんの性格について考えます。

ケース9 何をもって企業結合は成功なのか——ソニー株式会社

　経営者は企業の経済活動をとおして利益を追求し，成長分野へ投資することで企業の規模を拡大させていきます。しかし，ある程度にまで成長してしまうと，それ以上に収益を伸長させることが難しくなってきます。そこで異業種や海外の企業に対して合併などの企業結合をおこない，自社の系列（傘下）に取り込む「成長」も往々にしてみられます。

　ソニー株式会社は2012年2月，ソニー・エリクソン社を同社の完全子会社とし，識別可能資産，引受負債，非支配持分およびその残余としての営業権を公正価値で計上しました。1,285億円で当初認識した営業権は，「新たな収益の流入による将来の成長，特に新興市場や米国でのマーケットシェアの拡大，ソニーの既存の資産や事業とのシナジー及び人的資源等の識別不能無形固定資産」と説明されています（2011年度有価証券報告書，201頁）。

　ところが，日本経済新聞2014年9月18日（朝刊）3面に「ソニー崩れた成長戦略，中核のスマホ事業で減損」という記事が掲載されました。

> 　ソニーが成長戦略の再構築を迫られている。17日，コア（中核）事業と位置づけるスマートフォン（スマホ）事業の中期戦略を見直し，減損約1,800億円を営業損失として計上すると発表した。（中略）
> 　同事業の13年度の売上高は，12年度比55％増の1兆1,918億円と伸長し，当面の成長エンジンとして期待されていた。
> 　しかし，高価格帯では「iPhone」の米アップル，低価格帯では急速に事業を拡大する中国勢に挟まれ，13年度のような成長を維持するシナリオが見通しにくくなってきた。今回の業績見通しの下方修正はこうした見方を反映したものだ。

のれん（営業権を含む）を規則的に償却するわが国の基準に対して，IFRSsやSEC基準では償却をせずに年1回以上の減損検査が要請されています。かねてよりSEC基準を採用する同社も企業結合の2年半後に，営業権の全額について減損損失を認識しました。

> 問題

❶ のれんはなぜ，資産として計上されるのでしょうか。
❷ 時の経過によるのれんの変化について，どのように取り扱えばよいのでしょうか。

> 用語

無形固定資産　　研究開発費　　買入のれん　　本来的なのれん
自己創設のれん　　為替換算調整勘定

9.1　無 形 資 産

無形固定資産の会計処理

物理的な形態を持たずに1年を超えて利用する無形固定資産は，(a) 特許権や商標権といった法律上の権利，(b) 電子機器を機能させるためのソフトウェア，(c) 帳簿価額を超える対価を支払って他の企業を取得したときに計上するのれん，に大別されます。

〔設例9-1〕　当社（12月末決算）は20X1年10月1日に特許権を取得しました。(1) この権利は他社から80,000千円で購入したものです。(2) これは当社の研究開発活動の成果であり，20X0年度には75,000千円，20X1年度には4,800

千円を要しました。なお，権利の登記などに200千円を支出しました。このときの簿記処理を考えましょう。

(1) 20X1年10月1日：（借）特許権　　　80,000　（貸）現金預金　80,000
(2) 20X0年12月31日：（借）研究開発費　75,000　（貸）現金預金　75,000
　　20X1年10月1日：（借）特許権　　　 5,000　（貸）現金預金　 5,000

(2)において20X0年度に認識される研究開発費とは，新しい知識の発見を目的とした計画的な調査および探究に要する費用，新しい製品等の計画（設計）または既存の製品等を著しく改良するための計画（設計）として研究の成果等を具体化するために生ずる費用をいいます（BAC［1998］一，1）。研究開発の段階では，それが将来に実を結ぶかどうかは不明です。したがって，研究の成果が特許権として登録されるまでは，人件費や原材料費に加え，他の目的に使用できない機械装置の取得に要した金額も発生時の費用として処理するほかありません。特許権の取得原価として20X0年度の研究開発費を振り替えることはできませんが，20X1年度の研究開発に要した額および付随費用は［過去支出額］による測定がなされています。仮に「世紀の大発明」であれば将来に多額の収益を獲得することが見込まれますが，そのような［将来収入額］の現在価値を見積って資産計上する，といった会計処理はおこなわれません。

どのような観点で資産性を判定し取得原価を算定するかについて，特許権とソフトウェアとで考え方の違いはありません。市場での販売を目的として制作するソフトウェアは，製品の原版が完成するまでの支出は研究開発費として処理しますが，完成以後に生じる通常の範囲での改良や強化に要した金額は無形固定資産として計上します。これに対して，自社での利用を目的として制作するソフトウェアは，将来の収益獲得や費用削減が確実な場合に限って無形固定資産として計上し，それ以外の場合は発生時の費用として処理します。

無形固定資産はその利用によって物理的に減耗しません。ゆえに，「価値」の下落は有形固定資産より捕捉しづらいものの，発生主義の配分思考にもとづいて費用化されます。償却の方法は，税法上の耐用年数を用いて残存価額は零とした定額法が一般的ですが，鉱物を採掘し取得する権利（鉱業権）については生産高比例法（設例7-1）の適用も考えられます。

> [設例9-2] 設例9-1(1)の続きです。当社（12月末決算）は20X1年10月1日に80,000千円で購入した特許権について，税法上の耐用年数（8年）を用いた定額償却をおこないます。
> 20X1年12月31日：（借）特許権償却　2,500　（貸）特許権　2,500

　無形固定資産は，有形固定資産の減価償却における直接法のごとく（**図表7-1**），償却累計額を設けずに取得原価を減額させて貸借対照表に表示します（会社計算規則84条）。しかし，他社から利用権を購入した場合などは，その期間の満了後に再投資が必要となることも考えられます。ゆえに，公表財務諸表は扨措き，企業内部の固定資産管理台帳では間接法による記録も有用でしょう。

繰延資産や長期前払費用との違い

　無形固定資産と同じく，物理的な形態を持たないものの資産の部に計上される項目として繰延資産があります。すでに代価の支払が完了しまたは支払義務が確定し，これに対応する役務の提供を受けたにもかかわらず，その効果が将来にわたって発現するものと期待される費用をいい（BAC [1982] 注解15），株式交付費（11章），社債発行費等，創立費，開業費，開発費（本章のコラム），が限定列挙されています（ASBJ [2013a] 68項）。たとえば，定款の作成や発起人への報酬など会社を設立するまでに要した創立費や，広告宣伝や店舗の消耗品など営業開始までに要した開業費は，原則として，発生時の費用として処理すべき項目です。ただし，これらの支出の効果は将来にわたって及ぶとされ，繰延資産とする場合には5年以内の定額法による償却がなされます。

　長期前払費用は，未払費用の議論を対照すればよいでしょう（**図表4-2**）。すなわち，一定の契約に従い，継続して役務の提供を受ける場合に，いまだ提供されていない役務に対して支払った対価のうち（BAC [1982] 注解5(1)），貸借対照表日の翌日から1年を超えて期間費用となる部分をいいます。たとえば3年分の店舗賃借料や保険料を一時に支払った場合には，決算整理仕訳の一環として前払費用勘定と長期前払費用勘定とに借記されます。

　以上より，無形固定資産との異同点を考えてみましょう（**図表9-1**）。

図表9-1　無形固定資産，長期前払費用および繰延資産の比較

	無形固定資産	長期前払費用	繰延資産
計上の根拠	保有や利用によって，将来に収益を獲得する。	費用配分の原則。	費用配分の原則[*4]
支出の効果	将来に及ぶ確実性が高い。	将来に及ぶ確実性が高い。	将来に及ぶとされているが，確実性は相対的に低い。
用役の受入	将来に費消する。	将来に費消する。	すでに費消した。
償却の方法	多くは，定額法[*1]。	定額法のみ。	定額法のみ。
換金の可否	できる。／できない[*2]。	できない[*3]。	できない。

(*1) 定率法の採用が棄却される理論的根拠はない，という主張もみられます（尾上［2015］脚注5）。
(*2) 特許権やソフトウェアは譲渡できますが，借地権やのれんは譲渡できません。
(*3) 解約時に未経過分の賃借料や保険料を返金してもらえる契約もありますが，そもそも期間按分によって生じた項目について第三者が資産性を認める合理的な根拠は薄いでしょう。
(*4) 企業の努力を示す費用がすでに発生したにもかかわらず，費用収益対応の原則によって，あたかも未発生費用たるかの如くこれを繰り延べる，といった見方もあります（阪本［1971］8-9頁）。

(出所) 筆者作成。

無形資産の実態

2007年度から2014年度までの米国のS&P 500指数，欧州のS&P Europe 350指数，わが国の日経225指数について，(1) 米国と欧州の企業では無形資産対純資産の比率が50％前後を推移している一方で，わが国の企業は10％程度で変動していなかった，(2) のれんに限定すれば，米国では30％台を推移し，欧州では30％台から20％後半まで徐々に減少した一方で，わが国では4％程度で安定的だった，(3) 2014年度に欧米では13％の企業がのれん対純資産の額が100％を超えた一方で，わが国では零であった，といった報告がなされています（EFRAG&ASBJ［2016］）。

欧米企業と比べるとわが国の企業における無形資産の金額的な重要性は高くないようです。とはいえ，後述するように，某社は20XX年度からIFRSsの任意適用を決めた，といった報道にはきまって，のれん償却の要否が取り沙汰されます。短期的な将来の利益額やそれに伴う配当への影響は無視できない，といった意識の表れといえるかもしれません。

9.2 企業結合

いずれを取得企業とするか

　ある企業（またはそれを構成する事業，以下同じ）と他の企業とがひとつの報告単位に統合されることを企業結合といい（ASBJ［2013b］5項），その具体例として合併が挙げられます。合併の経済的実態を捕捉するうえで鍵となる支配とは，ある企業の活動から便益を享受するために，その企業の財務および経営方針を左右する能力を有していることをいいます（ASBJ［2013b］7項）。多くの企業結合は，他の企業への支配を獲得する取得に該当します（ASBJ［2013b］9項）。一方の結合当事企業は取得企業として，被取得企業に対して，現金などの資産を引き渡し，または負債を引き受け，あるいは当該会社の株式を交付します（ASBJ［2013b］19項以下）。ただし，株式を交付した企業が取得企業にならない場合もあるため（図表9-2），取得企業の決定には，総体としての株主が占める相対的な議決権比率の大きさや取締役会等の構成などを総合的に勘案します。

● 図表9-2　田辺三菱製薬株式会社が発足したときの取引関係

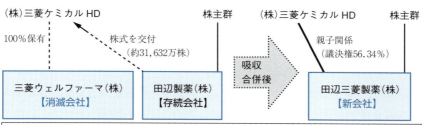

　田辺製薬株式会社は，三菱ウェルファーマ株式会社を消滅会社とする吸収合併をおこないました。しかし，消滅会社である三菱ウェルファーマ株式会社の親会社だった株式会社三菱ケミカルホールディングスが新会社の議決権株式を56.34％保有したため，消滅会社が取得企業と判定される逆取得に該当します（ASBJ［2013b］79項）。

　逆取得の場合，存続会社の個別財務諸表では，当該取得企業（消滅会社）の資産および負債を合併直前の適正な帳簿価額により計上します（ASBJ［2013b］34項）。

（出所）第1期有価証券報告書にもとづき，筆者作成。

● 図表9-3　A社がB社株式を取得したときの取得割合と対価との関係

		A社が取得したB社株			
		100%未満		100%	
		B社への影響力あり	B社を支配	B社の法人格は維持	B社の法人格は消滅
対価	現金など	持分法適用会社化	子会社化	株式交換	吸収合併
				（bは退出する）	
	A社株	—		株式交換	吸収合併
				（aもbもA社株主となる）	

※合併の場合を除いて、A社を親会社とする連結財務諸表が作成されます。
（出所）筆者作成。

　A社がB社株のすべてを取得し、B社の法人格が消滅する場合を<u>吸収合併</u>といい、維持されている場合を<u>株式交換</u>といいます（図表9-3）。金銭その他の財産を交付できる<u>対価の柔軟化</u>が認められ（会社法749条1項2号；768条1項2号）、この場合には旧B社株主bは退出せざるを得ず、また、A社の株主構成も変化しません。また、A社株を交付されてbが新たにA社株主に加わったとしても、bがB社を支配できるとは限りません。いずれにせよ、被取得企業の持分はその継続を絶たれているため（ASBJ [2013b] 73項）、被取得企業の資産および負債は公正な評価額（時価）で評価されます（<u>買収法</u>, acquisition method）。

　複数の独立した企業が契約等にもとづき、共同で他の企業を支配することを<u>共同支配企業の形成</u>といいます（ASBJ [2013b] 11項）。いずれの結合当事企業の持分も継続が絶たれていないことから<u>持分の結合</u>と呼ばれ（ASBJ [2013b] 68項）、共同支配企業は対応する資産および負債を結合直前の適正な帳簿価額のまま引き継ぎます（ASBJ [2013b] 116項）。ただし、(a) 対価のすべてが原則として議決権付き株式である、(b) 支配関係を示す一定の事実がない、といった要件を満たす必要があります（ASBJ [2013b] 37項）。

　わが国には被取得企業を慮った「対等合併の文化」もあるといわれますが、持分の結合に該当しなければ買収法が適用されます。いずれの結合当事企業も支配を獲得したとは合理的に判断できない場合や、結合による相乗効果によっ

て取得企業自身の事業や投資にも大きな影響をもたらす場合には、すべての結合当事企業の資産や負債を結合時の公正価値で評価する方法（全社新規出発法, fresh-start method）も選択肢のひとつです。諸外国と足並みを揃えて現行制度では採用されていないものの（ASBJ［2013b］72項），幾つかの文献で検討がなされています（たとえば，醍醐［2001］；黒川［2004］；木下［2012］）。

買収法の会計処理

被取得企業の取得原価は、原則として、対価となる財の結合日における時価で算定されます（ASBJ［2013b］23項）。外部の専門家に支払った特定の報酬や手数料などの取得関連費用は、取得原価に含めずに発生時の費用として処理され（ASBJ［2013b］26項），その内容および金額は注記による開示がなされます（ASBJ［2013b］49(3)④項）。

被取得企業から受け入れた識別可能資産および識別可能負債は企業結合日時点の時価を基礎として、当該資産および負債に対して配分されます（ASBJ［2013b］28項）。IFRSsでは、取得対価の一部を研究開発費に配分したうえで、受け入れた他の資産との整合性に鑑みて、企業結合日の時価にもとづいた資産計上が要請されています（IASB［2008］par.BC152）。たとえ未完成であっても、価値のある成果を受け入れたという実態が反映されるという考え方から、わが国でも仕掛研究開発は例外的に資産計上されます（ASBJ［2013b］101項）。

取得原価が受け入れた識別可能純資産を上回る場合には、その超過額はのれんとして資産に計上します（ASBJ［2013b］32項）。反対に、取得原価が下回る場合には、再度、識別可能純資産への配分を見直した後に負ののれんとして収益処理されます（ASBJ［2013b］33項）。

〔**設例9-3**〕 当社（12月末決算）は20X1年7月1日に甲社を吸収合併しました。同日時点での甲社の諸資産の帳簿価額は50,000千円（時価は52,000千円），諸負債は36,000千円でした。対価として、(1) 20,000千円を支出した、(2) 甲社株主に当社の株式5万株（1株当たりの市場価格400円）を交付した、それぞれの簿記処理を考えましょう。

```
(1) 20X1年7月1日：（借）諸資産    52,000  （貸）諸負債    36,000
                              のれん     4,000         現金預金  20,000
(2) 20X1年7月1日：（借）諸資産    52,000  （貸）諸負債    36,000
                              のれん     4,000         資本金    20,000
```

設例9-3(2)のように株式を交付した場合には，原則として，企業結合日における株価にもとづいて取得対価を算定します（ASBJ［2013b］24項）。自己株式を払い出した場合については，**設例12-3**を参照してください。

のれんとのれん以外の無形固定資産の識別

企業結合時に法律上の権利など分離して譲渡可能な無形資産を受け入れた場合には，当該無形資産は識別可能なものとして取り扱います（ASBJ［2013b］29項）。登録済の商標権や顧客名簿，仕掛研究開発などは，独立した価額が合理的に算定できれば資産計上され（**図表9-4**），その結合が何を目的としていたかがより明らかになり得るでしょう。

設例9-1では，無形固定資産（特許権）は［過去支出額］により測定しましたが，企業結合における取得原価の配分のために無形固定資産を評価するには，多くの場合にむしろ［将来収入額］を基礎とします。企業が将来獲得する収益

● **図表9-4** 大塚ホールディングス株式会社がAvanir Pharmaceuticals Inc.を結合したときの会計処理

（単位：百万円，百万USドル）

●2015年1月13日の簿記処理（推定）

```
（借）流動資産       41,309  （貸）流動負債    11,013
      有形固定資産    1,039        固定負債    76,813
      無形固定資産                 現金預金    3,507USD
        販売権等       96,449
        仕掛研究開発  202,221
      のれん         160,633
（借）取得関連費用    20USD  （貸）現金預金    20USD
```

●償却方法と償却年数

のれんは20年間にわたる均等償却がおこなわれています。
販売権等の加重平均償却期間は12年とされています。
仕掛研究開発は利用可能期間にもとづいて償却されます。

●連結貸借対照表上の無形固定資産の金額

	2014年度末	2015年度末
のれん	93,162	233,971
仕掛研究開発	33,106	238,301
その他	94,904	170,219

●本企業結合の概要

同社の買収目的子会社が，現金3,507百万USDを対価としてAvanir社の全株式を取得しました（1ドル＝118円と換算したもよう）。
Avanir社の取り組む仕掛研究開発が，企業結合によって無形固定資産に配分されています。

（出所）第8期有価証券報告書にもとづき，筆者作成。

● 図表9-5　のれんを構成する要素の分解

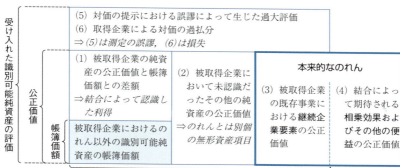

(3) 継続企業要素は，当該純資産を別々に取得しなければならなかったと仮定したときに予想されるよりも高い収益率を，確立された事業が純資産の集合体に対して獲得する能力を表す，と説明されています。換言すれば，結合日以前に被取得企業が内部創出していた無形資産が反映されています。
(4) 当該相乗効果およびその他の便益は，企業結合ごとに特有であって，異なる企業結合では異なる相乗効果が創出されます。

(出所) IASB［2008］pars.BC313-316にもとづき，醍醐［2001］図表1-3を改変しました。

のうち当該資産の貢献分がどれほどか，といった評価手法は多くの無形資産に適用可能とされています（JICPA［2016］63頁）。

ところで，叙上の分離可能な無形資産とは対照的に，企業の名称やそれが顧客（社会）に与える印象，人的資産（4章のコラム）や結合による相乗効果などは，それだけを分離して譲渡するわけにはいかず，結合時にはのれんに含まれていると解されます（**図表9-5**）。

のれんは被取得企業から受け入れた識別可能純資産と取得対価との差額により算定されます。ただし，(3)および(4)の要素が**本来的なのれん**（core goodwill）であり，(1)，(2)および(5)の要素はのれんに含めないように要請されています（IASB［2008］pars.BC316-317）。のれんの構成要素が分解できれば［将来収入額］にもとづいた見積も可能かもしれませんが（黒川［1998］163-164頁），実践においては，のれんの価値が下がった時点での減損処理がなされるか，あるいは何年かにわたる償却が完了するまで，(6)の要素も資産として計上されてしまうのです（藤田［2016］も参照のこと）。

のれん償却の要否

企業結合により認識したのれんは，20年以内のその効果の及ぶ期間にわたって定額法その他の合理的な方法により規則的に償却します（ASBJ［2013b］32項）。償却額は販売費及び一般管理費の区分に表示し（ASBJ［2013b］47項），貸借対照表には未償却原価が計上されます。有形固定資産の減価償却と同じく，経営者が当該のれんへの投資を何年間にわたって回収していくつもりか，が償却年数に表れると考えられます。

わが国の会計基準では，(a) 企業結合の成果たる収益と，その対価の一部を構成する投資消去差額の償却たる費用との対応が可能になる，(b) 企業結合により生じたのれんは時間の経過とともに自己創設のれん（後述）に入れ替わる可能性がある，(c) のれんのうち価値の減価しない部分の存在も考えられるが，その部分だけを合理的に分離することは困難である，といった理由から規則的な償却が必要とされています（ASBJ［2013b］105項）。

> 〔設例9-4〕 設例9-3(1)の続きです。当社は20X1年12月末の決算に際して，甲社の吸収合併に際して生じたのれんを5年間で均等償却します。
> 20X1年12月31日：（借）のれん償却　400　（貸）のれん　400

設例9-4を経たのれん価額は3,600千円となりますが，あくまで配分思考にもとづいて算定される未償却原価に過ぎず，20X1年12月末時点での「価値」を示しているわけではありません。わが国における償却必要説に対して，IFRSsではのれんの非償却かつ年1回以上の減損検査が要請されています（IASB［2008］par.B63(a)；IASB［2013］par.90）。償却必要説を採らない論拠として，恣意的な見積による定額償却をおこなっても有用な情報を提供することができない，といった点が挙げられています（IASB［2013］par.BC131E）。

図表9-6の事例では2016年12月期決算よりIFRSsを任意適用し，毎期末の償却負担がなくなっています（図表9-6，注記B）。2015年度末におけるのれんは2,340億円でしたが（図表9-4），2015年度に計上したのれん償却108億円を「足し戻す」ことで償却前の金額を算定しており，IFRSs適用後ののれんは2,447億円となっています。

図表9-6　大塚ホールディングス株式会社におけるIFRSsの初度適用（一部）

2015年12月31日現在の資本に対する調整

日本基準	日本基準 (百万円)	表示科目 の差異調整 (百万円)	認識・測定 の差異調整 (百万円)	IFRS (百万円)	注記	IFRS
のれん	233,971	—	10,771	244,743	B	のれん
仕掛研究開発	238,301	△238,301	—	—	J	
その他（無形固定資産）	170,219	238,301	72,689	481,210	B, C, J	無形資産

B　のれんに対する調整
　　日本基準では，のれんは，その効果が発現すると認められる期間で償却することとしておりましたが，IFRSでは，移行日（2015年1月1日）以降，のれんの償却を行っておりません。
C　無形資産に対する調整
　　日本基準では，技術導入契約等の支出は，研究開発費として認識しておりましたが，IFRSでは，IAS第38号による無形資産の定義を満たすものについて資産化しており，償却費及び償却開始後に発生した減損損失を販売費及び一般管理費で認識しております。
　　日本基準では，耐用年数を確定できない無形資産は，耐用年数を20年として，定額法により償却費を認識しておりましたが，IFRSでは，償却を行っておりません。
J　その他，IFRSの規定に準拠するために表示組替を行っております。
　　日本基準では，独立掲記していた「仕掛研究開発」について，IFRSでは「無形資産」として表示しております。

（出所）第9期有価証券報告書にもとづき，筆者作成。

　ASBJは2015年6月，のれんの非償却説に立つIASB［2008］の規定に「削除または修正」を施した修正会計基準を公表しました。ASBJが償却必要説を強調する論拠として，「結合後における企業の利益は，投資原価を超えて回収された超過額であると考えられるため，当該投資原価と結合後の収益との間で適切な期間対応を図る」といった思考が背景にあります（ASBJ［2015］17項）。修正会計基準の定めではのれんの貸借対照表価額や包括利益がIFRSsと一致しませんが，当該償却額と同額をその他の包括利益（以下，OCI）に計上する組替調整をおこなうことで，わが国のIFRSsへの主張を純利益の計算に限定できる，という興味深い指摘もみられます（梅原［2016］13頁）。

　短期的な利益を志向する経営者は，IASB［2008］のような非償却説を好むでしょう。ただし，のれん償却の負担を回避すべくIFRSsを任意適用しよう，といった事例はないと考えられます。そのような短絡的な思考を匂わす報道も散見されますが，IASB［2008］では毎期の減損検査が要請されており，長期的にみれば，いつかはのれんの価値は零になります。1983年度から2009年度ま

での法人企業統計を用いたわが国の実証研究において，およそ5年以内にのれん価値の多くは消滅していることが報告されています（大日方［2013］246頁）。

のれんは種々の要素から構成されていると観念されますが（図表9-5），それらを明快に切り分ける手段はありません。極論すれば，当該差額を取得時の損失に計上（即時償却）するほか，株主資本の控除項目（資本控除）とすることで結合時の経営者に対して「過払だったかもしれない」と意識づけることができ，ひいては，無謀な企業結合を思い止まらせることにつながるとも考えられます。当然ながら，このように極端な定めは経営の大胆さを失わせてしまい，また，企業の経済活動を表現するはずの会計が企業の行動そのものを左右させることにもなりかねません。とはいえ，わが国を代表する大企業が，過去に計上したのれんに足を引っ張られる事例は枚挙に遑（いとま）がありません。のれん償却の要否については専門的な文献（たとえば，醍醐［2007］；川本［2011］；西川［2012］；大雄［2014］；斎藤［2017］）がありますので，本章をおわりまで読んでから精読してください。

のれんの減損処理

わが国の会計基準でも，のれんの「価値」が損なわれたと判断されれば，償却したうえでの減損処理が要請されています（ASBJ［2013b］108項）。

IFRSsでは有形固定資産に係る減損損失の戻入が認められていますが（8章），のれんの減損損失は戻入が禁止されています（IASB［2013］par.124）。のれんの回収可能価額の増加は，取得したのれんについて認識した減損損失の戻入というよりは，むしろ自己創設のれん（後述）の増加であることが多い，といった理由が示されています（*Ibid*., par.125）。

〔設例9-5〕 設例9-3(1)の続きです。当社が吸収合併した甲社は第一事業部と第二事業部とを擁しており，結合時におけるそれぞれの時価は12,300千円および20,500千円と見積っています。両事業部は内部管理上，独立した業績報告がなされています。第一事業部は資産群P，Q，Rで構成され，それぞれの帳簿価額は5,600千円，2,800千円，3,600千円でした。資産群P，Q，Rおよび第一事業部に配分されたのれんに減損の兆候がみられ，各資産群の割引前将来

● 図表9-7　のれんの減損処理に関する定め

	BAC［2002］	IASB［2013］
のれんの配分	のれんを認識した取引において取得された事業の単位が複数である場合には，のれんの帳簿価額を合理的な基準にもとづいて分割する（二，8）。 具体的には，のれんが認識された取引において取得された事業の取得時における時価の比率にもとづいておこなう方法その他合理的な方法により分割する（注解9）。	結合により取得したのれんは取得日以降，取得企業の資金生成単位*（cash-generating unit，以下，CGU）またはCGU群のうち，結合による相乗効果から便益を得ると見込まれるものに配分する（par.80）。
減損検査	資産または資産群に減損の兆候がみられる場合に減損検査をおこなう（二，1）。 分割されたのれんに減損の兆候がある場合に減損損失を認識するかどうかの判定は，のれんが帰属する事業に関連する複数の資産群にのれんを加えた，**より大きな単位**でおこなう（二，8）。	のれんを配分したCGUについては，減損検査を**毎年**，および当該単位に減損の兆候がみられる場合には，**期末でなくともおこなう**（par.90）。
減損損失の測定	のれんを含む，より大きな単位について減損損失を認識するかどうかの判定に際しては，のれんを含まない各資産群において算定された減損損失控除前の帳簿価額にのれんの帳簿価額を加えた金額と，割引前将来キャッシュ・フロー（CF）の総額とを比較する。この場合に，のれんを加えることによって算定される減損損失の増加額は，原則として，**のれんに配分する**（二，8）。 のれんの帳簿価額を当該のれんが帰属する事業に関連する資産群に合理的な基準で配分することができる場合には，のれんの帳簿価額を各資産群に配分したうえで減損損失を認識するかどうかを判定することができる。この場合に，各資産群について認識された減損損失は，**のれんに優先的に配分し**，残額は，帳簿価額にもとづく比例配分等の合理的な方法により，当該資産群の各構成資産に配分する（二，8）。	のれんを含むCGUの回収可能価額が帳簿価額を下回った場合に，減損損失を認識する（par.104）。 (a) 最初に，当該CGUまたはCGU群に配分したのれんの帳簿価額を減額する。 (b) 次に，当該CGUを構成する各資産の帳簿価額にもとづく比例配分によって，のれん以外の資産に配分する。

（*）他の資産または資産群からのCFとはおおむね独立したCFを生成する最小の識別可能な資産群をいう（par.6）。管理目的で監視している企業内の最小単位，かつ，事業区分（segment）より大きくない単位とされる（par.80）。

(出所)筆者作成。

　CFはそれぞれ6,400千円，3,500千円，3,200千円，回収可能価額は6,100千円，3,400千円，2,700千円と見積っています。第一事業部に属するのれんを含む，より大きな単位での回収可能価額は12,200千円でした。のれんの帳簿価額は，両事業部の時価の比率で分割します。(1) BAC［2002］にもとづいた場合，(2) IASB［2013］にもとづいた場合，それぞれの簿記処理を考えましょう。便宜上，資産群とCGUとは一致していると仮定します。

● 図表9-8　BAC［2002］にもとづいた設例9-5に係るのれんの減損処理

(単位：千円)

	資産群 P	資産群 Q	資産群 R	のれん	のれんを含む，より大きな単位での資産群合計
帳簿価額	5,600	2,800	3,600	1,500*1	13,500
割引前将来CF	6,400	3,500	3,200		13,100
減損判定	しない	しない	する		
回収可能価額	6,100	3,400	2,700		12,200
資産群に係る減損損失	—	—	900*2		900
資産群ごとの減損処理後の簿価	5,600	2,800	2,700	1,500	12,600
のれんに係る減損損失				400	400*3
減損処理後の帳簿価額	5,600	2,800	2,700	1,100	12,200

（*1）第一事業部に配分されるのれんの帳簿価額は，4,000×12,300÷(12,300+20,500)＝1,500。
（*2）資産群Rに係る減損損失は，帳簿価額3,600－回収可能価額2,700＝900。
（*3）のれんを含む，より大きな単位での割引前将来CFの金額13,100が，当初における帳簿価額の合計13,500を下回っていることから，減損損失を認識します。減損損失1,300（＝帳簿価額13,500－回収可能価額12,200）のうちのれんに配分される金額は，資産群Rに係る減損損失900（*2）を控除した400です。

(出所) ASBJ［2009］設例8にもとづき，筆者作成。

(1) BAC［2002］：(借) 減損損失　1,300　(貸) 資産群R　　900
　　　　　　　　　　　　　　　　　　　　　　　　　　のれん　　　400
(2) IASB［2013］：(借) 減損損失　1,550　(貸) のれん　　1,500
　　　　　　　　　　　　　　　　　　　　　　　　　　CGU-P　　　30
　　　　　　　　　　　　　　　　　　　　　　　　　　CGU-R　　　20

　実際には，資産群とCGUとが一致するとは限りません。資産群PおよびQをひとつのCGUとみなせば，資産群Pに係る減損損失の計上を回避でき，のれん価額を1,350千円だけ減額させれば済みます。CGUを意図的により大きく設定するような恣意性の介入は，わが国の実践にも存在している可能性が指摘されています（島田［2015］45-51頁）。

自己創設のれん

　企業結合に伴って生じるのれんは，結合時に現金などの対価を支払う有償取

● 図表 9 - 9　IASB［2013］にもとづいた設例 9 - 5 に係るのれんの減損処理

（単位：千円）

	CGU-P	CGU-Q	CGU-R	のれん	事業部合計
帳簿価額	5,600	2,800	3,600	1,500	13,500
各 CGU にのれんを配分	700[*1]	350[*1]	450[*1]		1,500
のれんを配分した後の簿価	6,300	3,150	4,050		13,500
回収可能価額[*5]	6,100	3,400	2,700		12,200
減損判定	する[*2]	しない	する[*2]		
のれんに係る減損損失				1,500[*3]	1,550[*2]
CGU に配分される減損損失	30[*4]	—	20[*4]		
減損処理後の帳簿価額	5,570	2,800	3,580	—	11,950

（＊１）各 CGU の帳簿価額にもとづいて，のれん価額1,500を比例的に配分します。
（＊２）事業部全体で認識する減損損失は，(6,300−6,100)＋(4,050−2,700)＝1,550。
（＊３）事業部全体で認識する減損損失は，優先的にのれんに配分します。
（＊４）のれんに配分した後の減損損失50を，CGU-P と CGU-R の帳簿価額にもとづいて比例的に配分します（千円未満は四捨五入しています）。
（＊５）わが国の会計基準における「回収可能価額」とは，厳密には異なりますが，度外視しています。

（出所）IASB［2013］pars.C1–C5にもとづき，筆者作成。

● 図表 9 -10　自己創設のれんの資産計上

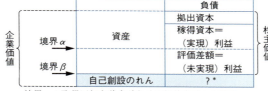

境界 α：取得原価主義会計と公正価値会計との境界
境界 β：企業会計と証券投資論との境界

（＊）仮に，自己創設のれんを計上する場合，見合う貸方項目について，次のような課題が残っています。
1 ）拠出資本との同質性はあるか。
2 ）稼得資本のように分配できるか。
3 ）誰にも説得的となる測定は可能か。

（出所）角ヶ谷［2009］278頁，図表 1 を大幅に改変しました。

得によることから買入のれんとも呼ばれます。これに対して，長年にわたる経済活動によってコツコツと培われていく企業価値の増分を自己創設のれんといいます（**図表 9 -10**）。買入のれんのごとく［過去支出額］による明瞭な測定はできず，多分に見積要素が介入します。

自己創設のれんは「過去の取引または事象の結果として，報告主体が支配している経済的資源」という資産の定義を満たしているかもしれません。それでも，財務報告の目的の観点から貸借対照表には計上されません（ASBJ［2006］第3章注14）。経営者は決算日までの経済活動を集約した財務諸表を開示する役割を担っています。その財務諸表に直接示されていない自己創設のれんを含む企業価値の評価は投資者の自己責任のもとでおこなわれます。

　企業の内部情報を把握できる経営者と，それを知り得ない投資者とでは，諸要素の見積に幅が生じます。もちろん，経営者の予測も不確実ですが，自己創設のれんの資産計上はそういった将来への期待をあたかも確定した業績かのように取り扱ってしまうともいえます。ただし，同じような議論は買入のれんについても可能でしょう。当該結合の成功を期待して識別可能純資産を超える対価を支払っても，その資産性には懐疑的な部分も残ります。

　なお，現行のIFRSsでは，非支配株主持分に係るのれんも認識対象とする全部のれん方式と買入のれん方式との選択適用が認められています（IASB［2008］pars.BC205-BC216）。全部のれん方式は自己創設のれんの計上につながりかねないと考えられますが，詳細は他の文献（たとえば，梅原［2009］；斎藤［2012］；藤田［2014］；山内［2015］；澤井［2016］）に譲ります。

★コラム　開発費の資産性★

　開発費とは，新技術または新経営組織の採用，資源の開発，市場の開拓，生産能率の向上または生産計画の変更などにより設備の大規模な配置替などのために特別に支出した費用をいいます（ASBJ［2013a］68⑤項）。研究開発費と同じように「開発」の段階ではそれが将来に実を結ぶかどうかは不明であり，費用収益対応の原則を前提とした資産計上には難があるように思われます。実践においても繰延資産を連結貸借対照表上に計上する企業は年々減り続けており，金額的重要性も低い水準にあるようです（ASBJ［2013a］70項）。

　もっともIFRSsでは，一定の要件のもとで（IASB［2014］par.57），開発費の資産計上が要請されています（図表9-6，注記C）。限定付資産計上によって「比較可能性」を犠牲にしたとしても，研究開発に関して経営者の有する情報が企業外部に明らかにされることの価値は大きい，といった指摘がなされています（中野［2008］52頁）。

● ● ● ● ● ● ● ● ● ● ● **ケース 9 の問題を考える** ● ● ● ● ● ● ● ● ● ● ●

わが国の会計基準が2008年に改正されて以降、のれんを外貨換算の対象とする点では各国の会計基準における差異はなくなりました。外貨建のれんの期末残高は決算時の為替相場で換算します。見合いで計上される為替換算調整勘定は累積OCIの一項目として認識し、海外子会社等を処分したときに損益に振り替えます（組替調整）。ケース 9 に関してのれん価額の推移をみてみましょう（図表 9 -11）。

結合時ののれんは1,285億円でしたが、その後の「為替換算調整」によって1,802億円にまで膨らんでいます。単純化すれば、［(借) のれん xxx (貸) 為替換算調整勘定 xxx］といった簿記処理が毎期末になされていたと考えられます。1 ユーロ＝約102円（2012年 2 月）から約141円（2014年 3 月）まで徐々に円安・ユーロ高に進んだことに起因しており、OCIへの計上によって当期純利益や利益剰余金とは峻別されています。2014年度末にはソニー・エリクソン社に関するのれんは消滅しましたが、2011年度からの為替換算調整勘定475億円が累積OCIに計上されたままとなっています。ソニー・エリクソン社への投資は継続しているため、のれんは消滅しても為替換算調整勘定の一部が残っていると考えられます。

国内外での企業結合が頻繁に起きている現在、のれんはいつ、どこで発生したのか、毎期末の為替相場で換算し直すべきか、改めて論点となっているといえるでしょう。

● **図表 9 -11　ソニー株式会社が計上したソニー・エリクソン社に関するのれん価額の推移**

（単位：百万円）

	2011年度	2012年度	2013年度	2014年度
期首残高	—	138,255	153,569	180,179
当初認識	128,522	—	—	—
為替換算調整	9,733	15,314	26,610	△4,134
減損	—	—	—	△176,045
期末残高	138,255	153,569	180,179	—

（出所）同社の有価証券報告書にもとづき、筆者作成。

参照文献

ASBJ［2006］：企業会計基準委員会「討議資料『財務会計の概念フレームワーク』」改訂版，2006年12月。

ASBJ［2009］：企業会計基準委員会「固定資産の減損に係る会計基準の適用指針」，2009年3月27日最終改正。

ASBJ［2013a］：企業会計基準委員会「無形資産に関する検討経過の取りまとめ」，2013年6月28日。

ASBJ［2013b］：企業会計基準委員会「企業結合に関する会計基準」，2013年9月13日最終改正。

ASBJ［2015］：企業会計基準委員会「のれんの会計処理（修正会計基準1号）」，2015年6月。

BAC［1982］：企業会計審議会「企業会計原則」，1982年4月20日最終改正。

BAC［1998］：企業会計審議会「研究開発費等に係る会計基準」，1998年3月13日。

BAC［2002］：企業会計審議会「固定資産の減損に係る会計基準」，2002年8月9日。

EFRAG&ASBJ［2016］：欧州財務報告諮問グループ事務局及び企業会計基準委員会事務局「のれん及び減損に関する定量的調査」『季刊会計基準』54，25-36頁，2016年9月。

IASB［2008］：International Financial Reporting Standard No.3: *Business Combinations*, Jan.2008, IASB.

IASB［2013］：International Accounting Standard No.36: *Impairment of Assets*, May2013, IASB.

IASB［2014］：International Accounting Standard No.38: *Intangible Assets*, May2014, IASB.

JICPA［2016］：日本公認会計士協会「M&A会計における評価とPPA業務（概要）」『会計・監査ジャーナル』28(9)，60-64頁，2016年9月。

梅原［2009］：梅原秀継「公正価値測定とのれんの認識」『會計』175(3)，80-94頁，2009年3月。

梅原［2016］：梅原秀継「のれん会計の動向と日本基準の課題」『証券アナリストジャーナル』54(5)，6-14頁，2016年5月。

大雄［2014］：大雄智「のれんの会計処理と利益測定の意義」『企業会計』66(12)，34-41頁，2014年12月。

尾上［2015］：尾上選哉「無形固定資産に係る減価償却の現状と問題点」『税研』183，59-64頁，2015年9月。

大日方［2013］：大日方隆『利益率の持続性と平均回帰』中央経済社，2013年3月。

川本［2011］：川本淳「のれんをめぐる議論に関する一考察」『産業経理』71(1)，55-64頁，2011年4月。

木下［2012］：木下貴博「企業結合における会計処理に関する一考察」『松本大学研究紀

要』10, 85-94頁, 2012年1月。
黒川 [1998]：黒川行治『連結会計』新世社, 1998年5月。
黒川 [2004]：黒川行治「企業結合会計方法の論点と解決策」『三田商学研究』47(1), 175-190頁, 2004年4月。
阪本 [1971]：阪本安一「繰延資産の本質とその資産性」『企業会計』23(3), 4-12頁, 1971年3月。
斎藤 [2012]：斎藤静樹「企業結合における公正価値会計と自己創設のれん」『會計』182(6), 108-121頁, 2012年12月。
斎藤 [2017]：斎藤静樹「のれんの償却と減損」『企業会計』69(1), 13-20頁, 2017年1月。
澤井 [2016]：澤井康毅「法制度からみる非支配株主持分の地位と会計処理に関する一考察」『三田商学研究』59(5), 57-73頁, 2016年12月。
島田 [2015]：島田奈美「のれんの減損会計基準の適用実態」『流通科学大学論集—流通・経営編—』28(1), 41-62頁, 2015年7月。
醍醐 [2001]：醍醐聰「第1章　合併の会計」成道秀雄編『M&Aの会計・税務・法務』中央経済社, 2001年12月。
醍醐 [2007]：醍醐聰「持続的競争優位の経営戦略とのれんの償却・減損論争の展望」『會計』171(4), 16-29頁, 2007年4月。
角ヶ谷 [2009]：角ヶ谷典幸『割引現在価値会計論』森山書店, 2009年1月。
中野 [2008]：中野誠「研究開発活動の会計学」『企業会計』60(6), 49-55頁, 2008年6月。
西川 [2012]：西川郁生「第3章　のれんという異物」大日方隆編『会計基準研究の原点』中央経済社, 2012年6月。
藤田 [2014]：藤田晶子「のれんと識別可能無形資産」『企業会計』66(12), 42-47頁, 2014年12月。
藤田 [2016]：藤田敬司「のれんと無形資産(Ⅱ)」『週刊経営財務』3280, 24-28頁, 2016年10月。
山内 [2015]：山内暁「第4章　企業結合会計プロジェクト」辻山栄子編『IFRSの会計思考』中央経済社, 2015年11月。

資産の会計(4)
―法人税の「前払」は
　　　何を意味するのか―

・・・●本章のポイント●・・・・・・・・・・・・・・・・・・・・・・・・・・・・
❶　企業会計が税務でどのように利用されているかについて考えます。
❷　税務との調整のために計上される「繰延税金資産」の意義について考えます。

繰延税金資産の取崩が業績悪化に追い討ちをかける
──ワタミ株式会社

　企業が負担する法人税は，獲得した当期利益にもとづいて算定されます。もっとも，損益計算書で示された利益の金額に税率を乗じるほど単純ではありません。日本経済新聞2014年5月3日（朝刊）3面に「居酒屋，特色なければ苦戦…，ワタミ上場来初の赤字，前期最終」という記事が掲載されました。

　居酒屋チェーンを運営するワタミは2日，2014年3月期の最終的なもうけを示す連結最終損益が49億円の赤字（前の期は35億円の黒字）になったと発表した。従来予想は12億円の黒字で，1996年の上場以来，初の最終赤字転落となる。外食産業は全体では総じて堅調だが，消費者は専門の料理を出す店に流れ，特色に欠ける従来型の居酒屋は苦戦。業態で明暗も分かれつつある。（中略）

　今期は同社の居酒屋の1割にあたる60店を閉店。これに伴う減損損失など特別損失26億円を計上するほか，将来利益を上げる前提で計上していた「繰り延べ税金資産」も22億円取り崩し，大幅な損益悪化要因となる。

● 図表10−1　ワタミ株式会社の連結損益計算書（概要）

（単位：百万円）

	2012年度	2013年度	2014年度	2015年度	2016年度
売上高	157,765	163,155	155,310	128,246	100,312
（略）	…	…	…	…	…
経常利益	8,021	2,133	△3,406	△1,132	717
関係会社株式売却益	—	—	—	15,152	—
減損損失	△768	△2,184	△4,594	△3,647	△2,107
その他	△671	△457	△2,308	△301	△78
税金等調整前当期純利益	6,582	△507	△10,309	10,070	△1,468
法人税，住民税及び事業税	3,043	2,165	1,360	2,061	307
法人税等調整額	△1	2,240	1,168	155	37
法人税等合計	3,042	4,405	2,529	2,217	344
当期純利益	3,540	△4,913	△12,838	7,853	△1,813

（出所）同社の有価証券報告書にもとづき，筆者作成。

問題

❶　繰延税金資産が「将来にわたる利益の獲得が前提となって計上される」とは，どのような意味でしょうか。

❷　実質的な税負担を表す「法定実効税率」は2011年度の約40％と比較して2016年度には30％未満にまで下がっています。企業会計にはどのような影響を与えるでしょうか。

用語

確定決算主義　　　法定実効税率　　　一時差異等　　　法人税等調整額
繰延税金資産　　　評価性引当額　　　圧縮記帳

10.1　税効果会計

確定決算主義

　企業会計の目的のひとつに「適正な期間損益の算定」が挙げられます。そもそも，企業はなぜ利益を上げなければいけないのでしょうか。松下幸之助（現在のパナソニック株式会社を1918年に創業）はその著書において，適正利益の追求こそが企業の社会的責任であるといった旨の台詞を主人公に与えています（図表10-2）。

　企業が納める税金は，(a) 固定資産税や印紙税のように租税公課勘定で販売費及び一般管理費として処理されるものと，(b) 法人税，住民税及び事業税のように「当期純利益」の直前で差し引かれるもの，とに大別されます（図表10-1；図表10-6）。

　法人税は各事業年度の所得金額（課税所得）に対して課されます。「赤字ならば法人税は支払わない」といった考え方は誤解であり，厳密には，会計上の損益計算とは異なる「益金－損金＝課税所得」といった計算をおこなったうえ

● 図表10-2　渡辺局長の台詞

「昔の資本主義においては，特定の資本家というような人がいて，利益を一人占めに近い形でとっていたということもあったと思うのです。そういう姿であれば，利益の是非も問われるかも知れませんが，いまはちがいます。資本というものは多くの大衆株主の出資によってなっていますから，その人びとに適正な配当で酬いなくてはなりません。また，税金を納めて，それを国家社会，いいかえれば国民に還元するということも大切です。しかも，そのように税金を納め，配当を支払った残りは企業の内部留保として蓄積され，新たな研究開発とか設備投資に用いられるわけです。ということは，企業本来のいい製品を開発し，生産し，安く豊富に供給するという使命をよりよく遂行するために使われるということです。」
「まあ，赤字では困りますが，収支トントンならば，企業としては何とかやっていけないこともありません。それでいいのなら，いまの半分の努力ですみます。こんな楽なことはありません。しかし"それでは税金が入らなくて政府が困るだろう。政府が困るということは国民が困るということだ。だからそれは企業としては許されない"ということですね。したがってどんなにたいへんでも，懸命の努力をして，適正利益をあげ，社会に貢献していかなくてはならないわけです。」

（出所）松下 [1977] 108-111頁を一部改変。

● 図表10-3　当期利益から課税所得への調整

〔会計〕　　　　〔税務〕
　収　益　　　　　益　金
－）費　用　　　－）損　金
　当期利益　　　　課税所得

調整（別表四）

〔調整の構造〕
　　会計上の税引前当期純利益
＋）　加算調整
　　　　・益金算入項目
　　　　・損金不算入項目
－）　減算調整
　　　　・益金不算入項目
　　　　・損金算入項目
　　　税務上の課税所得

別表四
（所得の金額の計算に関する明細書）

区　　分			総　額	処　　　　　分		
				留保	社外流出	
当期利益又は当期欠損の額		1	円	円	配当	円
					その他	
加算	損金経理をした法人税	2				
	損金経理をした納税充当金	5				
	損金経理をした附帯税	6			その他	
	減価償却の償却超過額	7				
	交際費等の損金不算入額	9			その他	
	小　計	11				
減算	減価償却超過額の当期認容額	12				
	受取配当等の益金不算入額	14			※	
	還付法人税等の益金不算入額	18				
	小　計	21			外※	
仮　計　(1)＋(11)－(21)		22			外※	
寄附金の損金不算入額		26			その他	
合　計　(22)＋(26)		33			外※	
欠損金の当期控除額		38	△		※	△
所得金額又は欠損金額		47			外※	

（出所）平成28年4月1日以後終了事業年度分の「別表四」にもとづき，筆者作成。

で支払の要否を判断する必要があります（**図表10-3**）。とはいえ，会計上の収益および費用と，税務上の益金および損金とは重なる部分も少なくありません。実践においては，株主総会で承認された税引前当期純利益に調整を施すことで税務上の課税所得を導出しています（確定決算主義）。

　株式会社が「課税所得×法人税率＝納めるべき法人税額」の計算に用いる法人税率は，資本金額の多寡によって異なります（**図表10-4**）。都道府県や市町村に納める住民税や事業税の一部は法人税額にもとづいた算定がなされることから，〔法人税率×(1＋地方法人税率＋住民税率)＋事業税率〕÷(1＋事業税率)の算式によって求められる法定実効税率が重要です。国際的にみて相対的に高いとされてきたわが国でも2018年度には29.74％（標準税率）まで引き下げられています。

● 図表10–4　2018年4月1日以後開始事業年度に適用される法人税率

	資本金額1億円以下（中小法人）	資本金額1億円超（大法人）
所得金額800万円以下の部分	19%	23.2%
所得金額800万円超の部分	23.2%	

(出所) 財務省［2016］にもとづき，筆者作成。

永久差異と一時差異等

　税務で重視される考え方のひとつが課税の公平性です。有形固定資産の減価償却の場合，会計上は配分思考に則っていれば問題ありませんが，税務上は2007年4月1日以後に取得した建物には定額法が規定され，多くの企業で法定耐用年数が採用されています（7章）。このように「税務を見据えた会計処理」がおこなわれていれば会計と税務とに差異は生じませんが（逆基準性），差異があれば調整が必要となります。これらの差異は，将来にわたって解消されないもの（永久差異）と，将来の会計期間で解消すると予想されているもの（一時差異等）とに分類され（図表10–5），本章では特に後者が重要となります。

　会計と税務とでは目的が異なることから，決算で確定した税引前当期純利益と納めるべき税額とに合理的な対応関係はありません。損益計算書の末尾である「（税引後）当期純利益」に意味をもたせるためには，「税引前当期純利益」と法人税等とを適切に対応させる必要があります。そこで，一時差異等について適切な会計期間に配分すべく，損益計算書においては税効果会計の適用による法人税等調整額が計上されます（図表10–1；図表10–6）。

〔設例10–1〕　当社（12月末決算）における20X1年度の経営成績——諸収益300,000千円，諸費用260,000千円（ただし，(a) 交際費の限度超過額10,000千円，(b) 減価償却費の限度超過額10,000千円を含む），税率は30%として，損益計算書を完成させましょう。

　法人税，住民税及び事業税として納めるべき額は，税効果会計の適用にかかわらず，課税所得にもとづいて15,000千円と算定されます（図表10–6，＊1）。このままでは税引前当期純利益に占める割合は37.5%です。しかし，税効果会

● 図表10-5 永久差異と一時差異等の具体例

		(a)永久差異		(b)一時差異等	
加算調整	益金算入項目			売上の計上漏れ	
	損金不算入項目	交際費の限度超過額 寄附金の限度超過額 附帯税や延滞金	(9) (26) (6)	減価償却費の限度超過額*1 貸倒引当金の限度超過額*1 その他有価証券の評価差損*2 減損損失の否認	(7)
減算調整	益金不算入項目	受取配当金	(14)	法人税等の中間納付額に係る還付金額 積立金方式による圧縮記帳額*3	(18)
	損金算入項目*1			減価償却限度超過額の当期容認額 欠損金の繰越控除	(12) (38)
税効果会計		適用対象外		適用対象となる	

括弧内の数字は，**図表10-3**の区分に対応しています。
(*1) 有形固定資産の減価償却費や金銭債権に係る貸倒引当金などについては，「税務上の損金は会計上で費用処理した額を限度とする」といった**損金経理要件**が設けられています。
(*2) その他有価証券に関する税効果については，**設例10-4**を参照のこと。
(*3) 圧縮記帳については，本章のコラムを参照のこと。

(出所) 筆者作成。

● 図表10-6 設例10-1を用いた個別損益計算書の表示

	(a)交際費の場合	(b)減価償却費の場合 〔=税効果会計の適用あり〕
諸収益	300,000	300,000
諸費用	260,000	260,000
税引前当期純利益	40,000	40,000
法人税, 住民税及び事業税	15,000*1	15,000*1
法人税等調整額		3,000*2　12,000
当期純利益	25,000	28,000

30%←税務上，納めるべき額
←税引前当期純利益に対応した**法人税等**

(*1) 課税所得50,000(税引前当期純利益40,000+損金算入限度超過額10,000)×税率30%=15,000千円
(*2) 減価償却費の損金算入限度超過額10,000×税率30%=3,000千円
　　 交際費の損金算入限度超過額は永久差異のため，税効果会計の適用対象ではありません。

(出所) 筆者作成。

計を適用して法人税等調整額3,000千円を計上することで（**図表10-6**，*2），税引前当期純利益に対応した法人税等は12,000千円となり，税負担率は計算に用いた税率（30%）と一致します。

10.2 繰延税金資産の計上

将来減算一時差異

前節では会計上の収益および費用と税務上の益金および損金との差異に着目しましたが（図表10-3），わが国の会計基準では「企業会計上の資産又は負債の額と課税所得計算上の資産又は負債の額に相違がある場合」に税引前当期純利益と法人税等とを合理的に対応させることが目的とされています（BAC［1998b］第一）。一時差異のうち，当該一時差異が解消するときにその期の課税所得を減額させる効果を持つものが将来減算一時差異です（BAC［1998b］第二，一，3）。後述する繰越欠損金等についても一時差異に準ずる取扱のため，これらを総称して一時差異等といいます（BAC［1998b］第二，一，4）。

〔設例10-2〕 設例7-3が税務上の規定に則った減価償却である場合において，当社は資産の利用状況や業界が置かれた環境に鑑みて，耐用年数を4年と見積りました。その他の条件に変更はないとして，会計上と税務上との減価償却費の差異を計算しましょう。

● 図表10-7　設例10-2および設例7-3を用いた会計と税務との差異

（単位：千円）

	会計上（設例10-2）		税務上（設例7-3）		会計と税務との差異	
	減価償却費	期末帳簿価額	減価償却費	期末帳簿価額	減価償却費	期末帳簿価額
20X1年度	15,000	45,000	10,020	49,980	4,980（発生）	4,980
20X2年度	15,000	30,000	10,020	39,960	4,980（発生）	9,960
20X3年度	15,000	15,000	10,020	29,940	4,980（発生）	14,940
20X4年度	15,000	0	10,020	19,920	4,980（発生）	19,920
20X5年度			10,020	9,900	△10,020（解消）	9,900
20X6年度			9,900	0	△9,900（解消）	0

（出所）筆者作成。

20X1年度から4年間は会計上，15,000千円の減価償却費を計上していましたが，損金として認められる償却限度額10,020千円を4,980千円ずつ超過しています（損金不算入）。しかし，20X5年度に10,020千円，20X6年度に9,900千円が税務上で認容されることから，差異は解消されます（損金算入）。すなわち，減価償却費の限度超過額は将来減算一時差異に該当します（**図表10-3**，区分7）。むろん，適用される税率が一定ならば，通期で納めるべき税額にも変化はありません。ゆえに，20X1年度からの4年間に納めた法人税等には「前払分」が含まれているという解釈がなされています（BAC [1998a] 二，2）。

将来減算一時差異に係る税金の額は，将来の会計期間において「回収」が見込まれる額を<u>繰延税金資産</u>として計上します。将来の回収見込については毎期見直さなければならず（BAC [1998b] 第二，二，1），回収がおこなわれると見込まれる期の税率（いわゆる，<u>予測税率</u>）にもとづいて計算します（BAC [1998b] 第二，二，2）。ただし，実践においては「現在の法定実効税率」をもって予測税率とし，決算日において国会で成立している法人税法や地方税法に規定されている税率が用いられます（ASBJ [2016a] 5項）。3月31日を決算日とする企業が多いわが国において，国会での成立と官報などによる公布とのズレがもたらす影響に配慮した定めです（ASBJ [2016a] 17項）。

〔**設例10-3**〕 設例10-2について，当初は税率を35％としていましたが，20X3年度にそれ以降の税率を30％へ変更しました。20X4年度までの各年度末の簿記処理を考えましょう。

20X1年度末：（借）繰延税金資産　1,743　（貸）法人税等調整額　1,743
20X2年度末：（借）繰延税金資産　1,743　（貸）法人税等調整額　1,743
20X3年度末：（借）繰延税金資産　　996　（貸）法人税等調整額　　996
20X4年度末：（借）繰延税金資産　1,494　（貸）法人税等調整額　1,494

税率の変更があった場合には，繰延税金資産を再計算します（BAC [1998b] 注解6）。**設例10-3**では，20X3年度末までの会計と税務との差異14,940千円に改正後の税率30％を乗じ，20X2年度末までの繰延税金資産との差額996千円を法人税等調整額としています（BAC [1998b] 注解7）。法定実効税率の引き下げ

は単純には納める税金が減少するという見方が可能な一方で，予測税率を用いて算定した繰延税金資産を取り崩すことによる減益要因ともなり得ます（たとえば，日本経済新聞2013年11月4日（朝刊）3面）。

〔**設例10−4**〕 設例2−5を一部改変します。20X1年6月1日に取引の円滑化を目的として10,000千円で取得した丁社株式は，20X1年12月31日時点での時価が9,900千円となりました。税率を30％として，税効果を考慮した20X1年12月末の簿記処理を，(1) 全部純資産直入法による場合，(2) 部分純資産直入法による場合，それぞれについて考えましょう。

全部純資産直入法：（借）評価差額*　　　　70　（貸）その他有価証券　100
　　　　　　　　　　　　繰延税金資産　　　30
部分純資産直入法：（借）投資有価証券評価損益　100　（貸）その他有価証券　100
　　　　　　　　　（借）繰延税金資産　　　30　（貸）法人税等調整額　30
（＊）正確には「その他有価証券評価差額金」の勘定科目を用います（以下，同じ）。

税務上，その他有価証券には時価評価をおこないません。部分純資産直入法では営業外費用に計上した評価差損が損金不算入項目となる点は理解しやすいでしょう。全部純資産直入法であっても，「会計上の資産の額と税務上の資産の額とに相違がある」ため，一時差異に該当します。参考までに，**設例2−5**のように，20X1年12月31日時点での時価が10,100千円となった場合に税効果を適用したときの仕訳は以下のとおりです。

20X1年12月末：（借）その他有価証券　100　（貸）評価差額*　　　70
　　　　　　　　　　　　　　　　　　　　　　繰延税金負債　　30

一時差異には，当該差異が解消するときにその期の課税所得を増額させる効果を持つ将来加算一時差異もあります。丁社株式を売却した場合には，当該評価差額が投資有価証券売却益として実現すれば，益金として課税所得に反映されます。すなわち，差異が解消するまでの間は課税を繰り延べられているために繰延税金負債として認識されます。

繰越欠損金

各事業年度の所得金額が零を下回った状態を「欠損が生じた」といいます。業績が回復して翌事業年度以降に所得が生じた場合に、どのように処理されるでしょうか。

〔設例10-5〕 当社（12月末決算）は、(a) 20X1年度から4年間にわたって10,000千円ずつ所得が生じました。(b) 20X1年度に15,000千円の欠損が生じましたが、20X2年度以降は10,000千円、18,000千円、27,000千円の所得が生じました。税率を30％として、それぞれの場合における各事業年度の納税額を算定しましょう。

● 図表10-8 欠損金の繰越控除がもたらす納税額への影響

（単位：千円）

		20X1年度	20X2年度	20X3年度	20X4年度	合計
(a)	所得金額	10,000	10,000	10,000	10,000	40,000
	納税額	3,000	3,000	3,000	3,000	12,000
(b)	所得金額	△15,000	10,000 → 0	18,000 → 13,000	27,000	40,000
	納税額	0	3,000 → 0	5,400 → 3,900	8,100	12,000

（出所）筆者作成。

(a)と(b)とは4年間の所得金額の合計は40,000千円で同一ですので、欠損が生じた(b)について将来の課税所得と通算しなければ課税の公平性の観点から問題となります（古田［2011］103頁）。わが国では一定の要件を満たすと、過去に生じた欠損金（繰越欠損金）を当期に繰越控除できます（図表10-3、区分38）。しかしながら、現実の税制では、繰越欠損金を課税所得から控除できる上限が段階的に引き下げられています（図表10-9）。

● 図表10-9 欠損金の繰越控除に関する税制の変遷（大法人の場合）

開始事業年度	2001年3月まで	2001年4月以降	2008年4月以降	2012年4月以降	2015年4月以降	2016年4月以降	2017年4月以降	2018年4月以降
繰越期間	5年	7年	9年					10年
控除限度割合		100%		80%	65%	60%	55%	50%

（出所）財務省［2016］にもとづき、筆者作成。

昨今，法定実効税率は徐々に引き下げられていますが，そのままでは税収が減ってしまうことから，繰越欠損金はしばしば「代替財源」のひとつとして取り沙汰されます（たとえば，日本経済新聞2014年3月28日（朝刊）2面）。**設例10-5(b)**について20X2年度を2016年度に置き換えてみれば，10,000千円の課税所得のうち65％は前年度の欠損金の繰越控除ができますが，残り35％は課税の対象となるため，1,050千円を納める必要があります。なお，資本金額が1億円以下の中小法人等には控除限度割合の制限はありません。

10.3 繰延税金資産の回収

将来減算一時差異の解消

〔設例10-6〕 設例10-3の続きです。税率を30％として，20X5年度末と20X6年度末の簿記処理を考えましょう。
20X5年度末：（借）法人税等調整額　3,006　（貸）繰延税金資産　3,006
20X6年度末：（借）法人税等調整額　2,970　（貸）繰延税金資産　2,970

設例10-3の結果，20X4年度末には5,976千円の繰延税金資産が計上されていました。それまでは損金算入限度額を超過していた減価償却費でしたが，20X5年度末以降は税務上で損金として認容されます（**図表10-3**，区分12）。順調にいけば，20X6年度末には会計と税務との差異が完全に解消し，繰延税金資産も零となります（**図表10-7**）。

繰延税金資産の回収可能性

一時差異等を適切な会計期間に配分する税効果会計において，法人税等は税引前当期純利益と関数的な対応関係にある「費用」と捉えられています（齋藤[1999] 21頁）。ただし，当期の収益と個別的にあるいは期間的に対応している通常の費用とは異なる性質を有しています。法人税等の性格は費用説のほかに

利益処分説もあるようですが（たとえば，武田［2008］788頁），(1) 節税ないし租税回避といった経済活動は経営者みずから納税額を抑制しようとする意識の表れである，(2) 法人税等を利益処分と捉える裏表として課税当局ないし国を出資者（資本主）とは観念し得ない，といった理由からも費用説が妥当と考えられます。

繰延税金資産は「既に税金を払ったこと等によって，将来の税金が安くなると期待できる金額を資産として計上している」といった理解が一般的です（トーマツ［2015］49頁）。将来の費用削減を期待しての資産計上は社内利用目的のソフトウェア制作費にもみられますが，繰延税金資産の支出の効果や費用化の方法は将来の課税所得の多寡に大きく左右される不確実性を伴うため，その資産性は他の無形資産と比べて脆弱であるといわざるを得ません。いわゆる資産負債法に則った制度設計がなされているわが国の会計基準では（BAC［1998a］三），将来の会計期間において回収が見込まれる部分を毎期見直した資産計上が要請されています（BAC［1998b］第二，二，1）。さらに，将来減算一時差異が解消されるときに課税所得を小さくし，税金の負担額を軽減することができると認められる範囲内で計上しなければなりません（BAC［1998b］注解5）。繰越欠損金等についても繰越期間内に所得が発生せず控除できないと見込まれる場合には，相当額を取り崩します（BAC［1998a］三，3）。

将来に課税所得が生じなければ繰延税金資産の効果は発揮されませんが，見積要素が多分に含まれるため，回収可能性の判断は慎重におこなわれる必要があります。回収可能性といっても繰延税金資産それ自体が収益を獲得するわけではないため，有形固定資産の減損処理（8章）における回収可能価額のような［将来収入額］による測定はなされません。過去の業績や納税状況，将来の業績予測などを総合的に勘案して（図表10-10），将来の事業年度における課税所得の見積額から当該事業年度において解消することが見込まれる当期末に存在する将来加算一時差異の額を除いた額（一時差異等加減算前課税所得）を合理的に見積ることが要請されています。

回収可能性が低いと判断される場合には，評価性引当額の計上によって繰延税金資産は減額されます（図表10-12）。特に分類3から分類5に該当する企業においては，(1) 評価性引当額の金額的重要性が高く，過年度に計上した繰延

● 図表10-10 一時差異等加減算前課税所得の見積にもとづいた企業の分類

	対象となる企業の要件[*1]	回収可能とされる範囲
分類1	・過去3年以内のすべての事業年度において，期末における将来減算一時差異を十分に上回る課税所得が生じており，かつ ・当期末において，近い将来に経営環境に著しい変化が見込まれない。	繰延税金資産の全額
分類2	・過去3年以内のすべての事業年度において，臨時的な原因により生じたものを除いた課税所得が，期末における将来減算一時差異を下回るものの，安定的に生じていて，重要な欠損金が生じておらず，かつ ・当期末において，近い将来に経営環境に著しい変化が見込まれない。	スケジューリング可能[*2]な繰延税金資産[*1]
分類3	・過去3年において，臨時的な原因により生じたものを除いた課税所得が大きく増減しており（負の値になる場合を含む），かつ ・いずれの事業年度においても重要な欠損金が生じていない。	おおむね5年以内の一時差異等加減算前課税所得の見積額にもとづいた繰延税金資産[*1]
分類4	・過去3年以内に，重要な欠損金が生じている，または ・過去3年に，重要な欠損金の繰越期限切れとなった事実がある，または ・当期末において，重要な欠損金の繰越期限切れが見込まれる。 ただし，一定の要件を満たせば，分類2や分類3に該当すると判断されます。	翌期の一時差異等加減算前課税所得の見積額にもとづいた繰延税金資産
分類5	・過去3年以内のすべての事業年度において，重要な欠損金が生じており，かつ ・翌期においても重要な欠損金が生じることが見込まれる。	回収可能性なし

（*1）厳密には，ただし書きや例外規定が細かく設けられています。
（*2）一時差異の解消する時期や金額が見込めている状態をいいます。
（出所）ASBJ［2016b］15項から31項にもとづき，筆者作成。

税金資産の回収可能性を高めるために不可欠である，(2) 評価性引当額の計上額が大きいことから，年度ごとの純損益に与える影響も多大であり，その結果として法人税法による歪みを増幅させている，といった指摘もなされています（杉山［2010］66頁）。

業績の悪化は税引前当期純利益の段階で減益という結果をもたらし，さらに繰延税金資産の取崩が追い討ちをかけることになります。すなわち，それまでの損益が高水準で推移していた企業の場合，将来減算一時差異を解消できるほどの課税所得を見込めなくなり，あるいは多額の繰越欠損金を計上することとなれば，企業分類は下方へ見直されます。その結果として，（税引後）当期純

利益は業績悪化に輪を掛けた低水準に陥ってしまいます。

また，繰延資産やのれんとは異なり繰延税金資産には会社法における分配規制がありません（**図表12-2**）。脆弱な繰延税金資産の計上によって利益が過大に計上されれば，結果的に違法な配当がおこなわれる可能性もあるため，回収可能性の判断は重要な焦点とされています（鈴木［2014］106頁）。

★コラム　圧縮記帳★

有形固定資産の取得に際して，国などから補助金を受け入れた場合に，当該受入額への課税を繰り延べるために圧縮記帳が認められています。有形固定資産（取得原価は6,000千円，耐用年数は4年，残存価額は零，減価償却方法は定額法）の取得を目的として1,000千円の補助金を受け入れていた場合に，(1)当期首に補助金の受入，(2)同月中に有形固定資産を取得し使用を開始，(3)当期末，それぞれの簿記処理を考えましょう。税率は30％とし，減価償却費は損金算入限度額を超えていないものとします（**図表10-11**）。

会計上は(a)と(b)のいずれも採用できますが，税務上は(b)が圧縮記帳の処理として定められていることから，会計上で(a)を採用した場合には，税効果会計の対象となります（網掛け部）。ただし，(b)では適切な減価償却がおこなわれないため，再投資のための自己金融が期待できないだけでなく，

● 図表10-11　圧縮記帳に関するふたつの簿記処理

	(a)積立金方式	(b)直接減額方式
(1)	（借）現金預金　1,000　（貸）国庫補助金受入益　1,000	同左
(2-1)	（借）有形固定資産　6,000　（貸）現金預金　6,000	同左
(2-2)	―	（借）固定資産圧縮損　1,000 　　（貸）有形固定資産　1,000
(3-1)	（借）繰越利益剰余金　700　（貸）圧縮記帳積立金　700 （借）法人税等調整額　300　（貸）繰延税金負債　300	―
(3-2)	（借）減価償却費　1,500　（貸）減価償却累計額　1,500 （借）圧縮記帳積立金　175　（貸）繰越利益剰余金　175 （借）繰延税金負債　75　（貸）法人税等調整額　75	（借）減価償却費　1,250 　　（貸）減価償却累計額　1,250 ―
留意点	決算整理仕訳として，税効果を考慮した後の金額を繰越利益剰余金から積み立てます（3-1）。その後，減価償却相当額に対応する圧縮額について，積立金を取り崩します（3-2）。	固定資産の取得原価を直接に減額したことによって，毎期末の減価償却費は(a)に比べて小さくなります（3-2）。

（出所）筆者作成。

原価計算を混乱させることにもなりかねません。したがって，適正な期間損益の算定という観点からは(a)が望ましいとなります。

●●●● ケース10の問題を考える ●●●●

　繰延税金資産は，その発生の原因となった項目の属性に従って流動資産または投資その他の資産に分類されます。繰延税金負債も，同様に流動負債または固定負債に分類されます。流動資産に属する繰延税金資産と流動負債に属する繰延税金負債とは相殺して表示し，投資その他の資産に属する繰延税金資産と固定負債に属する繰延税金負債とは相殺して表示します（BAC［1998b］第三，2）。

　ケース10では，上場後初の最終赤字に陥った2014年5月に「国内外食産業の厳しい経営環境等を勘案し，今後の繰延税金資産の回収可能性を検討した結果，当社子会社であるワタミフードサービス(株)が計上している繰延税金資産を取り崩し，法人税等調整額22.4億円の計上を行ないました」と発表されています（図表10-1）。2012年度（2013年3月期）にはほとん

● 図表10-12　ワタミ株式会社（連結）の繰延税金資産に関する注記

(単位：百万円)

	12年度末	13年度末	14年度末	15年度末	2016年度末
繰延税金資産（流動）					
小計	1,054	1,383	1,215	562	515
評価性引当額	—	△392	△964	△523	△478
計	1,054	991	251	39	37
繰延税金負債（流動）計	△9	△8	△18	△3	△23
繰延税金資産（固定）					
小計	2,802	4,434	7,808	5,348	5,532
評価性引当額	△163	△3,758	△7,629	△5,094	△5,390
計	2,639	675	178	253	141
繰延税金負債（固定）計	△904	△1,092	△990	△249	△184
繰延税金資産の純額	2,779	565	△579	40	△28

(出所) 同社の有価証券報告書にもとづき，筆者作成。

ど認識されなかった評価性引当額が，2013年度以降は大幅に拡大していることが読み取れます（**図表10-12**）。

評価性引当額を繰延税金資産小計で除した比率は，繰延税金資産（固定）の場合，2012年度に6％でしたが，その後は85％，97％，95％，97％と上昇しています。評価性引当額が拡大しているということは，将来の税負担を軽減させるという期待が薄いと経営者がみずから判断していることを意味します（**図表10-10**）。一時差異等加減算前課税所得の見積にもとづいた企業分類が下方へ見直されたとも考えられるでしょう。繰延税金資産小計の回収可能性を保守的に見ていると考えることもできますが，逆に，繰延税金資産小計の資産性が脆弱であると推測することもできるようです（野村［2016］18頁）。

参照文献

ASBJ［2016a］：企業会計基準委員会「税効果会計に適用する税率に関する適用指針」，2016年3月14日。

ASBJ［2016b］：企業会計基準委員会「繰延税金資産の回収可能性に関する適用指針」，2016年3月28日改正。

BAC［1998a］：企業会計審議会「税効果会計に係る会計基準の設定に関する意見書」，1998年10月30日。

BAC［1998b］：企業会計審議会「税効果会計に係る会計基準」，1998年10月30日。

齋藤［1999］：齋藤真哉『税効果会計論』森山書店，1999年12月。

財務省［2016］：財務省「平成28年度税制改正」，2016年4月。

杉山［2010］：杉山晶子「繰延税金資産に対する評価性引当額の性質の検討」『経営論集』76，55-69頁，2010年11月。

鈴木［2014］：鈴木一水「繰延税金資産の会計処理の見直しの背景と課題」『企業会計』66(5)，105-111頁，2014年5月。

武田［2008］：武田隆二『最新財務諸表論』第11版，中央経済社，2008年4月。

トーマツ［2015］：有限責任監査法人トーマツ編『勘定科目ハンドブック』第4版，中央経済社，2015年12月。

野村［2016］：野村嘉浩「財務諸表利用者にとっての繰延税金資産」『証券アナリストジャーナル』54(12)，16-22頁，2016年12月。

古田［2011］：古田美保「赤字の法人は法人税を納めない？」『会計人コース』46(11)，

102-104頁，2011年9月。

松下［1977］：松下幸之助『私の夢・日本の夢　21世紀の日本』PHP研究所，1977年1月。

資金調達の会計(1)
―「資本」の大きさは何を表すのか―

●本章のポイント●

❶ 株主資本を構成する「払込資本」と「留保利益」との区分について考えます。

❷ 株主の「持分」という概念が実践上,どのように活きているかについて考えます。

資本金を5億円に減らして目的は達成できたのか
——シャープ株式会社

　企業が経済活動に必要な資金を調達する方法には，金融機関などの債権者から資金を融通してもらう「負債」と，出資者（株式会社であれば株主）から拠出してもらう「資本」と，主にふたつの方法が考えられます。資本金額や法定準備金の額は，株主有限責任の原則の裏表として維持・拘束されることから，現行法のもとでも債権者にとって一定程度の意味はあると考えられます。日本経済新聞2015年5月9日（朝刊）1面に「シャープが減資，資本金1億円に，累損一掃，税優遇狙う」という記事が掲載されました。

> 　経営再建中のシャープの財務改善策が8日わかった。主力2行に対する優先株発行などで資本を拡充する一方，1,200億円以上ある資本金を1億円に減らし，累積損失を一掃する。経営破綻していない大企業が99％以上の大幅な減資をするのは極めて異例だ。税制上の優遇措置を受けながら収益を改善し，他社との資本提携や復配，新たな増資などを模索する。

　記事の2日後に同社が公表した「当社の資本政策に関する一部報道について」では，記事の内容は同社が発表したものではない旨の注意喚起がなされています。その後，日本経済新聞2015年5月15日（朝刊）3面では，主力2行などへの優先株2,250億円の発行とあわせて次のような報道がなされました。

> 　資本の拡充と併せ，シャープは当初，資本金を1億円まで減らそうと画策していた。資本金が1億円以下になれば「中小企業」とみなされ，法人税の軽減税率適用や外形標準課税の不適用など税制上の優遇措置を

受けられるという奇策だった。

ただ，減資策には経済産業相が12日の閣議後会見で「企業再生としては違和感がある」と指摘。中小企業育成という制度の趣旨に反するとの批判を考慮してか12日午後，資本金は5億円と方針を見直した。

これらの資本対策は株主との合意が必要なため，6月下旬の株主総会で決議する予定。一連の対策で18年3月期末に連結の自己資本比率を約10％に戻す計画だ。

問題

❶ 減資をおこなうことで，どのような効果が期待されているのでしょうか。
❷ 資本剰余金と利益剰余金とは混同してはならない，とされている理由はなぜでしょうか。

用語

純資産の部　　払込資本　　留保利益　　株主資本の計数変動
希薄化　　99％減資　　100％減資　　株式交付費

11.1　純資産の部

資本の部から純資産の部へ

2006年5月に施行された会社法に伴い，「貸借対照表の純資産の部の表示に関する会計基準」が適用されています。それまでの商法には債権者保護を念頭に置いた資本維持・充実の原則の考え方があり，企業会計においても非資本項目を負債とする資本重視の考え方がありました。その後，「この討議資料では，

● 図表11-1　資本の部から純資産の部へ

	商法（2006年4月まで）	会社法（2006年5月から）
貸借対照表における位置づけ	資本の部（実）／株主からの拠出・蓄積された利益	純資産の部（虚）／資産と負債との差額
資金の思考	借方 ← 貸方 ［現在支出額］←［現在収入額］	借方 → 貸方 ［将来収入額］→［将来支出額］
借方の意義	資金の運用形態 （何にいくら投下しているか）	将来の経済的便益の流入 （何からいくら回収できそうか）
貸方の意義	資金の調達源泉 （誰からいくら拠出されているか）	債権者：将来の経済的便益の流出 （誰にいくら支払う必要があるか） その他：基本的に，返金する義務はない。

（出所）筆者作成。

構成要素の定義を確定する作業を容易にするため，かつ国際的な動向を尊重して，まず資産と負債を定義している。貸借対照表上で負債に該当しない貸方項目は，すべて純資産に分類される」といったような非負債項目を純資産とする考え方が擡頭します（BCWG［2004］財務諸表の構成要素，18項）。やや観念的に過ぎるかもしれませんが，貸借対照表を構成する項目の捉え方が現在志向から将来志向へ変化したとみることもできそうです（図表11-1）。

　もっとも，純資産では包括利益との対応関係しか見出せません。わが国では長期にわたって投資家に広く利用され，その有用性を支持する経験的な証拠も確認されていることを理由として，当期純利益に独立した地位が与えられています（ASBJ［2006］3章21項）。当期純利益に対応する株主資本は「報告主体の所有者（株主）との直接的な取引によって発生した部分，および投資のリスクから解放された部分のうち，報告主体の所有者に割り当てられた部分」と定義され（ASBJ［2006］3章注(6)），これを他の純資産項目とは区分することでクリーン・サープラス関係を維持しています（図表2-7）。

　株主資本は株主から拠出された払込資本（元手）と，過年度に蓄積した留保利益（果実）とに区分されます。払込資本はその全額を資本金とする原則的な方法のほか（会社法445条1項），拠出された金額の2分の1を上限に資本準備金（資本剰余金）とする実践例も数多く確認できます（図表11-3，［1］；図表11-8，

図表11-2　連結貸借対照表の貸方と多様な資本概念

大区分	中区分	小区分（勘定科目）				
負債の部	Ⅰ　流動負債	略		他人資本		
	Ⅱ　固定負債					
純資産の部	Ⅰ　株主資本	資本金	払込資本	株主資本	自己資本[*3]	総資本
		資本剰余金 　資本準備金 　その他資本剰余金				
		利益剰余金 　利益準備金 　任意積立金 　繰越利益剰余金				
		自己株式	払込資本[*2]			
	Ⅱ　その他の包括 　　利益累計額[*1]	その他有価証券評価差額金				
		為替換算調整勘定				
	Ⅲ　新株予約権	新株予約権			?[*4]	
	Ⅳ　非支配株主持分	非支配株主持分			?[*5]	

（*1）個別貸借対照表での名称は「評価・換算差額等」となります（**図表12-2**）。
（*2）自己株式の性格については，**図表12-3**を参照のこと。
（*3）たとえば，東京証券取引所では2006年4月に経営指標の名称や算定方法を見直しています。評価・換算差額等が株主資本とは峻別された結果，純資産の部の合計額から新株予約権および少数株主持分（現在の非支配株主持分）の金額を控除するように変更されました（成松［2006］26-27頁）。
　　なお，東京証券取引所の上場廃止基準には，連結貸借対照表における自己資本が負となる**債務超過**の状態を1年以内に解消できなかった場合が挙げられています。
（*4）将来に権利が行使されれば払込資本となりますが，失効すると特別利益として利益剰余金に算入されます（4章）。いずれにしても将来には株主資本の一部となりますが，権利行使期間が経過するまでは株主資本とは峻別されます。
（*5）わが国の連結会計では，(1) 非支配株主持分を親会社の株主による出資と区別している，(2) 全部のれん説を採用していない（9章），といった点に**親会社説**の思考が表れています。ただし，親会社説では説明のつかない考え方，たとえば，(1) 支配獲得後に子会社株式を追加取得すると，のれんではなく資本剰余金を加減させる，(2) 連結損益計算書における「当期純利益」には非支配株主に帰属する部分も含まれている（**図表2-8**），が拡大している現実にも留意する必要があります。
（出所）ASBJ［2013b］にもとづき，筆者作成。

*3）。資本剰余金とは対照的に利益剰余金と呼ばれる留保利益は，配当として株主に還元することなく将来の再投資や特定目的のために積み立てられている部分を表しています。なお，資本剰余金（元手）と利益剰余金（果実）とは混同してはならない旨は，古くから会計学の原則として定められています。

　1950-60年代には，貸借対照表の貸方すべてを包含する持分理論について侃々諤々の議論がなされました。現代では，わが国の純資産の部に相当する概念

がIFRSsにおいてequityと定義され（IASB［2010］par.4.4(c)），それが「持分」と訳されています。株主資本のみならず評価・換算差額等をも株主持分とみて差し支えないといった記述も散見されます。もっとも，かような持分概念の論理には不完全な部分も残っています。たとえば，株主持分は「終極的な株主の取り分」とも表現できますが，企業が清算するまでは具現化しません。株主持分を算定するために資産総額から控除される債権者持分（負債）も，契約によって返済期日が定められているいじょう貸借対照表日の時点では「潜在的」といわざるを得ません（岡部［1967］19頁）。持分概念と資本概念との混在は，図表11-1で示された「将来志向」に傾きつつも，企業の清算を観念するものではない，といった現代の会計観が滲み出ているといえます。

株主資本等変動計算書

　純資産の部をめぐる混迷は，株主総会または取締役会の決議により剰余金の配当（12章）をいつでも決定でき，また，株主総会の決議により株主資本の計数変動をいつでも可能とした会社法の事情に起因する部分もあります（法447-453条）。貸借対照表および損益計算書だけでは，資本金，準備金および剰余金の金額の連続性を把握することが困難となり得ることから，株主資本等変動計算書が作成されるようになりました。株主資本の計数変動はもちろんのこと，配当原資についても示されていることから（図表12-1），株主資本等変動計算書は実践においても一定の評価を得ているようです（杉山［2008］206頁）。

　株主資本等変動計算書は，純資産の部の一会計期間における変動額のうち，主として，株主（連結上は親会社株主）に帰属する部分である株主資本の各項目の変動事由を報告するために作成されます（ASBJ［2013c］1項）。表示される各項目の当期首残高および当期末残高は，前期および当期の貸借対照表の純資産の部における各項目の期末残高と整合しています（ASBJ［2013c］5項）。株主資本の各項目については変動事由ごとにその金額を表示する必要がありますが（ASBJ［2013c］6項），株主資本以外の各項目の当期変動額は純額による表示でかまわないとされています（ASBJ［2013c］8項）。

　2015年度第1四半期に生じたケース11について，株主資本等変動計算書を作成してみましょう（図表11-3）。それによれば，報道にある「99％減資」が同

● 図表11-3　シャープ株式会社における2015年度第1四半期の資本政策（推定）

(単位：億円)

	資本金	資本剰余金		繰越利益剰余金	自己株式	株主資本合計
		準備金	その他			
2015年3月31日残高	1,219	844	116	△2,198	△139	△158
四半期変動額						
［1］優先株の発行	1,125	1,125				2,250
［2］その他資本剰余金へ振替	△2,339	△1,968	4,306			―
［3］繰越損失の解消			△2,198	2,198		―
四半期純損益				△340		△340
四半期変動額合計	△1,214	△843	2,108	1,858	0	1,910
2015年6月30日残高	5	1	2,224	△340	△139	1,752

以下省略

第1四半期の資本政策は，次のような簿記処理で表すことができます。

　［1］（借）現金預金　　　　　　2,250　（貸）資本金　　　　　　　1,125億円
　　　　　　　　　　　　　　　　　　　　　　資本準備金　　　　　1,125
　［2］（借）資本金　　　　　　　2,339　（貸）その他資本剰余金　4,306
　　　　　　資本準備金　　　　　1,968
　［3］（借）その他資本剰余金　　2,198　（貸）その他利益剰余金　2,198

このうち，［1］については，**図表13-1**も参照のこと。

(出所) 第122期有価証券報告書にもとづき，筆者作成。

社の資本政策の一側面に過ぎないことは明らかです。

11.2　増　資

公募増資と第三者割当増資

　株式会社はその設立時に作成する定款において，発起人全員の同意によって発行可能株式総数を決めておきます。設立時にはその4分の1以上を発行すればよく（法37条3項），残りは追加的な資金調達を必要とした時点で取締役会の決議によって機動的に発行することができます（法200条1項）。また，当初の発行可能株式総数では十分でなくなったときには，その時点での発行済株式数の4倍にまで発行可能株式総数を拡げるように定款を変更することもできます

(法113条3項)。このように，株主から追加的に資金を調達して資本金額を増加させる取引を有償増資といい，(1) 広く一般の投資者から株主を募る公募増資，(2) 業務提携先や事業再生支援者など，既存株主以外の第三者に対して株式を割り当てる第三者割当増資，(3) 既存株主に対して割り当てる株主割当増資，に大別されます。

増資によって自己資本比率（＝自己資本÷総資本×100％）は上昇し財務基盤は安定しますが，その裏表として，発行済株式数を分母とする指標の値（理論上の株価や1株当たり当期純利益など）は小さくなる希薄化が生じます。増資の実施が公表された直後は，投資者の間で賛否両論がうずまき，株価が上下することもあります（日本経済新聞2014年5月31日（朝刊）16面）。三井不動産株式会社は東京都心での複合開発や新たな事業機会の獲得に向けた財務基盤の強化を目的として，2014年6月に公募増資を，同年7月には第三者割当増資をそれぞれおこない，合計3,309億円を調達しました（図表11-4）。

募集株式の引受人は払込期日にならないと「株主」とはなりません（法209条）。企業においても払込期日になるまでは新株式申込証拠金として「資本金」とは別建計上しておきます。これらの点は，新株予約権をその権利行使期間が経過するまで払込資本とは峻別する理由と同根と考えられます（図表11-2，＊4）。

これらに対して，準備金を資本金へ組み入れたり（法448条2項），資本剰余金を資本金へ組み入れたり（法450条），といった処理は株主資本の計数変動に

● 図表11-4　三井不動産株式会社における増資の状況

	発行済株式総数（千株）		資本金（百万円）		資本準備金（百万円）	
	増減数	残高	増減額	残高	増減額	残高
2014年3月末	—	881,424	—	174,296	—	248,272
2015年3月末[*1, *2]	110,000	991,424	165,470	339,766	165,470	413,742

(＊1) 2014年6月23日を払込期日とする公募による新株式発行（発行価格3,138円，資本組入額1,504.28円）に伴い，発行済株式総数100,000千株，資本金が150,428百万円，資本準備金が150,428百万円増加しました。

(＊2) 2014年7月22日を払込期日とする第三者割当による新株式発行（発行価格3,138円，資本組入額1,504.28円）に伴い，普通株式が10,000千株，資本金が15,042百万円，資本準備金が15,042百万円増加しました。

(出所) 第103期有価証券報告書にもとづき，筆者作成。

過ぎず，追加的な資金調達はないことから無償増資と呼ばれます。

種類株式

　株式会社は，剰余金の配当や残余財産の分配，議決権の行使，譲渡制限の有無などについて，普通株式とは内容の異なる種類株式を発行することができます（法108条）。トヨタ自動車株式会社は2015年7月，中長期視点での研究開発投資および中長期保有を志向する株主層の開拓を狙いとした「第1回AA型種類株式」を発行しました。種類株式の発行によって希薄化が生じることのないよう，同株数以上の自己株式を取得し，その後に消却することで，既存株主にも一定の配慮がなされています。さらに，その特徴から転換社債（13章）としての性格を有しているとの分析もみられます（箕輪［2016］16頁）。

　2015年7月2日の株価（終値）はおよそ8,153円でしたが，当該種類株式は約30％上回る10,598円で47,100千株が発行されました。これにより，資本金および資本準備金はそれぞれ238,351百万円増加し，2015年度期末の資本金残高（個別）は635,401百万円となっています。ただし，同社は連結財務諸表の作成に際していわゆるSEC基準を採用していることから，資本金額は397,050百万円のまま据え置き，純資産の部に「中間資本」の区分を設けて479,779百万円を独立に掲記しています（図表11-5，＊4）。

株式交付費

　新株の発行や自己株式の処分に係る株式交付費は，株式募集のための広告費，金融機関や証券会社の取扱手数料，目論見書などの印刷費が該当し，原則として，発生時に営業外費用として処理すべき項目です。ただし，企業規模を拡大させるための資金調達に伴う費用はその効果が将来にわたって及ぶとされ，繰延資産として計上することも認められています（図表9-1）。その場合には3年以内の定額法による償却が要請されています（ASBJ［2013a］68①項）。

　図表11-4の事例では，株式の発行による収入が329,125百万円であった旨が開示されています。2014年6月の公募増資および翌月の第三者割当増資について，ひとくくりとした場合の仕訳をみてみましょう（図表11-6，a）。

　IFRSsを任意適用する企業の場合，株式交付費の支出は資金調達と一連の取

● 図表11-5　トヨタ自動車株式会社が2015年に発行した第1回AA型種類株式

	普通株式	第1回AA型種類株式	社債
議決権	あります。	あります。	ありません。
譲渡	自由にできます。	公開買付への応募や相続による取得などの場合を除いて，発行から5年間は取締役会の承認を得なければなりません。	公募債ならば，できます。少人数私募債は，基本的にできません。
利回り	同社の場合は，連結配当性向30%を目安とした「安定配当政策」が採られています。	普通株主に先立って，次の配当を受けられます[*1]。 2015年度は発行価格相当額×年0.5%。 2016年度以降は，前年度の年率+年0.5%を乗じる。 2020年度以降は，年2.5%。	同社連結子会社の発行するMTN[*2]の加重平均利率は年2.05%。
投資者の権利	(1) 分配可能額の範囲内で剰余金の配当を受けられる。 (2) 会社の解散時には，債務弁済後の残余財産を分配します。	(1) 普通株式転換請求権が付されています。 2020年10月1日以降，年2回。 普通株式との交換比率は1：1。 (2) 金銭対価取得請求権も付されています。 2020年9月1日以降，年4回。 基準価額[*3]相当額を対価とする。	(1) 一定期日に予め定められた利息を受け取れます。 (2) 満期となれば，元本が償還されます。
会社の権利	分配可能額の範囲内で自己株式を取得することができます。	金銭対価取得条項が付されています。 2021年4月2日以降，年1回。 基準価額相当額を対価とする。	事前に設定しておけば，満期前の途中償還ができます。
表示	純資産の部	負債と株主資本との中間区分に独立掲記します[*4]。	負債の部

(*1) ある事業年度に未払の配当額が生じた場合には翌年度以降に支払うこと（累積条項），および，優先配当の額を超えて剰余金の配当は受け取らないこと（非参加条項），が付されています。
(*2) Medium Term Note；予め取り決めた発行限度額内であれば，機動的に発行できる中長期の債券をいいます。
(*3) 発行価格相当額に，累積未払配当金の額および経過配当金相当額の合計額を加えた額をいいます。
(*4) 金銭対価取得請求権が付されているため，IFRSsでは負債に該当します（IASB [2011] par.16(a)）。

（出所）2016年3月期有価証券報告書にもとづき，筆者作成。

● 図表11-6　株式交付費の簿記処理

（単位：百万円）

(a) 費用説 (a') 繰延資産説	(借) 現金預金　330,940	(貸) 資本金　　　165,470 　　　資本準備金　165,470		
	(借) 株式交付費　1,815	(貸) 現金預金　　　1,815		
(b) 資本控除説	(借) 現金預金　329,125	(貸) 資本金など　329,125		

（出所）筆者作成。

引とみることから（IASB [2011] par.35），増加させた資本金額から直接に控除する旨が要請されています（**図表11-6，b**）。なお，企業と株主と証券会社といった三者関係をみれば，株式交付費には株主が証券会社に支払うべき売買手数料相当の代行部分が含まれているとも考えられます。ゆえに，「株主支払義務立替額」のような勘定を設けることで企業の費用とも資本控除ともしない簿記処理が可能である，といった見解もみられます（池田 [2008] 11頁）。

11.3　減　資

有償減資と無償減資

　増資の対義語としての**減資**には，有償減資と無償減資とがあります。「継続企業の公準」を念頭に置くならば，拠出された資本を株主に返金する**有償減資**は想定しづらい取引かもしれません。しかし，後述する無償減資および自己株式の消却を経た結果として，実質的には有償減資がなされたとみることもできます（**図表11-7**）。

　有償減資に対して，現金預金を支払うことなく資本金額を減らす**無償減資**には，(1) 維持・拘束すべき資本金を分配可能なその他資本剰余金に振り替える手続，(2) 過年度に蓄積した損失（負の果実）を払込資本（元手）と相殺する手続，が想定されます。**ケース11**はまさに後者の典型例であり，有償増資（**図表11-3，[1]**）と無償減資（**図表11-3，[2]**）とを組み合わせた資本政策であることを確認してください。

　無償減資は**株主資本の計数変動**に過ぎず，株主資本の合計金額や財政状態に劇的な変化はありません。ただし，資本金額は維持・拘束すべきであり株主へ分配することはできないという観点から，一定程度の債権者保護に資するとも考えられます。それゆえ，有償か無償かを問わず，減資の手続には株主総会の特別決議（過半数の定足数，かつ，出席した当該株主の議決権の3分の2以上に当たる多数をもっておこなう）および債権者保護手続が必要となっています（法447条1項，449条1項）。

● 図表11-7　株式会社サンリオ（連結）における2010年度の資本政策

（単位：百万円）

	資本金	資本剰余金	利益剰余金	自己株式	株主資本合計
2010年3月31日残高	14,999	8,732	13,478	△954	36,255
当期変動額					
剰余金の配当			△1,904		△1,904
資本金から剰余金へ振替*1	△4,999	4,999			—
当期純利益			9,380		9,380
自己株式の取得*2				△7,605	△7,605
自己株式の処分		19		317	337
自己株式の消却*2		△7,604		7,604	—
四半期変動額合計	△4,999	△2,585	7,475	317	207
2011年3月31日残高	10,000	6,147	20,953	△637	36,463

（以下省略）

（＊1）厳密には次のような簿記処理がなされています。
　　　資本金から剰余金への振替：（借）資本金　　　　　4,999　（貸）その他資本剰余金　4,999
　　　準備金から剰余金への振替：（借）資本準備金　　　2,500　（貸）その他資本剰余金　2,500
　　　このうち，準備金から剰余金への振替は，資本剰余金内部における計数変動です。
（＊2）自己株式の取得および消却に関する簿記処理は次のように推定されます（図表12-5）。
　　　自己株式の取得　　　：（借）自己株式　　　　　　7,605　（貸）現金預金　　　　　7,605
　　　　　　　　　　　　　　　　支払手数料　　　　　　　　0
　　　自己株式の消却　　　：（借）その他資本剰余金　　7,604　（貸）自己株式　　　　　7,604
　　　したがって，（＊1）の振替処理とあわせて，実質的には有償減資がなされたとみることができます。

（出所）第51期有価証券報告書にもとづき，筆者作成。

　なお，その他資本剰余金からその他利益剰余金への振替（**図表11-3**，［3］）は，一見すると資本剰余金と利益剰余金との混同にも感じられます。しかし，現行制度では，負の残高になった利益剰余金を将来の利益を待たずにその他資本剰余金で補う処理は，払込資本に生じている毀損を事実として認識するものであり，払込資本と留保利益との区分の問題にはあたらないとされています（ASBJ［2015］61項）。

いわゆる100％減資

　図表11-3で示されたような資本金額を1,219億円から5億円に減少させる「99％減資」であっても，無償減資はあくまで株主資本の計数変動に過ぎず，既存株主の持分には直接的な影響はありません。しかしながら，いわゆる

● 図表11-8　スカイマーク株式会社における2015年度の貸借対照表（推定）

(単位：百万円)

	（期首）	（期末）		（期首）	（期末）
現金預金	2,379*1	5,319	諸負債	45,000	38,984
その他流動資産	13,700	7,588	資本金	14,186*2	9,000*3
有形固定資産	31,806	4,284	資本剰余金	13,319	36,415*4
その他固定資産	22,469	25,413	利益剰余金	△2,543	△41,795
			自己株式	△91*2	—
			新株予約権	482	—
資産合計	70,354	42,604	負債純資産合計	70,354	42,604

(＊1) 経営破綻の直接的な原因と考えられる現金預金の状況については，**図表14-7**を参照のこと。
(＊2) いわゆる100％減資によって，次のような簿記処理がなされたものと推定されます。
　　　既存株主の全株式を消却：（借）資本金　　　　　14,186　（貸）その他資本剰余金　14,186
　　　自己株式を消却：　　　　（借）その他資本剰余金　　91　（貸）自己株式　　　　　　　91
(＊3) 第三者割当増資による払込金額180億円のうち，会社法で定められた最低金額を資本金としています。
(＊4) 期首資本剰余金13,319＋その他資本剰余金14,095（＊2）＋資本準備金9,000（＊3）＝36,415百万円となります。

（出所）第19期訂正有価証券報告書および第20期決算公告にもとづき，筆者作成。

100％減資はまったく異質の事象を指します。

　2014年度におけるスカイマーク株式会社は，著しい収益性の悪化に陥っていました。エアバスA330-300型機3機の導入による顧客の囲い込みや新規顧客の獲得を狙っていたものの期待していた搭乗率を確保できず，また，想定を超えた円安の進行による航空機材費および燃料費などの負担増加，さらにはA380型機の購入契約解除に伴う違約金の請求によって資金繰りが窮する事態となりました（第19期有価証券報告書，6頁）。結果として，2015年1月28日，東京地方裁判所に民事再生手続開始を申し立てることとなります。

　民事再生手続に係る再生計画案は，2015年8月5日に開催された債権者集会において認可され，同年9月1日に確定しました。同月29日には再生計画の定めに従い，発行済株式のすべての無償取得および当該株式の消却がおこなわれています（**図表11-8，＊2**）。その後，投資会社などが合計180億円の第三者割当増資に応じ（**図表11-8，＊3**），新体制が始まりました。

　発行済株式のすべてが会社によって無償取得されれば，既存株主は強制的に退出させられることになります。現行法のもとでは，既存株主を締め出したと

しても資本金額を減少させる必要はありませんが，資本金額は分配財源規制の基礎となっているためにいったん零円まで減少させる実践が残っているようです。すなわち，資本金額を減少させておかなければ，新たな出資者が剰余金配当などの分配を受けるためには相当の額の純資産が積み上がるまで待たなければならないから，といった説明がみられます（久保田［2017］97頁）。

> ★コラム　資本金額と法人税務★
>
> わが国の株式会社については，資本金額の多寡によって適用される法人税率が異なります（図表10-4）。具体的には，資本金額が1億円以下の場合には「中小法人」として取り扱われ，所得金額800万円以下の部分には19％（それを超える部分は23.2％）という軽減税率が適用されます（2018年4月以後）。このほかに，法人事業税のうち事業の規模に対して課される外形標準課税がかからなかったり，欠損金の繰越控除に関する控除限度割合の制限がなかったり，大法人と比べると相対的に優遇された税制となっています。
>
> ただし，2019年4月1日以後に開始する事業年度からは，中小法人向けの租税特別措置について，平均所得金額（前3事業年度の所得金額の平均）が年15億円を超える事業年度の適用を停止する措置が講じられています（財務省［2017］9頁）。真の意味で財務基盤の弱い中小企業を支援できる線引きはどこか，法人税務を巡って議論は続いています。

●●●●●　ケース11の問題を考える　●●●●●

同社は2015年3月末の時点で個別決算上，すべての負債を返済するためには資産の額が不足しているいわゆる債務超過の状況に陥っています。優先株の発行と同時に99％を超える大幅な減資をおこないましたが，既存株主の持分は継続している事実に鑑みれば，単なる無償減資といえます。なお，負の残高の利益剰余金をその他資本剰余金で補う簿記処理（図表11-3，[3]）は，「既存株主はいくら拠出した」という過去の事実よりも「損失の蓄積が元手を喰い潰している」という現在の事実が優先されることから，いわゆる100％減資を実施して既存株主の持分を失わせる場合に限定されるべきであるとも考えられます。

ところで，同社が2014年度からの繰越損失を解消するだけならば，より少ない減資でも十分でした。その逆に，利益の追求を務めとする企業経営者が，まして債務超過という窮地に立たされていれば，資本金額を1億円とすることで相対的に優遇される税制の適用を受けることも選択肢だったかもしれません。資本金額をいくらと設定するかは，軽視することのできない経営判断のひとつといえるのです。

参照文献

ASBJ［2006］：企業会計基準委員会「討議資料『財務会計の概念フレームワーク』」改訂版，2006年12月。

ASBJ［2013a］：企業会計基準委員会「無形資産に関する検討経過の取りまとめ」，2013年6月。

ASBJ［2013b］：企業会計基準委員会「貸借対照表の純資産の部の表示に関する会計基準」，2013年9月13日最終改正。

ASBJ［2013c］：企業会計基準委員会「株主資本等変動計算書に関する会計基準」，2013年9月13日最終改正。

ASBJ［2015］：企業会計基準委員会「自己株式及び準備金の額の減少等に関する会計基準」，2015年3月26日最終改正。

BCWG［2004］：基本概念ワーキング・グループ「討議資料『財務会計の概念フレームワーク』」，（ASBJ［2006］の原版），2004年7月。

IASB［2010］：*The Conceptual Framework for Financial Reporting*, Sep.2010, IASB.

IASB［2011］：International Accounting Standard No.32: *Financial Instruments: Presentation*, Dec.2011, IASB.

池田［2008］：池田幸典「株式交付費の会計」『高崎経済大学論集』51(2)，1-14頁，2008年9月。

岡部［1967］：岡部利良「持分概念についての疑義」『企業会計』19(8)，13-22頁，1967年7月。

久保田［2017］：久保田安彦「資本制度と100％減資(2)」『法学セミナー』746，92-98頁，2017年3月。

財務省［2017］：財務省「平成29年度税制改正」，2017年4月。

杉山［2008］：杉山晶子「会社法における会計情報開示の拡充」『経営論集』71，197-207頁，2008年3月。

成松［2006］：成松淳「会社法の施行等に伴う決算短信等の様式・記載要領の見直し」

『旬刊商事法務』1770），23-28頁，2006年6月。

箕輪［2016］：箕輪徳二「トヨタ自動車(株)AA型種類株式発行に関する財務論的考察」『川口短大紀要』30，13-30頁，2016年12月。

資金調達の会計(2)
―何をもって株主還元といえるのか―

●本章のポイント●

❶ 「安定配当」や「配当性向○％」といった配当政策について考えます。

❷ 自己株式の取得や消却が何を意味しているかについて考えます。

儲けは株主にすべて還元した
──株式会社アマダホールディングス

　企業は誰のものか，会計は誰のためにおこなわれるか，といった命題があったとき，何に着目するかによって幾つかの結論が導かれます。企業は株主のものであり，企業の得た利益は株主の利益であり，ひいては，会計は株主のためにおこなわれる，といった考え方はその一例といえます。かような議論を想起させる「アマダ，稼いだ利益，すべて株主に，配当と自社株買い」という記事が日本経済新聞2014年5月16日（朝刊）15面に掲載されました。

> 　金属加工機械大手のアマダは15日，稼いだ利益をすべて株主に配分すると発表した。半分を配当に，残る半分を自社株買いに回す。収益が順調に拡大し，財務の健全性を示す自己資本が十分に積み上がったと判断。これ以上の積み上がりを抑えることで，資本効率の向上につなげる狙いだ。
> 　株主配分の強化を打ち出す企業は多いが，すべて配分するのは珍しい。（中略）同社では自己資本が膨らんだ結果，純利益を自己資本で割った自己資本利益率（ROE）が前期は3％にとどまった。自己資本を増やさずに利益を増やし，ROEを高める。

　同社の資本政策を市場は好意的に受け取ったようです。1ヵ月後の6月12日には株価の終値が1,055円となり，2007年12月以来約6年半ぶりに株価純資産倍率（PBR）が1倍を回復しました（日本経済新聞2014年6月13日（朝刊）17面）。2015年3月期の1株当たり配当額は26円（前期比6円増），期末のROEは5.3％（前期比1.9ポイント増）となっています。自己株式については，2014年5月下旬から6月中旬までに9,648千株を買い入れ

(単元未満株式とあわせて10,032百万円を支出)，6月30日に10,000千株(7,923百万円)を消却しました。また，2016年3月期も配当の増額（1株当たり34円），100億円規模の自社株買いおよび80億円分の消却を実施しており，さらなる資本効率の向上を進めました。

> **問題**
>
> ❶ どのような場合に，剰余金の配当は株主還元となるでしょうか。
> ❷ どのような場合に，自己株式の取得は株主還元といえるでしょうか。
>
> **用語**
>
> 剰余金の配当　　自己株式　　分配可能額　　自己資本利益率
> 総資産利益率　　総還元性向

12.1　剰余金の配当等

剰余金の配当

　2006年5月に施行された会社法では，剰余金の配当という概念が導入されました。従来の「利益の処分」は，前期までに獲得した利益のどれだけを配当として社外に流出させ，またどれだけを内部留保として社内に残すかが俎上に載っていました。しかし，いわゆる有償減資（11章）や自己株式の有償取得についても株主に対して会社財産を流出させることに変わりはないという観点から，統一的な財源規制がなされています（会社法461条）。

　単に剰余金の配当といっても，その他利益剰余金の配当とその他資本剰余金の配当とでは意味が異なります。キャッシュ・フロー計算書（14章）では等しく「配当金の支払額」と示されますが，前者は獲得した果実の一部を株主に還

● 図表12-1　北陸電気工業株式会社の株主資本等変動計算書（個別，一部を抜粋）

（単位：百万円）

		2011年度	2012年度	2013年度	2014年度
資本剰余金	資本準備金				
	当期首残高	411	411	437	462
	剰余金の配当	—	26	25	—
	当期末残高	411	437	462	462
	その他資本剰余金				
	当期首残高	5,215	5,215	4,922	4,645
	剰余金の配当	—	△292	△277	—
	当期末残高	5,215	4,922	4,645	4,645
利益剰余金	利益準備金				
	当期首残高	155	182	182	182
	剰余金の配当	26	—	—	25
	当期末残高	182	182	182	207
	その他利益剰余金（繰越利益剰余金）				
	当期首残高	1,024	31	△122	609
	剰余金の配当	△292	—	—	△276
	当期純利益（損失）	△714	△159	727	1,601
	その他	13	6	4	△54*
	当期末残高	31	△122	609	1,879

安定配当の維持を配当政策に据える同社は，2011年度に当期純損失を計上してその他利益剰余金の配当が難しくなったため，2012年度は前年度と同額をその他資本剰余金から配当しています。

2012年度には自己株式を取得したため，2013年度における剰余金の配当額は15百万円だけ減少しています。

2013年度以降は当期純利益を計上できたため，2014年度以降の配当原資はその他利益剰余金となっています。

（*）「土地再評価差額金の取崩」や「会計方針の変更による累積的影響額」を含めています。
（出所）同社の有価証券報告書にもとづき，筆者作成。

元しているのに対して，後者は元手の一部を払い戻しているのです。

　その他資本剰余金の配当は稀有な事例というわけではありません（**図表12-1**）。2001年6月から2013年6月までの間に，十分なその他利益剰余金がなく配当を実施した企業群について，「配当原資としてその他資本剰余金を利用した企業は安定配当を志向する傾向にあることが観察された」といった報告がなされています（河内山［2015］115頁）。

　配当原資の違いは，株主にとっては原則として，受取配当金（収益）と認識するのか，保有する株式の帳簿価額を減少させるのか，といった簿記処理に表れます（ASBJ［2005］3項）。

利益剰余金からの配当：（借）現金預金　xxx　（貸）受取配当金　　xxx
資本剰余金からの配当：（借）現金預金　xxx　（貸）その他有価証券　xxx

　この違いは，敷衍すれば，何をもって株主還元と捉えるか，という議論に発展するでしょう。極論をいえば，その他資本剰余金を原資とした配当を継続すれば，将来的には払い戻す「元手」が尽きてしまいます。株主にとっては保有する有価証券の帳簿価額が零となり得る状況ですが，それを株主還元とみるか否かという問題です。

分配可能額

　企業が獲得した利益からどれほどの金額が株主に還元されるか，という配当政策は株主にとって重要な関心事のひとつです。利益の多寡にかかわらず「1株当たり〇円」という配当金額を維持しようとする安定配当型と，配当支払額÷前期純利益といった割合を一定に保つことで利益の多寡に応じて配当金額を変動させる配当性向型とに大別されます。従来は年2回と時期を定められていた「利益の配当」は，幾つかの要件を満たすことで取締役会の決議によっていつでも自由にできるような変更がなされました（法459条1項4号）。

　もっとも，株主へ分配できる分配可能額を厳格に定めることで，無制限な会社財産の流出を防いでおり，これによって一定程度の債権者保護が図られています。分配可能額は，雑駁に示すならば，その他資本剰余金とその他利益剰余金との合計額から，自己株式の金額，のれん等調整額が資本等金額を上回る額，負のその他有価証券評価差額金などを控除して算定されます（**図表12-2**は本章をおわりまで読んだうえで学習しましょう）。

　のれん等調整額はのれん価額の2分の1と繰延資産の全額とを合算した金額です。繰延資産については，「適正な期間損益の算定」のために計上される擬制的な資産であって，会社債権者からみれば換金価値はありません（**図表9-1**）。また，将来の収益性への期待を籠めて被取得企業の識別可能純資産額を上回る投資をおこなった差額たるのれんについても会社債権者からみればそれ単体での換金はできないことから，繰延資産に準じた取扱がなされています。これらの項目が分配の許されない資本等金額（資本金と準備金との合計額）を超えた場合には，その金額の多寡に応じて分配可能額から減算されます（会社

● 図表12-2　分配可能額の算定

株主資本	
資本金	1,200
資本剰余金	
資本準備金	100
その他資本剰余金	120
資本剰余金合計	220
利益剰余金	
利益準備金	55
その他利益剰余金	
任意積立金	130
繰越利益剰余金	480
利益剰余金合計	665
自己株式	△125
株主資本合計	1,960
評価・換算差額等	
その他有価証券評価差額金	△15
新株予約権	55
純資産合計	2,000

甲株式会社における前期末の純資産の部（個別）は左図のとおりです（単位：百万円）。資産の部には，のれん￥1,700，開発費￥600が計上されています。当期首から本日までに，以下のような取引がなされました。剰余金の分配可能額はいくらでしょうか。

ア）土地￥500について，￥525で売却した。
イ）自己株式￥60について，￥100で処分した。
ウ）自己株式￥35について消却した。

(1) 剰余金の額（法446条）
その他資本剰余金120＋その他利益剰余金（130＋480）＋自己株式処分差益40－自己株式消却額35＝￥735

(2) 分配可能額（法461条2項）
剰余金の額735－自己株式の帳簿価額30－自己株式の処分対価100－のれん等調整額のうち控除すべき額95*－負のその他有価証券評価差額金15＝￥495
（＊）のれん等調整額（計規158条1項）
　のれん1,700÷2＋開発費600＝￥1,450
　資本等金額＜のれん等調整額≦資本等金額＋その他資本剰余金より，1,450－(1,200＋155)＝￥95
ア）は臨時決算を実施しなければ加算できません。

(出所) 筆者作成。

計算規則158条1項）。

　負のその他有価証券評価差額金は，全部純資産直入法を採用している場合に評価差損が生じていることを示しています（**設例10-4(1)**）。当該有価証券の売却によって評価差損が実現することで会社財産の減少がもたらされる，ということを分配可能額の算定において先取りしていると理解することができますし，継続適用を条件として容認されている部分純資産直入法を採用した場合との整合性を保つため，と理解してもよいでしょう。

　既述のように，分配可能額の概念は剰余金の配当だけでなく自社株買いにも影響します。HOYA株式会社では，2016年2月16日の取締役会決議にもとづいて同年4月8日までに実施した合計300億円の自社株買いのうち236億24百万円が分配可能額を超過していました（HOYA［2016］5頁）。調査の結果として幾つか明記されている発生原因のうち，次の記述は他の企業でも留意すべき点であると感じます（HOYA［2016］29-30頁）。

- 会社債権者は、原則として、その会社に対してしか債権の履行を請求することができないから、会社債権者を保護するために設けられている財源規制も、単体の計算書類を基準に判断せざるを得ない。他方、今日の企業業績は、連結決算を基礎として評価されており、単体決算を基準に評価されることはほとんどない。そのため、役職員の関心が連結決算に向かいがちになるため、これが単体決算を基準とした財源規制への感度を弱める原因となる。
- 財源規制は、分配可能額の算定に計算書類上の金額を必要とする点で計算書類の作成を所管する部署が主管すべきと考えられるが、他方で、株主還元に必要な資金を融通してくるという意味ではファイナンスを所管する部署が主管すべきとも考えられるし、また、資本政策の立案という意味では経営企画を所管する部署が主管するべきともいえるし、法令上の規制という意味で法務部門が主管することも考えられ、HOYA社に限らず、どのような組織においても、どの部門が主管部署となるべきなのか、一概に判断しにくい規制ということもできる。

準備金の積立

利益剰余金の配当をおこなった場合、配当金額の10分の1は利益準備金を積み立てます。同様に、原資が資本剰余金ならば配当金額の10分の1は資本準備金を積み立てます（図表12-5、b）。社外に流出させた金額の10分の1を「準備金」として分配可能額から外すことで債権者の保護を図っています。ただし、資本準備金と利益準備金との合計額が資本金の4分の1に達した場合には、それ以上の積立は不要とされています（計規22条）。

図表12-2の場合、分配可能額は495百万円と算定されましたが、全額を配当として社外に流出させることはできません。資本準備金100百万円と利益準備金55百万円の合計金額は資本金1,200百万円の4分の1に達していないことから、配当金額の10分の1を準備金に積み立てる必要があります。つまり、この時点において株主に配当として支払うことのできる最大金額は450百万円（＝495百万円×10/11）となります。

> 〔設例12-1〕 図表2-8の事例において当社は任意積立金200千円を積み立て，株主へ800千円を配当として還元する旨を20X2年3月の株主総会で決議しました。当社の財政状態は資本金3,000千円，利益準備金700千円，繰越利益剰余金4,300千円です。
>
> (借) 繰越利益剰余金　1,050　(貸) 利益準備金　　 50
> 　　　　　　　　　　　　　　　　未払配当金　　800
> 　　　　　　　　　　　　　　　　任意積立金　　200

剰余金の処分

　会社財産の流出をもたらすことなく，利益剰余金や資本剰余金を構成する各勘定科目の金額を変更する行為を剰余金の処分といいます（法452条）。この定義からは，剰余金の額を減少させて資本金の額を増加させる（法450条），あるいは準備金の額を増加させる（法451条）といった行為は除かれ，あくまで剰余金内部での振替が想定されています。

　ケース11は典型的な剰余金の処分ともいえるでしょう。はじめに，資本金2,339億円と資本準備金1,968億円とをその他資本剰余金に振り替えることで分配可能額が増加します（図表11-3，[2]）。そのうえで，その他資本剰余金2,198億円をその他利益剰余金に振り替えることで2014年度より繰り越された損失を解消しています（図表11-3，[3]）。

12.2　自社株買い

自己株式の取得

　2001年の商法改正を契機として，企業はさまざまな意図をもって自社が発行した株式を買い取り，金庫株として保有するようになりました。自社株買いにより，発行企業自身が新たな株主として議決権を行使することはできません

● 図表12-3　自己株式の性格

	資産説 （損益取引と捉える）	資本控除説 （資本取引と捉える）
貸借対照表の表示	資産の部》》流動資産 （有価証券の一項目）	純資産の部》》株主資本 （株主資本全体からの控除項目*）
処分価額と帳簿価額との差額	営業外損益または特別損益 （有価証券売却損益）	その他資本剰余金 （自己株式処分差損益）

（*）配当規制の観点からは利益の配当と自己株式の取得とは取扱が同じため，払込資本に限らず留保利益から控除するという考え方があります（斎藤［2013］323頁）。さらには，自己資本全体からの控除という解釈もあるようです（増子［2008］146頁）。あるいは，現行制度においては自己株式の消却時にその他資本剰余金から減額する旨が定められていることから（図表12-5，a-2），いまだ消却していない金庫株は「負の払込資本」と捉えることもできそうです（図表11-2，*2）。

（出所）筆者作成。

（法308条2項）。また，自己株式に対する剰余金の配当もできません（法453条）。したがって，1株当たり純資産額や1株当たり当期純利益の金額が上昇し，既存株主の保有する株式の価値を相対的に高める株主還元につながります。本章のケースのほかにも，ストック・オプション（Employee Share Options，以下，ESO）の行使に備えるため（4章），リキャップCBの目的を達成するため（図表13-5，B），経営指標を改善させるため（本章のコラム），といった事例が挙げられます。

自己株式の性格については主にふたつの捉え方があります（図表12-3）。商法学者と会計学者との間で古くから議論がなされており，2002年に商法施行規則が定められるまで商法上は資産説に拠っていましたが，現行制度ではいずれにおいても資本控除説が採られています。

自己株式の取得に関する付随費用は，「株主との間の資本取引ではない点に着目し，会社の業績に関係する項目であるとの見方」や（ASBJ［2015a］51項），株式交付費の簿記処理との整合性から（図表11-6，a），営業外費用として計上されています（図表12-5，a-1）。ただし，IFRSsでは付随費用を自己株式本体の取引と一体と考える方法が採用されており（IASB［2011］par.35），「この問題は新株発行費の会計処理と合わせ，資本会計の本質に関わる問題であり，今後その本質について十分な議論をする予定である」とのことです（ASBJ［2015a］54項）。

なお，自己株式を無償で取得した場合には，自己株式の数のみの増加として

処理します（ASBJ［2015b］14項）。ただし，経済的実質を優先する思考によれば，取得した自己株式の時価相当額を株主資本の控除項目として示すとともに，受贈による利益を損益計算書において計上すべきである，といった主張もみられます（増子［2017］137頁）。

自己株式の処分

自己株式の処分とは，保有している自己株式を手放す行為をいいます。「（資本控除の性格である）自己株式を手放す」と考えるよりも「資金を（再び）調達して株式を交付する」のほうが理解しやすいかもしれません。

〔設例12-2〕 設例4-6について，一部を改変します。20X2年11月末までに従業員500名から権利が行使されましたが，自己株式（帳簿価額50,000千円）を処分しました。
20X2年11月末：（借）現金預金　　　27　（貸）自己株式　　　50,000
　　　　　　　　　新株予約権　54,000　　　　自己株式処分差益　4,027

〔設例12-3〕 設例9-3(2)について，一部を改変します。企業結合の対価として，新株2万株（1株当たりの市場価格400円）の他に帳簿価額300円の自己株式3万株を払い出したときの簿記処理を考えましょう。
20X1年7月1日：（借）諸資産　52,000　（貸）諸負債　36,000千円
　　　　　　　　　のれん　　4,000　　　　自己株式　　9,000
　　　　　　　　　　　　　　　　　　　　　資本金　　11,000

処分価額が帳簿価額を上回った場合に生じる差額は自己株式処分差益として，その他資本剰余金に計上されます。設例12-2の自己株式処分差益4,027千円はESOの権利行使によって生じた部分であり，「差益」という勘定科目ではありますが損益計算書には計上されません（図表12-3）。

これに対して，企業結合の対価として自己株式を払い出した場合は，対価が新株のみの場合の処理との整合性が優先される興味深い論点です。増加すべき株主資本の額（20,000千円）から払い出した自己株式の帳簿価額（9,000千円）

を控除した額を払込資本の増加として処理します（ASBJ [2013b] 80項）。

自己株式の処分は市場に流通する株式数を増加させることから、既存株主にとっての1株当たり価値を相対的に下げることにつながります。たとえば、1株当たり当期純利益は次の算定式のように定義されます（ASBJ [2013a] 12項）。

$$1株当たり当期純利益 = \frac{普通株式に係る当期純利益}{普通株式の期中平均株式数}$$

$$= \frac{損益計算書上の当期純利益 - 普通株式に帰属しない金額}{普通株式の期中平均発行済株式数 - 普通株式の期中平均自己株式数}$$

ESOの付与や転換社債の発行（13章）によって、将来に普通株式が増加し得る状況を「潜在株式が存在する」といいます。とくに、ESOの権利行使価格が普通株式の期中平均株価を下回っていると、権利行使を仮定して調整をおこなった1株当たり当期純利益の額は行使されなかった場合よりも低くなる希薄化が起こります（図表12-4）。

図表12-2では、(1) 剰余金の額の算定に際して自己株式処分差益¥40は前期末の剰余金の金額に加算されましたが、(2) 分配可能額の算定に際して自己株式の処分対価¥100が減算されています。分配可能額の（最終的な）計算結果としては、処分した自己株式の帳簿価額¥60を減算しても同じ金額が算定されることが確認できます。自己株式の性格をどのように捉えようとも、自社株買いは当該株主に対する会社財産の流出という点に変わりはないため、分配可能

● 図表12-4　株式会社アマダホールディングス（連結）の「主要な経営指標等の推移」（一部を抜粋）

	12年度	13年度	14年度	15年度	2016年度
純資産額（百万円）	385,102	417,002	426,481	419,380	419,970
1株当たり純資産額（円）	1,000.66	1,083.49	1,133.51	1,139.17	1,139.87
1株当たり当期純利益（円）	10.81	31.89	49.18	74.56	70.85
潜在株式調整後 1株当たり当期純利益（円）	—*	31.85	49.12	74.49	70.81
自己資本比率（％）	77.1	74.9	73.8	73.6	78.1
自己資本利益率（％）	1.1	3.1	4.4	6.5	6.2

（*）希薄化効果を有している潜在株式が存在しないため、記載しておりません。

（出所）同社の有価証券報告書にもとづき、筆者作成。

額の算定において自己株式の金額は控除されることとなります。

自己株式の消却

自己株式を取得しただけでは，再放出による希薄化の懸念を投資者に与えかねません。こういった懸念を払拭するためには，機動的な資本政策に必要な部分は手許に残したうえで，それ以上の自己株式は消却する方法が考えられます。ケース12では［(借) その他資本剰余金 7,923 (貸) 自己株式 7,923］といった簿記処理により，10,000千株の自己株式が消却されました（図表12-6）。これにより，その他資本剰余金の配当，あるいは，いわゆる有償減資と同様の効果がもたらされたといえます（図表12-5）。

自社株買いを実施した時点で株主資本（さらに，評価・換算差額等を加味した自己資本）は間接的に減算されていますが，その消却によって「株主還元をおこなう」という経営者の意図が強調されることになります。仮に資金需要が生まれても，空前の低金利が続いている間は有利な条件で借り入れられる，といった考えから自己株式の消却に踏み切る事例が相次いでいるようです（日本経済新聞2016年11月3日（朝刊）17面）。

ただし，その他資本剰余金の配当を「株主還元」と捉えるか否かという問題が，自社株買いについても同様に指摘され得るでしょう。配当性向の分子に自己株式取得額を加算した総還元性向が注目され，この経営指標が相対的に高い企業や意識的に向上させている事例が幾度となく報道されています。しかし，自己株式の取得およびその消却は，自己資本利益率（rate of Return on Equity, 以下，ROE）の改善には貢献し得るものの，その実相は，株主から払い込ま

● 図表12-5 現金支出を伴う純資産の減少

(a-1) 自己株式の取得	(借) 自己株式　　　　　100　(貸) 現金預金　　101 　　　支払手数料　　　　1
(a-2) 自己株式の消却	(借) その他資本剰余金　100　(貸) 自己株式　　100
(b) その他資本剰余金の配当	(借) その他資本剰余金　110　(貸) 現金預金　　100 　　　　　　　　　　　　　　　　　資本準備金　　10
(c) 有償減資	(借) 資本金　　　　　　100　(貸) 現金預金　　100

（出所）筆者作成。

れた元手の払戻といえます。短期的には「自社株をどんどん買って株主還元に積極的な企業である」と評価できるかもしれませんが，過度な自社株買いは企業の財務基盤を揺るがしかねないという点には留意すべきでしょう。

> ★コラム　自己資本利益率（ROE）と総資産利益率（ROA）★
>
> 　企業は限りある資本を最大まで利用することで利益を追求します。投下資本を効率的に運用できているか，という「収益性」を表す代表的な指標として，自己資本利益率（ROE）や総資産利益率（rate of Return on Assets, 以下，ROA）が挙げられます。
>
> 　株主は配当を受け取れるか否かに直接的な関心を寄せていると捉えるならば，その配当は最終的にどれだけの利益を獲得できたかに大きく左右されることから，当期純利益が直接的な関心の対象となります。ゆえに，株主にとっての投資効率を示す ROE は，当期純利益を自己資本（あるいは，株主資本）で除すことで算定されます。いわゆるデュポン・システムと呼ばれる分解によって，競合企業や当該企業の過去の実績と比較し，その改善を試みることができるといわれています。
>
> $$\frac{当期純利益}{自己資本} = \frac{当期純利益}{売上高} \times \frac{売上高}{総資産} \times \frac{総資産}{自己資本}$$
>
> 　株主以外の利害関係者や経営者にとっては，調達源泉を区別する積極的な理由はありません。そこで総資本を分母に据えたときには，分子と分母との整合性を重視して，事業利益（他人資本への利息を支払う前の利益；営業利益＋営業外収益により求められます）を分子とする考え方も有力です。こういった経営指標には，どのような算定式に則る必要があるといった決まりはありません。それぞれの利害関係者が自身の利用目的に適う数値を財務諸表から自由に抽出します。
>
> 　なお，自社株買いの公表は，公表直後の決算期の ROA 改善には有効であり，実際に自社株買いを実施した企業については，その実施直後に ROA が改善しているという興味深い実証結果が報告されています（島田 [2013] 164頁）。自己株式の取得は ROE や ROA といった経営指標の改善をもたらしますが，その効果はなかなか持続していないようです。

●●●●● **ケース12の問題を考える** ●●●●●

　自己株式の消却はその他資本剰余金の減少を伴いますが（図表12-5，a-2），同社の事例では2015年3月期において，期中に生じたその他資本剰余金の負の残高を利益剰余金から振り替えています。したがって，総還元性向についても，剰余金の配当額と自己株式の消却額との合計を前期純利益で除すことで，実態をより確実に捉えることができそうです。叙上の算定式によれば，中期経営計画の最終年度である2016年3月期までの総還元性向は102％，146％，101％のように「全額配分」の方針を貫いていたことがわかります（図表12-6）。

　なお，同社は基本的な配当政策として，配当性向の目安を50％程度とする旨を有価証券報告書で示しています。本文で示した算定式によれば，2014年3月期以降の配当性向は102％，81％，58％，59％となることから，剰余金の配当について高い水準を維持しているといえます。

　2015年6月に金融庁および東京証券取引所が導入した「コーポレートガバナンス・コード」には，「上場会社は，資本政策の動向が株主の利益に重要な影響を与え得ることを踏まえ，資本政策の基本的な方針について説明を行うべきである」とあります。さらに，米国の議決権行使助言会社が

● 図表12-6　株式会社アマダホールディングス（連結）の株主還元の推移（一部を抜粋）

（単位：百万円）

		12年度	13年度	14年度	15年度	2016年度
期中	当期純利益	4,126	12,184	18,423	27,425	25,894
	剰余金の配当	△5,345	△4,201	△9,820	△10,698	△16,076
	自己株式の取得	△33	△117	△10,032	△10,051	△6
	自己株式の処分	3	457	615	282	194
	自己株式の消却	—	—	7,923	7,968	—
期末	現金及び現金同等物	63,847	88,537	96,320	100,236	76,723
	利益剰余金	202,865	207,738*	208,449	217,253	226,500
	株主（自己）資本	411,647	419,812	416,079	423,081	432,626

（＊）会計方針の変更による累積的影響額を反映した後の金額です。

（出所）同社の有価証券報告書にもとづき，筆者作成。

> 「過去5年平均のROEが5％未満で改善傾向のない企業」について，株主総会での取締役選任議案に反対を推奨し（日本経済新聞2016年6月22日（朝刊）15面），実際に反対票が急増した事例も報道されています。
>
> 同社の事例に限らず，経営者や投資者がROEをはじめとした経営指標や資本政策に対して敏感になっている様子が窺えます。資本政策とROEとの関係については，13章で言及する事例もあわせて考えてみてください。

参照文献

ASBJ［2005］：企業会計基準委員会「その他資本剰余金の処分による配当を受けた株主の会計処理」，2005年12月27日改正。

ASBJ［2013a］：企業会計基準委員会「1株当たり当期純利益に関する会計基準」，2013年9月13日最終改正。

ASBJ［2013b］：企業会計基準委員会「企業結合会計基準及び事業分離等会計基準に関する適用指針」，2013年9月13日最終改正。

ASBJ［2015a］：企業会計基準委員会「自己株式及び準備金の額の減少等に関する会計基準」，2015年3月26日最終改正。

ASBJ［2015b］：企業会計基準委員会「自己株式及び準備金の額の減少等に関する会計基準の適用指針」，2015年3月26日最終改正。

HOYA［2016］：HOYA株式会社「第三者委員会の調査報告書受領のお知らせ（別添資料を含む）」，2016年6月17日。

IASB［2011］：International Accounting Standard No.32: *Financial Instruments: Presentation*, Dec.2011, IASB.

河内山［2015］：河内山拓磨「その他資本剰余金を原資とする配当の決定要因に関する実証分析」『會計』187(5)，104-118頁，2015年5月。

斎藤［2013］：斎藤静樹『会計基準の研究』増補改訂版，中央経済社，2013年7月。

島田［2013］：島田佳憲『自社株買いと会計情報』中央経済社，2013年2月。

増子［2008］：増子敦仁「第9章　自己株式」石川鉄郎ほか編『資本会計の課題』中央経済社，2008年12月。

増子［2017］：増子敦仁「自己株式支払免除益」日本簿記学会監修『勘定科目・仕訳事典』第2版，中央経済社，136-137頁，2017年8月。

資金調達の会計(3)
―負債と資本との再構成は何を意味するのか―

> ●本章のポイント●
> ❶ 負債の一部を資本に振り替える「債務の株式化」の効果について考えます。
> ❷ 負債を増やして資本を減らす「リキャップCB」の功罪について考えます。

何が自己資本利益率の改善をもたらしたか
——カシオ計算機株式会社

　資金調達の方法は負債か資本かに大別されますが，実践上は「取得条項付株式」や「永久劣後債」のようにどちらの性格も有する証券が存在します。何をもって「資本」あるいは「負債」とするかについては学界での議論もありますが，経営者も各企業にとっての最適資本構成を常に考えています。日本経済新聞2014年7月8日（朝刊）19面に「CB発行で自社株買い，カシオ，最大125億円，ROE向上へ」という記事が掲載されました。

>　カシオ計算機は7日，新株予約権付社債（転換社債＝CB）で100億円を調達するとともに，最大125億円の自社株買いを実施すると発表した。CB発行と自社株買いを組み合わせた「リキャップCB」と呼ばれる手法で，企業の資本効率を示す自己資本利益率（ROE）を引き上げる。（中略）
>
>　カシオはCBで調達する100億円に自己資金を上乗せし，最大で125億円，850万株（現在保有する自社株を除いた発行済み株式の3.2％）を市場で取得する。これとは別に，現在保有する自社株の98％に相当する1,000万株（総発行済み株式の3.6％）を7月末に消却する。
>
>　カシオは今年5月，16年3月期に17％のROEを目指すとの目標を掲げた。前期のROEは9.2％でROEの向上には主力の腕時計事業や新規の電子看板事業を軸とした利益成長とともに自己資本を圧縮する資本政策が必要となっていた。

　今般の資本政策の結果としてROEは13.6％（前期比4.4ポイント増）まで押し上げられています。投資家から付託された資金を有効に活用する経営体制が整備・運用されているか否かという観点から，東京証券取引所が実施した「2015年度企業価値向上表彰」において「優秀賞」に選ばれる

など，株式市場においてもひとまず好意的に評価されているようです。

> 問題
>
> ❶ リキャップ CB は短期的には，どのような効果が期待されているのでしょうか。
> ❷ リキャップ CB は中・長期的には，どのような点に注意を払う必要があるのでしょうか。
>
> 用語
>
> 優先株式　　　債務の株式化　　　転換社債　　　リキャップ CB
> 最適資本構成　　自己資本比率　　　自己資本利益率

13.1　シャープ株式会社における資本政策

2015年度に発行した種類株式

　シャープ株式会社は2014年度，親会社株主に帰属する当期純損失2,223億円を計上し，連結純資産は445億円と1年間で約8割を目減りさせていました。かような財務状況に鑑みて，「金融機関等からの借入や社債発行による負債性の資金調達を実施するよりも，資本性の資金調達を実施することにより自己資本の増強を図る（中略）普通株式の急激な希薄化を抑制しつつ，必要な資金を確実に調達し，財務体質の安定化を図るためには種類株式の発行による資金調達が最適である」といった判断にもとづき（SHARP［2015］5頁），2015年5月14日に開催した取締役会において種類株式の発行を決議します（図表13-1）。当該種類株式の発行により，資本金および資本準備金はそれぞれ1,125億円増加し（図表11-3，[1]），株式交付費4億円が差し引かれた2,246億円を実質的

● 図表13-1　シャープ株式会社が2015年度に発行した種類株式の概要

	A種種類株式	B種種類株式
払込期日	2015年6月30日	2015年6月30日
発行価額	1株につき1,000,000円	1株につき1,000,000円
調達資金の額	200,000百万円	25,000百万円
割当方法およよび株数	第三者割当の方法により割り当てる。 株式会社みずほ銀行　　　　100,000株 株式会社三菱東京UFJ銀行　　100,000株	第三者割当の方法により割り当てる。 JIS[*1]　25,000株
議決権	なし。	なし。
譲渡制限	取締役会の承認が必要。	取締役会の承認が必要。
優先配当率(年)	日本円TIBOR[*2]（6ヵ月物）に2.5%を加算した数値に設定。	剰余金の配当の基準日が2018年3月末日以前に終了する事業年度に属する場合は7.0%。
優先劣後関係[*3]	累積未払配当金相当額が第3順位。 優先配当金が第4順位。	累積未払配当金相当額が第1順位。 優先配当金が第2順位。

(*1) JISは「ジャパン・インダストリアル・ソリューションズ第壱号投資事業有限責任組合」の略。
(*2) TIBORは東京市場の銀行間取引の金利を示しています。
(*3) 普通株主等に対する剰余金の配当は第5順位となります。

(出所) SHARP [2015] にもとづき，筆者作成。

に調達しました。

　みずほ，三菱東京UFJ両行に発行したA種種類株式については，「抜本的構造改革の断行には，多額の純資産の毀損を伴うこと，また，業績回復基調を取り戻すためには成長分野への継続的な投資が必要であることから，当社は本件引受金融機関に対してA種種類株式を発行して抜本的構造改革により毀損した資本の増強を行う」と説明されています（SHARP [2015] 2頁）。調達した約2千億円は両行からの借入金の弁済に充当されており（図表13-2，＊1），債務の株式化（Debt Equity Swap，以下，DES）がみられます。

　JISに発行したB種種類株式については，「国内で一定の投資実績を有し，当社の中長期的な企業価値向上に向けた経営方針に賛同いただけるJISに対してB種種類株式の発行による資金調達を行う（中略）成長分野への投資資金に充当することで，当社グループの安定的収益基盤の構築に取り組んでまいります」と説明されています（SHARP [2015] 2頁）。

　全銀協日本円TIBOR（6ヵ月物）は2015年3月中旬から2016年1月下旬ま

● 図表13-2　シャープ株式会社の2015年度における連結貸借対照表項目および経営指標

(単位：億円)

	期首	2015年6月末におけるDES		期末
負債				
短期借入金[*1]	8,400	6,529	有利子負債対株主資本比率	6,126
社債	600	600	＝(借入金＋社債)÷株主資本	400
長期借入金[*1]	535	413	は，818.5%から245.3%へ下落しています。	403
その他	9,639	8,727		9,090
負債合計	19,174	16,269		16,019
純資産				
株主資本合計[*2]	1,165	3,075	自己資本比率	854
OCI累計額[*3]	△863	△783	＝(株主資本合計＋OCI累計額)	△1,285
非支配株主持分	143	139	÷負債純資産合計	118
純資産合計	445	2,431	は，1.5%から12.3%へ改善しています。	△312

(＊1)　借入金の減少は，DESによるものと通常の弁済によるものとを区別できませんが，第1四半期の3ヵ月で短期と長期とを合わせて約2千億円が減少していることは読み取れます。
(＊2)　2015年6月末に，増資と同時に減資および繰越損失の解消をおこなっています (図表11-3)。
(＊3)　OCI累計額は「その他の包括利益累計額」の略です (図表2-8)。
(出所)　第122期第1四半期報告書および有価証券報告書にもとづき，筆者作成。

では0.25727%，2016年2月以降はじりじりと下落を続け同年5月末には0.11273%となっていますので，A種種類株式に比べてB種種類株式の優先配当率が高めに設定されているといえます。

2016年度における資本政策

　2015年度第1四半期のDESにより財務体質は若干の改善がみられましたが，液晶テレビや携帯電話などを販売するConsumer Electronicsセグメントや，テレビ用大型液晶パネルや中国スマートフォン向けの中小型液晶パネルを販売するDisplay Deviceセグメントにおける収益性の悪化が大きく響き，シャープ株式会社は2015年度末にいわゆる債務超過の状態に陥りました (図表13-2)。みずほ，三菱東京UFJ両行による追加的な金融支援も選択肢にあったようですが (日本経済新聞2016年1月16日 (朝刊) 5面)，最終的には台湾の鴻海精密工業股份有限公司およびその子会社による3,888億円の出資を2016年8月12日付で受け入れています。有償第三者割当により発行した3,293,314千株のうち

● 図表13-3　シャープ株式会社の2016年度第2四半期における資本政策（推定）

(a：株式の発行)	(借)現金預金	3,888	(貸)資本金	1,944億円
			資本準備金	1,944
	(借)株式交付費	17	(貸)現金預金	17
(b：株主資本の計数変動)	(借)資本金	1,899	(貸)その他資本剰余金	1,899
	(借)資本準備金	1,933	(貸)その他資本剰余金	1,933
(c：B種種類株式の取得)	(借)自己株式	300	(貸)現金預金	300
(d：B種種類株式の消却)	(借)その他資本剰余金	300	(貸)自己株式	300

(出所）第123期有価証券報告書にもとづき，筆者作成。

　11,364千株はC種種類株式ですが，鴻海系列の出資比率および議決権比率はともに約66％を占めることとなりました（図表13-3，a）。増資と同時に，株主資本の計数変動がおこなわれています（図表13-3，b）。

　わが国の株式市場においては「1年を超えて債務超過の状態を解消できなかったとき（原則として連結貸借対照表において）」が上場廃止基準のひとつに挙げられています（図表11-2，＊3）。2015年度末に債務超過に陥った同社は第二部へ降格，かつ猶予期間入り銘柄となっていましたが，今般の増資によって上場廃止を回避しています。

　さらに，前年度にJISへ1,000,000円／株で発行したB種種類株式すべて（25,000株）を「種類株式に係る優先配当金や取得条項の行使による償還の際のプレミアムの負担軽減のため」に取得しています（SHARP［2016］2頁；図表13-3，c）。シャープ株式会社がJISに対して取得条項を行使するにあたって12％を上乗せするほか，B種累積未払配当金相当額および日割未払優先配当金額を支払う契約となっており，実際には1,198,991.7円／株が支払われました。取得請求権を行使された場合に交付する普通株式の数が既存株主に比べて有利であったり，取得条項を行使する場合に支払う金銭の額は叙上のような上乗せが定められていたり，しかも時間が経過するほど発行会社にとって負担が増すような契約となっており（SHARP［2015］7-8頁），B種種類株式は負債としての性格が濃厚であったといえるでしょう。2016年9月末には25,000株すべてが消却されますが（図表13-3，d），一連の資本政策からは負債と資本（純資産）との線引きの難しさを感じさせられます。

13.2　債務の株式化がもたらす効果

債務者（企業）にとって

　DESの実施を迫られている企業は債務超過またはそれに近い財政状態にある場合が多く，たとえば有利子負債対株主資本比率が高ければ，相対的に重い支払利息が圧し掛かっていると想像できます。DESの実施により支払利息の負担を軽減できることが期待されますが，図表13-1の事例のように優先配当を支払う必要がある場合には，全社的な金利負担を明快に引き下げられるわけではないようです（熊倉［2004］73頁；図表13-4）。

　図表13-2の事例では自己資本比率が1.5％から12.3％へ上昇するなど，この限りで財務体質の安定化に寄与していますが，DESは負債と資本との構成割合を変化させるだけで手許のCashを増やすわけではありません。有償第三者割当増資による現金の授受が介在した図表13-1の事例では特段の問題は生じませんが，通常のDESは再建計画等にもとづき債権者が保有する債権を債務者に現物出資することによって実施されるようです。この場合の債務者側の会計処理には，発行する株式に関してふたつの考え方があります（設例13-1）。

〔設例13-1〕　当社は財政状態の悪化による債務超過を回避すべく，金融機関に対してDESを実施することとなりました。借入金100百万円と引き換えに発行する優先株式の公正価値は30百万円と見積られています。

● 図表13-4　シャープ株式会社（連結）における支払利息および支払配当金の推移

（単位：億円）

	11年度	12年度	13年度	14年度	15年度	2016年度
利息の支払額	86	130	208	232	188	57
優先株式に係る配当の支払額	—	—	—	—	55	54
普通株式に係る配当の支払額	132	55	1	無配	無配	無配
合計金額	218	185	209	232	242	110

（出所）同社の有価証券報告書にもとづき，筆者作成。

```
簿価振替説：　　（借）借入金　100　（貸）資本金　　　100
公正価値振替説：（借）借入金　100　（貸）資本金　　　 30
                                        債務消滅益　 70
```

　金銭以外の財産の出資について，出資財産の評価によっては資本充実を害するおそれがあるため，裁判所の選任した検査役による調査が必要となります（会社法207条1項）。ただしDESについては，現物出資財産が会社に対する債権であり（弁済期が到来しているものに限る），それについて定められた額が負債の帳簿価額を超えない場合に検査役の調査は免除されています（同条9項5号）。それまで取扱例の僅少だった簿価振替説を東京地方裁判所が容認した2000年以降，DESの実践例が増えた可能性も指摘されています（針塚［2002］21頁）。新株主（旧債権者）と既存株主との富の移転とみれば株主全体としての損益は生じ得ず，債務消滅益の帰属先に疑問を呈する見解もみられます（池田［2016］144頁）。

　その一方で簿価振替説には，(a) 債務が現金等の資産を用いて決済された場合の会計処理との整合性（野口［2003］45頁），(b) 財務状況の悪化した企業における新株式の高価（不利）発行と債務の買入償還という不自然な擬制（米山［2003］236頁），(c) 債務に生じた評価益がいずれは実現する「借り換え」との等質性（米山［2003］237頁），といった問題点が指摘されています。公正価値振替説に立脚していると考えられるIFRSsでは，DESによって発行する株式は「支払対価（consideration paid）」であるとみて，消滅する金融負債の簿価と発行した株式の公正価値との差額は純損益で認識する旨が要請されています（IASB［2009］pars. 6-9）。

債権者にとって

　債権者が金融機関の場合には債務者（経営者）との間での情報の非対称性（本章のコラム）は小さいと考えられますが（大坪［2017］1頁），貸出金を有価証券（株式）へ転換させるDESは債権者にとっても悩ましい問題です。たしかに，債務者が再生して企業価値が向上すれば債権者が保有する株式価値の上昇による債権回収もみえてきますが，経営再建が失敗に終われば100％減資の

憂き目に遭う危険も孕んでいます (11章)。**図表13-1**の A 種種類株式には，議決権も付与されていません。その代わりに，同社の借入金に係る平均利率が1.8～2.3％であることに鑑みれば，他の債権者と比べて相対的に高い配当を B 種種類株主に次ぐ高い順位で優先的に受け取っていることになります。

債権者がその債権を債務者に現物出資した場合，債権と債務とが同一の債務者に帰属するため，当該債権は混同により消滅します（民法520条）。会計上も，当該債権の消滅を認識するとともに，消滅した債権の帳簿価額とその対価として取得した株式の時価との差額は当期の損益として処理します（ASBJ［2002］2(1)項）。**図表13-1**の事例のように現金の授受が介在した場合も，金銭出資と債権の回収とが一体と考えられる場合も，現物出資による場合と同じ会計処理をすべきものと考えられています（ASBJ［2002］1項）。

> 〔設例13-2〕 設例13-1における，債権者側（金融機関）の仕訳を考えましょう。なお，貸出金の50％について貸倒引当金を設定していたと仮定します。
> 債権放棄分：（借）貸出金償却　　70　（貸）貸出金　　　70
> 　　　　　　（借）貸倒引当金　　50　（貸）貸出金償却　50
> DES：　　　（借）投資有価証券　30　（貸）貸出金　　　30

債権者側の会計処理に簿価振替説を認めると，不良債権に生じている損失の先送りとなってしまい，過去には金融機関への批判につながった事例もあったようです（熊倉［2004］82頁）。さらには，当該債権について設定されていた貸倒引当金を戻し入れて利益を計上できる，といった誤解も一部にみられたようです（伊藤［2009］91頁）。ゆえに，債権者側の会計処理には公正価値振替説が採られています。「適正な期間損益の算定」といった企業会計の目的よりも，まずもって不信を拭い去る「財務の透明性の開示」という思考が優先されていることに注意する必要がある，といった指摘がみられます（石川［2006］131頁）。

既存株主にとって

債務超過が目前に迫っているような企業であれば，剰余金の配当は期待できず，株価は下落しており，既存株主が自己の出資額を満足に回収できる保証は

ありません。DESの実施は財務体質の改善による「延命策」といっても過言ではありませんが，図表13-1のA種種類株式のように新たな株主には優先的に配当が支払われる状況であれば，普通株式を保有する既存株主が最劣後の立場である点に変わりはありません。

　また，優先株式には一定期間が経過すると普通株式への転換を株主から請求できる権利が付されることがあります（図表11-5も参照のこと）。金融支援を受けたにもかかわらず株価水準が低いままでの転換は，より多くの株式を発行することとなり，結果として既存株式の持分は希薄化を免れません（日本経済新聞2014年3月23日（朝刊）1面）。次節でみる転換社債型新株予約権付社債（Convertible Bond，以下，CB）にも一定価格で普通株式と交換できる権利が付されており，既存株主にとって希薄化の懸念が残ります。

13.3　リキャップCB

短期的にみたリキャップCBの効果

　リキャップCBは，CBの発行および自己株式の取得（あるいは消却まで）の組み合わせによる負債と資本との再構成をいい，DESとは正反対の財務効果をもたらします。

　ケース13では負債の金額は167,150百万円から181,764百万円に増加しましたが，株主資本は（2014年度第2四半期に連結純利益5,777百万円を計上したうえで）176,706百万円から169,970百万円に減少し（図表13-5，B），自己資本比率も52.57％から49.91％にまで下がっています。一般的には，CBによる調達額の2～3割程度を自己株式の取得に充てる事例が多いようです（佐々木［2017］36頁）。わが国の上場企業においては2014年以降，自己資本利益率（ROE）の改善をその目的に掲げるなど，リキャップCBの実践例が増加したとされています（東証［2017］2頁）。「ROEの改善」には自己資本（分母）の追求のみならず，利益額（分子）を持続的に向上させる必要があることは言を俟ちません。増加の背景には証券会社や海外ヘッジファンドがほぼリスクを取

● 図表13-5　カシオ計算機株式会社における2014年度第2四半期の資本政策およびその仕訳（推定）

7月8日	（B-1）自己株式立会外買付取引（ToSTNet-3）による自己株式の取得。取得総額347百万円＝＠1,462円×237,300株。
7月23日	（A）第三者割当により2019年満期ユーロ円建CBを発行。社債の額面総額10,000百万円につき10,050百万円の払込。新株予約権1,000個を付与。権利行使時には金銭の払込を要しない。株式の発行価格（転換価格）2,061円[*1]。利率：年0.00％。潜在株式数は4,852,014株（同日現在での発行済株式総数の1.74％に相当）。
7月31日	（C）自己株式10,000,000株を消却（消却前の発行済株式総数の3.58％に相当）。
8月27日	（B-2）7月9日からの50日間，東証の立会市場において自己株式を取得。取得総額12,153百万円（取得した株式の総数7,372,100株）。
（A）CBの発行	（借）現金預金　　10,050　　（貸）新株予約権付社債　10,050百万円 （借）社債発行費　　　38　　（貸）現金預金　　　　　　　38
（B）自己株式の取得	（借）自己株式　　12,506[*2]　（貸）現金預金　　　　　12,507 　　　支払手数料　　　1
（C）自己株式の消却	（借）資本剰余金　　　645　　（貸）自己株式　　　　　10,970 　　　利益剰余金　　10,325

（＊1）当初の発行価格であって，その後の剰余金の処分にともなって徐々に引き下げられています。
（＊2）会社法155条7号による取得6百万円分（4,600株）を含みます。

（出所）カシオ［2014］および第59期有価証券報告書にもとづき，筆者作成。

らずに「濡れ手で粟」のごとく証券を売買できることがあったのではないか，という識者の観測が紹介されています（『エコノミスト』94(35), 40-41頁）。リキャップCBは「企業の実態を必ずしも反映しない一時的なROEの上昇をもたらす」（金融庁［2016］），といわれる理由について考えてみましょう。

転換社債型新株予約権付社債

　本書で概観しているCBとは，当該社債の募集要項において，社債と新株予約権とがそれぞれ単独では存在し得ないこと，および新株予約権が付された社債を当該新株予約権行使時における出資の目的とすることを予め明確にしている新株予約権付社債であって，会社法の規定にもとづいて発行されたものをいいます（ASBJ［2007］3項）。発行者側の会計処理としては，（a）一括法（CBの発行に伴う払込金額を普通社債の発行に準じて処理する），または（b）区分法（払込金額をふたつに分けて，社債の対価部分は普通社債の発行に準じて

処理し,新株予約権の対価部分は新株予約権の発行者側の会計処理に準じて処理する)が規定されています(ASBJ [2007] 18項)。**図表13-5**の事例で発行されたCBは,「本社債からの分離譲渡はできず,本新株予約権の行使は本社債の現物出資によりなされ,かつ本社債が繰上償還されると本新株予約権の行使期間が終了しこれに伴い本新株予約権は消滅する等,本社債と本新株予約権が相互に密接に関連することを考慮」して(カシオ [2014] 17頁),一括法による会計処理がなされています(**図表13-5,A**)。

新株予約権に関する仕訳は,基本的にはストック・オプションの場合と同様です(4章)。権利行使に伴い新株を発行する場合には,発行時に一括法を採用していれば,当該CBの帳簿価額を資本金(および資本準備金)に振り替えます(ASBJ [2007] 19(1)項)。自己株式を処分する場合には,自己株式を募集株式の発行等の手続により処分する場合に準じて自己株式処分差額を取り扱います。処分の対価については,発行時に一括法を採用していれば当該CBの帳簿価額とします(ASBJ [2007] 19(2)項)。

〔**設例13-3**〕 図表13-5の事例で発行されたCBは2016年度まで権利行使されていません。10,050百万円で発行されたCBの帳簿価額は10,043百万円(2014年度末),10,033百万円(2015年度末),10,023百万円(2016年度末)と徐々に償還金額10,000百万円に収斂しつつあります。仮に2016年度末に500個の新株予約権が行使されたとして,(a) 新株を発行,(b) 帳簿価額5,000百万円の自己株式を処分,それぞれの仕訳を考えましょう。

(a):(借)新株予約権付社債　5,012　(貸)資本金　　　　　5,012
(b):(借)新株予約権付社債　5,012　(貸)自己株式　　　　5,000
　　　　　　　　　　　　　　　　　　　　自己株式処分差益　　12

一括法の適用に関しては,「新株予約権を株主資本以外の純資産項目として位置づける会計基準に矛盾しないのであろうか」との疑問が呈されています(田中 [2007] 141頁)。CB以外の新株予約権付社債の場合には,区分法により処理します(ASBJ [2007] 21項)。IFRSsにおいても,CBの発行者側に一括法は認められていません(IASB [2011] pars.28-29;AG31)。

中・長期的にみたリキャップ CB の効果

設例13-3でみたように，CB が将来に権利行使された場合には，負債の減少と同時に株主資本が増加することとなります。仮にすべての CB が転換されれば，リキャップ CB を実施する以前の資本構成に逆戻りということです。もちろん，権利の行使には株価が予め決められた価格（転換価格）を上回っているはずであって（図表13-5，＊1），CB の発行時点から転換価格に達するまでの株価の上昇は既存株主にとっても望ましい状況といえるでしょう。ところが，CB が転換されることで既存株主の持分は希薄化し，自己資本が急増してROE が押し下げられる要因となります。なお，CB の発行会社が自身の選択によって社債を繰上償還できる取得条項が付されている場合もあります。たとえば，図表13-5の事例では，2019年7月23日に社債額面金額の100％で満期償還することになっています。ただし，普通株式の終値が30連続取引日のうちいずれか20取引日以上で転換価格の120％以上であった場合に発行会社が事前通知することで，残存する社債の全部を額面金額の100％で繰上償還できる「120％コールオプション条項」が付されています（カシオ［2014］12頁）。CB 保有者は当然ながら株式への転換を急ぐでしょう。発行会社にとっては，満期償還ならば流出したはずの現金預金をその後も運用し続けることができるという利点があります。

それでは株価が転換価格に達しない場合はどうでしょうか。既存株主にとって希薄化の問題はありませんが，「その転換価格には株価が到達しないだろう」と経営者が考えているのではないか，という疑いの目を向けてしまう可能性が指摘されています（重本［2015］79頁；東証［2017］10頁）。また，CB の保有者にとっては株式への転換ができない社債券を保有し続けることになります。普通社債（Straight Bond，以下，SB）にはない「転換権」という選択肢が付加されている CB は SB よりも利率が低く設定されており，図表13-5の事例のようにクーポン利息が零でも珍しくありません。発行会社としても，株式に転換されないまま償還期限を迎えると，額面金額に相当する現金預金を捻出する必要があります。

既存株主へ配慮した事例として，ANA ホールディングスが2017年9月に発行した CB は事実上の転換価格が1.5倍の水準に設定されており，交付する株

式数には上限を設けるなど希薄化を抑制しようと努めています（ANA［2017］6頁）。その他に，自己株式の取得に要する資金をSBの発行により調達するリキャップSBの発行も挙げられますが，Pecking-Order理論の観点からはCBより優先的に検討されるべきかもしれません（東証［2017］5頁）。

> ★コラム　最適資本構成★
>
> 　経営者と投資者との間に情報の非対称性が存在する環境下で上場企業が資金を調達する方法としては，金利負担の多寡という観点から（1）手許現金，（2）債券発行，（3）株式発行の順におこなうべき，というPecking-Order理論の考え方があります。他方で，負債の活用による「節税効果（借入利息は課税所得の算定において損金に算入される）」と「倒産可能性（過度な負債比率は企業財務を困窮させる）」との均衡を探るTrade-off理論の考え方もあります。リキャップCBも全社的な金利負担の低下を狙っている側面があります。
>
> 　また，資本構成の最適点は市場環境の変化により移動することがEastman Kodak Companyの破綻事例から示唆されており，すなわち，Trade-off理論における資本構成には多少の余裕を持たせる必要性が指摘されています（伊藤［2015］）。

●●●●● ケース13の問題を考える ●●●●●

　同社のROEは2015年度まで改善を続けたものの，目標としていた17%には達成しませんでした（図表13-6）。ただし，同社の配当政策は「安定配当の維持を基本に，利益水準，財務状況，配当性向，将来の事業展開・業績見通しなどを総合的に勘案し成果の配分を行う」ことが基本的な方針とされており，1株当たり配当額は25円（2013年度），35円（2014年度），40円（2015-16年度），と順調に推移している様子が窺えます。

　自己資本比率の上昇はROEを押し下げる要因となりますが，収益性の向上に伴うROEの上昇は望ましい姿の改善といえるでしょう。同社の事例では2016年度まで自己資本比率は緩やかに上昇を続けましたが，売上高当期純利益率の良し悪しがROEに対して直接的に影響していることが読

● 図表13-6　カシオ計算機株式会社（連結）における全社的な金利負担および各指標の推移

(単位：百万円，%)

	2013年度	2014年度	2015年度	2016年度
利息の支払額	1,223	990	445	412
配当金の支払額	8,065	7,298	10,454	10,894
合計金額	9,288	8,288	10,899	11,306
売上高当期純利益率	5.0	7.8	8.9	5.7
自己資本比率	50.5	54.5	54.9	55.9
自己資本利益率（ROE）	9.2	13.6	15.4	9.2

（出所）同社の有価証券報告書にもとづき，筆者作成。

み取れます。また，収益性の指標として，有利子負債と自己資本とを分母に据えた投下資本利益率（rate of Return on Invested Capital, ROIC）を採用した事例も紹介されています（日本経済新聞2015年11月28日（朝刊）17面）。経営者が恣意的に操作できる小手先の資本政策だけでは長期・安定的な投資者を惹きつけておくことは難しい，という点は12章で検討した問題と同根であるといえそうです。

参照文献

ANA［2017］：ANAホールディングス株式会社「2022年満期ユーロ円建取得条項（交付株数上限型）付転換社債型新株予約権付社債及び2024年満期ユーロ円建取得条項（交付株数上限型）付転換社債型新株予約権付社債の発行に関するお知らせ」，2017年8月31日。

ASBJ［2002］：企業会計基準委員会「デット・エクイティ・スワップの実行時における債権者側の会計処理に関する実務上の取扱い」，2002年10月9日。

ASBJ［2007］：企業会計基準委員会「払込資本を増加させる可能性のある部分を含む複合金融商品に関する会計処理」，2007年4月25日。

IASB［2009］：IFRIC Interpretation No.19: *Extinguishing Financial Liabilities with Equity Instruments*, Nov.2009, IASB.

IASB［2011］：International Accounting Standard No.32: *Financial Instruments: Presentation*, Dec.2011, IASB.

SHARP［2015］：シャープ株式会社「第三者割当による種類株式の発行，定款の一部変

更, 資本金及び資本準備金の額の減少並びに剰余金の処分に関するお知らせ」, 2015年5月14日。
SHARP [2016]：シャープ株式会社「資本金及び資本準備金の額の減少並びにB種種類株式の全部の取得に関するお知らせ」, 2016年5月12日。
池田 [2016]：池田幸典『持分の会計』中央経済社, 2016年10月。
石川 [2006]：石川純治『変わる社会, 変わる会計』日本評論社, 2006年5月。
伊藤 [2015]：伊藤友則「企業, 負債の活用に節度を（経済教室）」『日本経済新聞』2015年8月4日（朝刊）26面。
伊藤 [2009]：伊藤眞ほか編『金融商品会計の完全解説』改訂8版, 財経詳報社, 2009年7月。
大坪 [2017]：大坪稔「債務の株式化」『經濟學研究』83（5・6）, 1-17頁, 2017年3月。
カシオ [2014]：カシオ計算機株式会社「第三者割当による2019年満期ユーロ円建転換社債型新株予約権付社債の発行に関するお知らせ」, 2014年7月7日。
金融庁 [2016]：金融審議会「インベストメント・チェーンにおける顧客本位の業務運営の観点からの指摘の例」第4回市場ワーキング・グループ, 資料1, 2016年8月2日。
熊倉 [2004]：熊倉修一「金融機関によるデット・エクイティ・スワップに関する若干の考察」『武蔵大学論集』51（3・4）, 71-86頁, 2004年3月。
佐々木 [2017]：佐々木元哉「「資本政策に関する株主・投資家との対話のために～リキャップCBを題材として～」について」『経理情報』1479, 36-39頁, 2017年5月10日。
重本 [2015]：重本洋一「日本企業によるリキャップCB発行の現状とその狙い」『広島経済大学経済研究論集』37(4), 71-89頁, 2015年3月。
田中 [2007]：田中建二『金融商品会計』新世社, 2007年11月。
東証 [2017]：株式会社東京証券取引所「資本政策に関する株主・投資家との対話のために～リキャップCBを題材として～」, 2017年3月17日。
野口 [2003]：野口晃弘「デット・エクイティ・スワップ」『企業会計』55(7), 42-47頁, 2003年7月。
針塚 [2002]：針塚遵「デット・エクイティ・スワップ再論」『商事法務』1632, 16-21頁, 2002年6月。
米山 [2003]：米山正樹「デット・エクイティ・スワップ債務者側の会計処理」『学習院大学経済論集』39(4), 233-241頁, 2003年2月。

14 資金調達の会計(4)
―資金効率を改善する方策はあるのか―

本章のポイント

❶ 利益とキャッシュ・フローとの関係について考えます。
❷ キャッシュ・フロー計算書をどのように活用できるかについて考えます。

増収増益でも経営危機に直面した
――江守グループ HD 株式会社

　企業の成長力という点に着目すれば,「5期連続の増収増益」という企業は注目の的かもしれません。収益は伸びており,獲得する利益も増え,還元される配当も順調…。そのような企業が民事再生法の適用を申請するような状況に陥ってしまうのには,どのような罠が隠れていたのでしょうか。日本経済新聞2015年3月17日(朝刊)17面に「江守HD 最終赤字439億円,4～12月,貸倒引当金462億円」という記事が掲載されました。

> 　東証1部上場の化学薬品商社,江守グループホールディングス(HD)は16日,2014年4～12期の連結最終損益が439億円の赤字になったと発表した。前年同期は25億円の黒字だった。中国子会社による不適切な取引に伴って,貸倒引当金462億円を特別損失に計上したため。14年12月期末で234億円の債務超過となった。
> 　同社は2月6日,中国子会社の売掛金の回収可能性に疑義が生じたとして,2月9日に予定していた14年4～12月期の決算発表を延期すると発表していた。

　同社の連結財務諸表からは,2009年度以降の売上高や利益が3倍に伸びていただけでなく,貸借対照表項目も拡大の一途を辿っていたことが読み取れます(**図表14-1**)。
　2013年度まで各項目についてほぼ一貫して増加(拡大)傾向にあった一方で,以下の状況が継続企業の前提に重要な疑義を生じさせました(2015年3月期決算短信,6頁)。

・中国子会社における事業について大幅な貸倒引当金繰入額を計上した。
・業績が堅調であった国内事業にも信用不安が及んだ。
・顧客離れの発生や資金繰りの悪化が想定した以上の速度で進行した。

図表14-1　江守グループHD株式会社における連結財務諸表項目（一部）の推移

(単位：百万円)

	2009年度	2011年度	2013年度	09年度比	2014年度
売上高	65,706	115,924	208,927	(3.1倍)	224,619
営業利益	1,862	2,705	5,578	(3.0倍)	4,384
税金等調整前当期純利益	1,814	2,941	5,391	(3.0倍)	△53,161
現金及び預金	2,656	6,675	15,115	(5.7倍)	8,709
受取手形及び売掛金	18,269	33,738	65,736	(3.6倍)	27,277
破産更生債権等	—	—	3	—	64,409
貸倒引当金（流動・固定）	△105	△103	△200	(1.9倍)	△62,293
棚卸資産	2,786	6,307	5,964	(2.1倍)	6,301
支払手形及び買掛金	10,760	13,468	22,276	(2.1倍)	12,722
短期借入金及び長期借入金	11,126	30,605	51,741	(4.7倍)	73,689
株主資本合計	7,818	10,238	16,394	(2.1倍)	△37,825

(出所) 同社の有価証券報告書にもとづき，筆者作成。

・スポンサー契約から得られる入金金額でもすべての負債の弁済は困難である。

　その結果，2015年4月末に東京地方裁判所へ民事再生法の適用を申請しています。

問題

❶ どのような状況において，利益を獲得してもCashが涸渇してしまうのでしょうか。

❷ どのような経済活動から新たなCashを創出する姿が望ましいのでしょうか。

用語

Cashの裏付け　　黒字倒産　　安全性分析　　電子記録債権

14.1 キャッシュ・フロー計算書

基本的な意義

　本書で幾度となく言及しているように，企業会計の目的を適正な期間損益の計算と措定すれば，基本的には発生主義の思考に則って費用や収益を認識します。しかし，経営者による見積や将来予測が多分に介入し得る現代会計では，かような経営者の主観が損益計算に小さくない影響をおよぼします。その一方で，現金預金の動きは客観的な事実にもとづいて記録されることから，より硬い数値として財務諸表に示されます。貸借対照表（以下，B/S），損益計算書（以下，P/L）およびキャッシュ・フロー計算書（Statement of Cash Flows, 以下，C/F）を3本柱として捉えることで，財務諸表利用者は企業の置かれた状況をより適切に判断できるでしょう（図表14-2）。

　図表14-2について B/S と P/L とをみれば，現金は40万円だけ増えていて，純利益138万円を計上しており，経営状況は順調といえます。しかしながら，期末の買掛金や未払費用の支払時期が迫っているならば，手許現金120万円では心許ありません。金融機関が追加的な融資にも応じてくれなければ「勘定合って銭足らず」，すなわち，黒字倒産に陥りかねません。「メインバンクが手を引いたら，こりゃあ生き物が血を抜かれるようなもんだから…」といった台詞にも表れているように（伊丹［1987］110分），企業にとって Cash は血液のような存在であり，その循環に異変があれば速やかに正常化させる必要があります。

　企業会計審議会は1997年6月，連結情報重視の観点から連結C/Fを導入するとともに，それまで使われてきた資金収支表（個別）を廃止する旨を提言しました（BAC［1998a］一）。1998年3月に公表された「連結キャッシュ・フロー計算書等の作成基準」を金融商品取引法適用会社は現在も準拠しており，また，連結財務諸表を作成しない企業でも当該基準に準じた個別 C/F を開示しています（図表14-3）。

　C/F における Cash とは現金及び現金同等物をいいます。1987年度から開示されてきた資金収支表では「市場性のある一時所有の有価証券」も対象に含め

図表14-2 B/S, P/L, C/F の関係

次の取引から，期首 B/S，期末 B/S，簡易 P/L および簡易 C/F を作成してみましょう（単位：万円）。
(1) 当期首に現金¥80，固定資産¥420を元入れします。
(2) 年間をとおして商品¥800を掛仕入しました。買掛金の期末残高は¥220です。
(3) 年間をとおして商品¥750を合計¥1,250で掛売りしました。売掛金の期末残高は¥540です。
(4) 年間の人件費は¥310であり，うち¥20が期末時点で未払です。
(5) 固定資産の減価償却費は¥42とします。
(6) 金融機関から¥200を借り入れ，利息¥10は返済時に元本とともに支払う契約となっています。

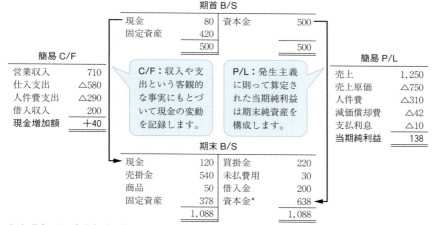

（＊）厳密には，資本金（元手）¥500と繰越利益剰余金（果実）¥138とを峻別します（11章）。

（出所）筆者作成。

られていましたが，価格変動リスクが高いことから，現行制度においては Cash の範囲から除かれています（BAC［1998a］三，2(1)）。経営者が Cash の範囲に含めた現金及び現金同等物の内容ならびに期末残高は注記開示されています（BAC［1998b］第四，1；**図表14-3，＊**）。

C/F の作成に際して，さまざまな企業の経済活動は(a)営業活動，(b)投資活動，(c)財務活動，に3区分されます（BAC［1998b］第二，二，1）。それぞれの区分からどのような要因でどれだけの収入（支出）があったかを分析することで，企業が置かれているおよその状況がみえてきます。**図表14-3**の事例では，第137期期首の時点で1,422百万円だった現金及び現金同等物は2年間で2,339百万円にまで増加しています。その要因が本業から稼ぎだした結果なのか，借入による調達なのか，はたまた保有する資産の売却により捻出したのか，

● 図表14-3　株式会社ホテル、ニューグランドにおける第137-138期 C/F（直接表示法）

（単位：百万円）

	第137期	第138期		第137期	第138期
営業活動によるCF			投資活動によるCF		
営業収入	5,005	5,700	有形固定資産の取得による支出	△1,137	△133
原材料又は商品の仕入支出	△1,626	△1,919	工事負担金受入による収入	—	348
人件費支出	△1,731	△1,686	その他	△7	2
その他営業支出	△1,620	△1,432	投資活動によるCF	△1,143	217
小計	28	663	財務活動によるCF		
利息及び配当金の受取額	2	2	長期借入金による収入	1,500	—
利息の支払額	△8	△5	長期借入金の返済による支出	—	△300
補助金の受取額	—	76	配当金の支払額	△29	△29
法人税等の還付額	—	55	その他	△1	△1
法人税等の支払額	△110	—	財務活動によるCF	1,470	△330
営業活動によるCF	△88	791	現金及び現金同等物の増減額	239	678
	（右上に続く↗）		現金及び現金同等物の期首残高	1,422	1,661
			現金及び現金同等物の期末残高	1,661	2,339

（＊）手許現金，要求払預金及び取得日から3ヶ月以内に満期日の到来する流動性の高い，容易に換金可能であり，かつ，価値の変動について僅少なリスクしか負わない短期的な投資からなっております。

（出所）第138期有価証券報告書にもとづき，筆者作成。

期中における増加（減少）額の内訳をみる必要があります。まずは，第137期と翌138期とでは，みっつのCFが正反対の動きとなっている点に着目しておきましょう。

営業活動によるキャッシュ・フロー（直接表示法）

　営業活動によるキャッシュ・フロー（以下，営業CF）の区分には，(a) 商品および役務の販売による収入，商品および用役の購入による支出など，営業損益計算の対象となった取引を「小計」欄までに記載し，(b) 利息の受払額や法人税等の支払額など，投資活動および財務活動以外の取引によるCFを「小計」欄より下に記載します（第1法；図表14-4，＊4）。収益と収入とが異なるように，営業収入の額は単に商品販売（売上）の金額を意味しません。商品を掛売りしている場合には，売掛金を回収して初めて営業収入と認められます。正の営業CFが計上される場合は，基本的には，商品仕入や人件費などに係る営業支出の額に比べて営業収入の額が大きい，という健全なCashの循環を意味しています。反対に，負の営業CFの場合は，本業でCashを獲得でき

ていない（Cashが流出している）ことを意味します。新興成長企業であればともかくも，一般的には2期連続で負の営業CFとなれば異常な状況であり，保有する資産に係る減損の兆候と判断される可能性もあります（8章）。

　以上のような営業CFの直接表示法は，営業CFが総額で示される点にその長所が認められていますが（BAC［1998a］三，4①），2011年4月から翌年3月までに決算日を迎えた有価証券報告書提出会社4,028社（日本基準）のうち25社（うち2社は連結C/Fも作成）において採用されている程度です（新日本［2012］）。「Cashの変動要因を示す」というC/Fの作成目的には適っているものの，そのためには親会社及び子会社において主要な取引ごとにCFに関する基礎的な情報を用意する必要があります（BAC［1998a］三，4②）。ただし，かような一般的な説明は作成方法と表示方法とが混在しているのであって，B/SおよびP/Lの調整計算にもとづいた間接作成法によっても直接表示法は可能である，といった指摘は傾聴に値するかもしれません（幸田［2015］）。たとえば，米国財務会計基準審議会（FASB）が2010年7月に公表した「財務諸表の表示（Staff Draft of an Exposure Draft）」では新たな財務諸表の体系として営業CFの直接表示法（par.168），および営業損益から営業CFへの調整（reconciliation）の開示（pars.172-173）が要請されていました。間接作成法はその計算結果に対する監査や内部統制の信頼性は乏しいという批判もありますが，それならば，資金勘定組織の研究の蓄積にもとづいた直接作成法も実現可能ではないかという指摘がなされています（遠藤［2015］81頁）。

　また，中小企業の場合には必要となる基礎的な情報が限られているため，「理論的に優れた直接法の適用が推奨される」という見解があります（河﨑［2003］157頁）。現行制度では，金融商品取引法の適用を受けない限りC/Fの開示そのものが要請されていません。それでも，(a)経営者自身が直接法にて作成し提出することによって債権者たる金融機関は売上高の質等がわかり信頼性や信用への良好な関係の構築に寄与する，(b)将来情報である資金繰表の提出により融資の返済計画も明らかとなる，(c)金融庁が金融機関に促している「事業性評価」の趣旨に合致した効果が期待され，ひいては地域企業の成長と地域創生につながっていく，といった主張がみられます（岡部［2016］脚注17）。

営業活動によるキャッシュ・フロー（間接表示法）

図表14-3の事例では第139期より，「損益計算書の損益と資金収支との関連を明瞭に表現し，他社との比較を容易にするため」に，営業CFの表示方法を間接表示法へ変更しています。参考として示された間接表示法による第138期C/F（図表14-4）と，図表14-3に示された直接表示法による営業CF（第138期）とを比較してみましょう。

間接表示法とは，法人税等を控除する前の当期純利益を起点として（図表14-4，二重線矢印），（a）非資金損益項目，（b）営業活動に係る資産および負債

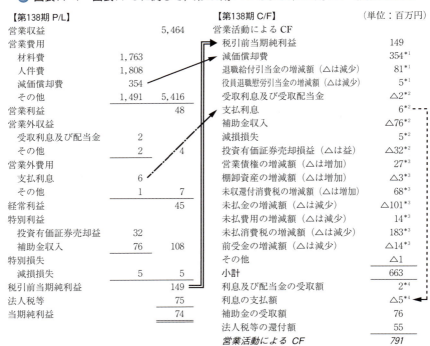

● 図表14-4　図表14-3に関して，第138期 P/L および第138期 C/F（間接表示法）

（＊1）非資金損益取引に係る項目
（＊2）営業外損益や特別損益に係る項目
（＊3）営業活動に係る資産および負債の増減額

（出所）第139期有価証券報告書にもとづき，筆者作成。

● **図表14-5　間接表示法による営業 CF の構造**

Cash＋他の資産＝負債＋資本	──── 貸借対照表等式の「資産」を分解する。
⊿Cash＋⊿他の資産＝⊿負債＋⊿資本	──── 各項目の期中変動分（⊿）をみる。
⊿Cash＝⊿資本＋⊿負債−⊿他の資産	──── ⊿他の資産を移項し，並べ替える。

⊿資本を「税引前当期純利益」とみれば，間接表示法による営業 CF の構造が導出されます。

(出所) 石川 [2015] 75頁にもとづき，筆者作成。

の増減，(c) 後述する投資 CF および財務 CF の区分に含まれる損益項目，を加減する方法をいいます（BAC [1998b] 第三，一，2）。これらの項目の加減算は，等式の変形（移項）によって簡潔に説明されます（**図表14-5**）。

はじめに，減価償却費や引当金繰入額などは，Cash の流出を伴わない費用の発生と整理できます（**図表14-4**，＊1）。損益計算においては控除項目となっているこれらの費用を「税引前当期純利益」に足し戻すことで，営業 CF を「逆算」しようというわけです（**図表14-4**，実線矢印）。ただし，営業債権に係る貸倒損失や棚卸資産評価損などは，税引前当期純利益の計算に反映されるとともに，営業活動に係る資産および負債の増減額にも反映されており，ここでの「非資金損益取引に係る項目」には含まれません（JICPA [2014] 12項）。

つづいて，営業外損益や特別損益に係る項目（**図表14-4**，＊2）も同様に理解することができます。すなわち，営業外費用および特別損失の項目は「税引前当期純利益」に加算する（足し戻す）一方で，営業外収益および特別利益の項目は減算しています（**図表14-4**，一点鎖線矢印）。また，営業活動に係る資産および負債の増減額（**図表14-4**，＊3）については，負債項目の増加は営業 CF の増加要因となり，資産項目の増加は営業 CF の減少要因となります（**図表14-5**）。各 B/S 項目について期中の増減額を計算したうえで（**図表14-6**），間接表示法による営業 CF を構成する項目の符号を確認してみましょう。

以上のような営業 CF の間接表示法は，税引前当期純利益と営業 CF との差異が明示される点にその長所が認められています（BAC [1998a] 三，4③）。ひいては，営業利益と営業 CF の「小計」欄とを対照させることで，どの程度の乖離が何のために生じているかを把握することが可能となるでしょう。特に，営業利益が計上されているにもかかわらず営業 CF が負の値に落ち込んでいる事例は Cash の裏付けがない利益を捻出していることとなり，経営改善の鍵と

● 図表14-6　図表14-3および図表14-4に関して，第138期 B/S（一部）

（単位：百万円）

	（期首）	（期末）		（期首）	（期末）
現金及び預金	1,661	2,339	買掛金*1	438	438
売掛金	287	260	未払金*2	210	58
原材料及び貯蔵品	81	83	未払費用	254	269
未収還付消費税等	68	―	未払消費税等	―	183
			前受金	151	136

（*1）期首と期末とで増減額が僅少なため，図表14-4には「仕入債務の増減額」が記載されていません。
（*2）営業活動以外の債務が含まれているために，図表14-4の「未払金の増減額△101百万円」とは一致していないものと推定されます。

（出所）第138期有価証券報告書にもとづき，筆者作成。

なるかもしれません。

　営業 CF を売上高で除した指標は営業キャッシュ・フロー・マージン（Cash Flow Margin，以下，CFM）と呼ばれます。一般的には売上高○○利益率が企業の収益性を表す指標とされますが，利益の額は経営者が選択した会計処理ひとつで大きく左右されます（図表3-6など）。ゆえに，CFM は会計処理には左右されない収益性の指標ともいえるでしょう。

投資活動および財務活動によるキャッシュ・フロー

　投資活動によるキャッシュ・フロー（以下，投資 CF）の区分には，将来に利益を獲得するための固定資産の取得および売却，余剰資金を運用するための有価証券の取得および売却などによる CF を記載します。財務活動によるキャッシュ・フロー（以下，財務 CF）の区分には，株式や社債の発行による収入，自己株式の取得による支出など，資金の調達および返済による CF を記載します。投資 CF および財務 CF は主要な取引ごとに総額で表示しなければなりませんが，期間が短く，かつ，回転の速い項目に係る CF については，純額で表示することもできます（BAC［1998b］注解8）。

　図表14-3の事例では，第137期に15億円を借り入れ，翌138期から5年間で3億円ずつ返済する予定です。借入金のうち11億円は第137期において耐震補強やリニューアルの工事（有形固定資産の取得）に充てられましたが，当該工事の一部は自治体負担となり翌138期に工事負担金を受け入れています。

なお，図表14-3の事例とは異なり，利息及び配当金の受取額を投資CFの区分に記載し，利息及び配当金の支払額を財務CFの区分に記載する方法（第2法）も認められています（BAC [1998b] 第二，二，3②）。この方法は，受取利息や受取配当金は投資活動の成果であり，支払利息や支払配当金は（費用か利益処分かという差異はあるものの）財務活動に係る犠牲である，といった思考にもとづいています。図表14-3のような第1法が実践では多くみられますが，利息は時間の経過によって生じる一方で現金預金は増価した元本の取崩である，という本書の理解からは（図表2-4；図表6-2），むしろ第2法のほうがあるべき表示方法といえるでしょう。もちろん，第1法であっても，「小計」欄の下に記載することで本来的な営業CFとは区別されており，その観点において営業CFの比較可能性は担保されています（鎌田 [2001] 100頁）。

現金及び現金同等物に係る換算差額

図表14-3の事例には記載がありませんが，外貨建Cashを保有している場合には，為替相場の変動によって円建に換算した結果が増減します（図表14-7）。また，在外子会社におけるCashについても，換算手続の結果として生じた円建による換算差額として，この区分に含めて表示されます（図表14-10）。

14.2 キャッシュ・フロー計算書の活用

純現金収支

本業で獲得したCashを必要な投資に充てた後の金額を純現金収支（Free Cash Flow，以下，FCF）といい，簡便的には営業CFと投資CFとを合算して求められます。「経営者の意のままに分配できる額」という意味のとおり，正の営業CFを確保したうえで投資CFに充てる循環が一般的に望ましいとされます。ただし，図表14-3の事例のように，大きな設備投資を計画している場合には必要額を財務CFで調達し（第137期），FCFに余裕があれば借入金の返済や自己株式の取得によって財務体質を改善する，という循環も理想的です。

● 図表14-7　スカイマーク株式会社における P/L 項目（一部）および C/F の推移

(単位：百万円)

	2010年度	2011年度	2012年度	2013年度	2014年度
事業収益	58,024	80,255	85,943	85,975	80,946
航空機材リース料	6,013	7,726	10,565	15,005	19,473
燃料費・燃料税	12,588	18,589	23,907	26,937	27,430
事業総利益	13,972	18,613	8,479	841	△14,162
当期純利益	6,325	7,705	3,778	△1,845	△19,370
営業 CF	14,825	9,621	1,059	355	△10,180
投資 CF*	△5,302	△13,125	△10,855	△13,920	△788
純現金収支	9,523	△3,504	△9,796	△13,565	△10,968
財務 CF	△435	17,571	△33	△415	6,542
換算差額	△179	168	2,337	△2,109	△259
Cash 期末残高	16,412	30,648	23,155	7,065	2,379

（＊）投資 CF のうち，エアバス A380型機6機に係る投資額および投資予定総額の推移

	2010年度	2011年度	2012年度	2013年度	2014年度
当期投資額	1,559	6,907	6,117	7,052	
投資累計額	1,559	8,467	14,583	21,635	
投資予定総額	155,898	153,733	179,518	191,585	

（出所）同社の有価証券報告書にもとづき，筆者作成。

　図表14-7の事例では営業 CF について，2013年度まで正の値を維持できているとはいえ急減しています。事業収益は伸びた一方で事業総利益が伸び悩んだ要因は「為替相場が円安基調へとシフトしたこと，原油価格の高止まりが続いたこと」とされています（第18期有価証券報告書，6頁）。たとえば，航空機材リース料および燃料費・燃料税が事業収益に占める割合は32％（2010年度）から49％（2013年度）にまで膨らんでいます。

　他方で，投資 CF は恒常的に重く圧し掛かっていました。2011年2月に発注したエアバス A380型機6機は桁違いの投資規模であり，自己資金を財源とする旨を明らかにしていましたが，それを賄えるだけの潤沢な Cash は営業活動から創出できていません。負の FCF が年々膨らむと Cash はいずれ涸渇してしまうため，2011年度に株式を発行して175億円を調達しています。しかし，同社は長年にわたって借入金や社債などによる調達をおこなっておらず，この

無借金経営が苦しい資金繰りを乗り切れなかった一因であるという指摘もなされています（日本経済新聞2015年1月29日（朝刊）3面）。

　わが国全体におけるFCFの実情をみてみましょう。たとえば2000年3月期から11年間の製造業660社について，営業CFで獲得した枠内での投資CFに留まり，余裕資金は借入の返済や株主還元に充てられ，景気の刺激や企業活動を活性化させるための超低金利政策にもかかわらず必ずしも投資は盛り上がってはいない，という指摘がなされています（松村［2011］55-56頁）。片や，2010年3月期以降に比較可能な上場企業1,634社の集計結果として，2017年3月期は5年ぶりにFCFが減少した，という報道もみられます（日本経済新聞2017年6月7日（朝刊）19面）。とくに，「2008年秋のリーマン・ショック以降，大規模な設備投資を手控えてきた。多くの企業で本来は営業CFの押し上げ要因になる減価償却費が一巡している」といった記事は，ある年度における大規模な設備投資（負の投資CF）が翌期以降における営業CFの増加要因となるようにも読めますが，あくまで間接表示法を念頭に置いた思考であることに留意すべきでしょう。自己金融という減価償却の財務効果が営業CFの増加としてC/Fに表れている，といった解釈も散見されますが，Cashに裏付けられた純利益を計上していなければ自己金融の効果は享受できません（7章）。真の意味で営業CFを増やすには，営業収入をきちんと獲得していく必要がある点は言を俟ちません。

運転資金日数（CCC）

　B/SやP/Lを用いて営業CFの短期的な効率性を判断する指標は運転資金日数（Cash Conversion Cycle，以下，CCC）と呼ばれています。原材料や在庫の仕入にCashを投じてから商製品を販売してCashを回収するまでの日数を表しており，CCCが短いほど効率的な営業循環が達成できているといえます。CCCの短縮によって運転資金が相対的に軽くなるため，より多くのCashを投資活動や財務活動へ充てることが可能となります。たとえば，大規模な投資活動を計画している場合に営業活動によるCashの獲得では不十分であるという判断があったからこそ，企業外部に資金調達の源泉を求めます。かかる調達源泉に着目することで，将来の営業活動が生み出す将来CFに関する経営者

の見込みを予測することに役立つだろう，という見解があります（来栖［2010］66頁）。「貸借対照表の貸方は資金調達の源泉を示す」とは古くから知られている見方ですが（図表11-1），実際に投じるCashの将来予測に着目する考え方として，今後の研究が注目されます。

東芝テック株式会社はCCCの指標をいち早く取り入れた企業のひとつとして知られています。2008年度以降の有価証券報告書には「今後も営業活動及び投資活動においては，増益並びにCCCの効率向上，投資などの支出が見込まれるが，Cash残高はほぼ当年度並みの見通しである」といった記述がみられる一方で，2007年度の有価証券報告書でも「増益及び棚卸資産・売上債権の圧縮等資産効率化の更なる深耕などにより営業CF創出に努める」としており，早くからCashの流動性を改善する意識をもっています（図表14-8）。

● 図表14-8　東芝テック株式会社におけるCCC（連結，簡易推計）

（単位：億円）

		08年度末	09年度	10年度	11年度	12年度	13年度	2014年度
(B/S)	売上債権[*2]	584	560	545	568	839	884	810
	棚卸資産	349	310	343	318	377	421	457
	仕入債務	405	438	430	470	718	757	901
(P/L)	売上高	—	3,646	3,623	3,506	4,037	4,989	5,246
	売上原価	—	1,933	1,923	1,859	2,244	2,837	3,014
売上債権回収日数		—	57.3	55.7	57.9	63.6	63.0	58.9
棚卸資産滞留日数		—	62.2	62.0	64.9	56.5	51.3	53.2
仕入債務支払日数		—	79.6	82.4	88.4	96.6	94.9	100.4
CCC（日）[*1]		—	39.9	35.3	34.5	23.5	19.5	11.7
営業CF		—	281	233	162	265	208	230
投資CF		—	△81	△79	△95	△438	△426	△148
財務CF		—	13	△86	△134	△41	△81	△50
Cash期末残高		685	887	929	860	720	473	550

（＊1）CCC＝売上債権回収日数＋棚卸資産滞留日数－仕入債務支払日数により算定します。便宜的に，各B/S項目の期首残高と期末残高とを単純平均した金額を1日分の売上高（または売上原価）で除して算出しています。
（＊2）売上債権残高に占める売掛金残高の相対的な高さ（低さ）は，債権者の価格交渉力の相対的な弱さ（強さ）を示すことから（来栖［2010］61-62頁），厳密には，売掛金と受取手形とを区別して判断する必要があります。

（出所）同社の有価証券報告書にもとづき，筆者作成。

図表14-8の事例では，CCCを年々短縮させながら，手許のCashを減少させていることが読み取れます。売上高が増加している一方で売上債権の期末残高は2012年度を境に減少傾向にあったり，売上原価の増加率以上に仕入債務の期末残高が膨らんでいたり，といった点にCCCの改善をみることができます。2012-13年度には事業譲受に係る支出の影響によりFCFは負の値となっていますが，潤沢な手許Cashにも支えられて恒常的に負の財務CFを計上しています。資金力に余裕のある企業であれば，CCCを必要以上に追求する必要もありません。敢えて対価の受取条件を譲歩する（回収期間を長くする）ことで，それ以外の条件交渉を優位に進めるということも選択肢となるようです（大津［2009］183頁）。また，売上債権回収日数の短縮や仕入債務支払日数の遅延は即効性がある一方で信用に影響を及ぼす可能性が高いことをふまえると，棚卸資産滞留日数を軸にCCCの改善を試みるべきである，といった興味深い主張もみられます（山本［2012］50頁）。

　なお，CCCの観点は，伝統的な経営指標とは相反する評価となり得る点には留意する必要があります。図表14-8の事例では流動比率（＝流動資産÷流動負債）は181％（09年度末）から145％（14年度末）に下落し，流動資産のうち現金預金および売上債権を分子に据えた当座比率も133％から82％へと悪化しています。このような短期的な安全性に関する経営指標と，支払手段たるCashの効率性を追求するCCCとの均衡が実践においては欠かせません。

> ★コラム　電子記録債権★
>
> 　主として中小事業者における資金調達の円滑化などを目的として，2008年12月に電子記録債権法が施行されました。電子債権記録機関の記録原簿への「発生記録」や「譲渡記録」といった電子記録によって効力が生じ，売掛金に係る欠点（二重譲渡の危険；債権譲渡について債務者へ通知する手間）および受取手形に係る欠点（作成や保管の手間；分割ができない）を克服する役割が期待されています。
>
> 　全国銀行協会が2013年2月に運営を始めた「でんさいネット」は，2015年4月に利用件数が累計100万件を突破し，2017年5月時点で448千社が利用者登録をおこなっています。企業が営業所や支社ごとに受け取る電子債権を本社でまとめて管理できる決済サービスや，電子債権を担保とした運転資金の

融資など,大手金融機関も普及に積極的といわれます(日本経済新聞2014年2月10日(朝刊)5面)。

2014年度における発生記録の総額は5兆6,330億円でしたが,2年後には12兆672億円(2.1倍)にまで拡大しています(図表14-9)。下請けや孫請けといった中小企業における資金繰りを着実に支えるためには,取引相手である大企業の利用も不可欠といえます。企業数では1%に満たないとされる大企業(資本金額1億円以上)ですが,でんさいネットの利用高は48%(2013年度)から59%(2016年度)にまで拡大しており,わが国全体での資金循環効率を高める契機として期待できるかもしれません。

● 図表14-9 電子債権記録機関「でんさいネット」の利用(発生記録)状況

	2014年度				2016年度			
	(千件)	(%)	(億円)	(%)	(千件)	(%)	(億円)	(%)
製造業	360	48.7	24,120	42.8	792	46.2	48,265	40.0
卸売業・小売業	252	34.0	23,393	41.5	607	35.5	50,533	41.9
建設業	84	11.4	5,216	9.3	212	12.4	14,713	12.2
その他	43	5.8	3,601	6.4	101	5.9	7,161	5.9
合計	740	100.0	56,330	100.0	1,712	100.0	120,672	100.0

(出所)全銀協[2017]にもとづき,筆者作成。

●●●●● ケース14の問題を考える ●●●●●

図表14-1では,2009年度から2013年度にかけて,売上高が657億円から2,089億円へと3.1倍に増えている一方で,売上債権は183億円から657億円へと3.6倍に膨らんでいました。すなわち,売上高の伸び率に売上債権の回収が追い付いていないという状況が見え隠れしますが,それは同社の連結C/Fからも読み取ることができます(図表14-10)。

2009年度以降,現金及び現金同等物の金額は増加傾向にありましたが,FCFはすべての年度において負の値となっており,不足分を借入金の増加により補っていたことが読み取れます。同社に融資をおこなっていた金融機関のひとつは2015年3月期に貸出金償却(貸倒損失)を計上していま

● 図表14-10　江守グループHD株式会社における連結C/Fの推移

(単位：百万円)

	2009年度	2010年度	2011年度	2012年度	2013年度	2014年度
営業CF	△718	△6,679	△6,916	△2,671	△5,198	△21,624
投資CF	△449	△398	△632	△976	△331	△572
純現金収支	△1,167	△7,077	△7,547	△3,647	△5,528	△22,197
財務CF	1,903	9,980	8,876	3,511	12,038	15,226
換算差額	△52	△176	△37	867	1,199	564
Cash期末残高	2,656	5,383	6,675	7,407	15,115	8,709

(出所) 同社の有価証券報告書にもとづき，筆者作成。

す。すべてが同社への融資とは限りませんが，その金額は100億円を超えており（前年度は6億円），利益への影響は小さくありません。「中国ビジネスの難しさがあった。調査網を拡大し，取引先との関係をより深掘りする必要がある」という銀行頭取の発言が紹介されています（福井新聞オンライン，2015年5月20日付）。

参照文献

BAC［1998a］：企業会計審議会「連結キャッシュ・フロー計算書等の作成基準の設定に関する意見書」，1998年3月13日。

BAC［1998b］：企業会計審議会「連結キャッシュ・フロー計算書等の作成基準」，1998年3月13日。

JICPA［2014］：日本公認会計士協会「連結財務諸表等におけるキャッシュ・フロー計算書の作成に関する実務指針」，2014年11月最終改正。

石川［2015］：石川純治『複式簿記のサイエンス』増補改訂版，税務経理協会，2015年12月。

伊丹［1987］：伊丹十三監督『マルサの女』伊丹プロダクション，1987年2月。

遠藤［2015］：遠藤秀紀「直接法キャッシュフロー計算書の連携」『産業経理』75(3)，79-92頁，2015年10月。

大津［2009］：大津広一『戦略思考で読み解く経営分析入門』ダイヤモンド社，2009年9月。

岡部［2016］：岡部勝成「中小企業のキャッシュ・フロー計算書と資金繰表における理論的考察」『税経通信』71(14)，151-161頁，2016年12月。

鎌田［2001］：鎌田信夫『キャッシュ・フロー会計の原理』税務経理協会，2001年11月。

河﨑 [2003]：河﨑照行「第Ⅱ部第2章-15　キャッシュフロー計算書」武田隆二編『中小会社の会計』中央経済社，2003年4月。

来栖 [2010]：来栖正利「キャッシュ・コンバージョン・サイクル」『會計』178(6)，57-69頁，2010年12月。

幸田 [2015]：幸田威久矢「キャッシュ・フロー計算書の作成方法」『八戸学院大学紀要』51，57-70頁，2015年12月。

新日本 [2012]：新日本有限責任監査法人，https://www.shinnihon.or.jp/corporate-accounting/case-study/2012/2012-09-24.html（2017年5月28日閲覧）。

全銀協 [2017]：全国銀行協会，https://www.densai.net/stat（2017年6月19日閲覧）。

松村 [2011]：松村勝弘「キャッシュ・フロー・ブームの問題点とキャッシュ・フロー情報利用の一視点」『龍谷大学経営学論集』50(4)，44-63，2011年3月。

山本 [2012]：山本宣明「キャッシュ・コンバージョン・サイクルと原価計算」『LEC会計大学院紀要』10，47-62頁，2012年12月。

電力会社の会計
―その特殊性をどのように理解すればよいのか―

・・・・●本章のポイント●・・・・・・・・・・・・・・・・・・・・・・・・・・・・・
❶ 電力会社の会計とは相即不離の料金規制について考えます。
❷ 自由化を見据えた電力会社の会計の在り方について考えます。

企業外部の規制を受けて原発の廃止を決定した——中国電力株式会社

　2011年3月11日に発生した東日本大震災が引き金となった東京電力株式会社福島第一原子力発電所の事故は，わが国の電力事情に大きな影響を及ぼしました。2013年7月施行の改正原子炉等規制法（正式名称は「核原料物質，核燃料物質及び原子炉の規制に関する法律」）では原発の運転期間が原則として40年と定められ，原発を擁する電力各社の経営判断を左右させています。日本経済新聞2015年3月13日（朝刊）5面に「5基廃炉，来週にも決定，原発廃棄物／地元への影響，選別後の課題山積」という記事が掲載されました。

　廃炉する方針が固まった5基は日本原子力発電の敦賀1号機（福井県）と関西電力の美浜1，2号機（同），中国電力の島根1号機（島根県），九州電力の玄海1号機（佐賀県）。各社は早ければ18日にも臨時の取締役会を開いて廃炉を決め，地元自治体への説明を経て正式発表する。
　5基は国内原発の草創期に建てられ運転開始から39～44年がたつ。出力規模は34万～56万キロワットと小さく，新しい原発の半分以下だ。新しい規制基準に対応するには1基あたり1千億円単位の追加工事費用がかかる。
　原発は稼働が40年を過ぎても，原子力規制委員会が老朽化の具合や安全性を審査して合格すれば，運転を最長20年延長できる例外規定がある。

　中国電力株式会社は2015年3月18日に島根原子力発電所1号機の廃止を決定しましたが，当時の「報道資料」では次のように述べられています。

　運転期間を延長する場合には，新規制基準への適合に加え，特別点検を行ったうえで運転期間延長の認可を受ける必要があり，これには長期

かつ大規模な安全対策投資が必要になるものと考えています。

　また，このたび，廃炉を円滑に進めるための会計関連制度が導入されるなど，原子力を取り巻く事業環境は大きく変化してきており，今後の電力需要や供給力なども踏まえて総合的に勘案した結果，2015年4月30日をもって，島根原子力発電所1号機を廃止することとしたものです。

問題

❶　「廃炉を円滑に進めるための会計関連制度」には，廃止を決めた原子力発電施設について，どのような規定がなされているのでしょうか。
❷　原発を擁する大手電力会社と一般的な株式会社とで，「会計」の位置づけは異なっていると捉えてよいのでしょうか。

用語

総括原価方式　　　40年運転制限制　　　除却仮勘定
原子力廃止関連仮勘定　　　原子力発電施設解体引当金
資産除去債務

15.1　電力会社における会計の役割

総括原価方式

　本書で取り扱う「電力会社」とは，小売自由化に伴って新規に参入した事業者ではなく，原子力発電施設を擁する既存の大手事業者（厳密には，発電および小売とは別の送配電事業者です）を指しています。こういった電力会社の検討には，（a）消費者の利益を実現するという公共要素と（b）私有会社として

利益追求を求められるという民間資本要素との対立関係を念頭に置く必要があります（小坂［2013］190頁）。損益計算書の構造を思い浮かべれば，利益追求のためには収益の増加や費用の減少を狙えばよいかもしれません。しかしながら，設備維持費の極端な削減やむやみな料金の値上げを伴う経営は，公共要素の観点からは認められません。

　電気事業会計規則にもとづいて作成される財務諸表を概観すれば，貸借対照表は固定項目の次に流動項目が掲記される固定性配列法であったり，電力会社の損益を調整するための渇水準備引当金が計上されていたり（本章のコラム），損益計算書では電気事業営業収益から電気事業営業費用を控除することで営業利益を算定したり，といった特徴は明白です。ただし，電力会社の会計を考察するときは，「経済産業大臣は，一般送配電事業の適確な遂行を図るため特に必要があると認めるときは，一般送配電事業者に対し，一般送配電事業の用に供する固定資産に関する相当の償却につき方法若しくは額を定めてこれを行うべきこと又は方法若しくは額を定めて積立金若しくは引当金を積み立てるべきことを命ずることができる」という規定が鍵となります（電気事業法27条の3）。不適切な減価償却では投下資本の回収ができませんし，不十分な引当では負債が顕在化したときに引当不足額が重く伸し掛かります。電気事業の適確な遂行を図るために営業費用は適切に計上する，そして料金原価に算入して確実に回

図表15-1　総括原価方式の捉え方

	適正な原価＋適正な利潤*＝電気料金収入	
	（費用）	（収益）
肯定的な捉え方の例	総括原価方式で技術革新が可能となり，今の電力システムが出来上がった（井上［2012］68-71頁）。投資回収の見込みが立つからこそ，計画的な設備投資を適切に行える（竹内［2014］182頁）。	
否定的な捉え方の例	多少の誤差は仕方なくとも，水増しされた料金を負担したような事例があった（佐藤［1981］178頁）。発電には無関係な費用や寄附金を，発電費用に組み込んだ事例もあった（大島［2013］88-91頁）。	

（＊）適正な利潤は，「真実かつ有効な事業資産の価値」×「事業報酬率」によって算定されます。端的に示すならば，電気事業固定資産や建設仮勘定，核燃料資産や運転資本などの「事業資産の金額」に，それらの資産等を維持するために必要な資本コストを乗じて算出します。各社とも3.0％前後で認可されている事業報酬率の算定にあたっては，債権者への支払利息のほか株主への配当も考慮されている点に留意する必要があります。

（出所）電気事業法18条3項1号および各論者の見解にもとづき，筆者作成。

収できるようにする――そういった考え方を総括原価方式といいます（図表15-1）。

除却仮勘定

　除却する設備に関して除却仮勘定を用いる簿記処理に，総括原価方式の考え方がみてとれます（設例15-1）。除却には多くの場合に長期の工事を伴い，また除却する物品の数量も多数となります。除却漏れの誤りを防止する観点や，電気事業固定資産とこれ以外の固定資産とを明確に区分する観点から，除却仮勘定は設けられています（電気事業講座［2008］113頁）。

> 〔設例15-1〕　大規模な除却工事の必要な送電設備（帳簿原価100,000千円，減価償却累計額60,000千円）について，当期末までに除却費用45,000千円を要しました（工事は7割まで完了）。設備の一部10,000千円を他に流用できる場合の簿記処理を考えましょう。

　利用を終了した送電設備は収益の獲得に貢献しませんが，総括原価方式の考え方にもとづき，「固定資産除却費」を営業費用に算入し，電気料金として回収することが認められています。ゆえに，除却仮勘定の資産性は「除却仮勘定それ自体が収益を生み出す」というよりも，「固定資産除却費に収入の裏付けがある」といった理解のほうが正確だと考えられます（図表15-2）。

　送電設備はその除却が決定しても，長期の工事を伴って徐々に解体されます。その過程は，［送電設備→除却損失→除却仮勘定→固定資産除却費］といった

● 図表15-2　設例15-1に関する簿記処理

		借方			貸方	
除却決定時	（借）	減価償却累計額	60,000	（貸）	送電設備	100,000
		除却損失	*40,000*			
	（借）	*除却仮勘定*	*40,000*	（貸）	*除却損失*	*40,000*
進捗に応じて	（借）	貯蔵品	10,000	（貸）	*除却仮勘定*	*28,000*
		固定資産除却費	18,000			
	（借）	固定資産除却費	45,000	（貸）	現金預金	45,000
	（借）	現金預金	63,000	（貸）	売上	63,000

（出所）藤田［2014b］46頁を一部改変。

勘定科目間の振替で示されます。除却仮勘定は送電設備の未償却原価40,000千円が振り替えられていることから，当初認識時には［過去支出額］による測定がなされているといえます。このとき，斜字体の「除却損失」は送電設備と除却仮勘定とを連繋させる役割を担っており，送電設備の未償却原価が直接に除却仮勘定に振り替えられたわけではない点に留意すべきでしょう。

なお，除却仮勘定の借方残高12,000千円には電力会社自身が工事の進捗度をどのように捉えているか（**設例15-1**では7割が完了したので，未完了は3割）が示されます。とはいえ，未償却原価に過ぎない除却仮勘定40,000千円の本質は除却損失の繰延といえます。

原子力発電施設の廃止決定に関する会計処理の変遷

建物や機械装置の利用を終了した場合には，その時点での未償却原価を特別損失に計上します。電力会社についても同様であり，中部電力株式会社は浜岡原子力発電所1，2号機の廃止決定に際して，2009年3月期に1,537億円の特別損失を計上しました（**図表15-3**）。

ここで，廃炉会計の制度設計について考えてみましょう。運転終了後も一定期間にわたって放射性物質の安全管理が必要という廃止措置の実態をふまえて，料金・会計制度が円滑かつ安全な廃止措置の遂行にあたって適切かどうかの検証および見直しがなされました（**図表15-4**）。

2013年9月に公表された経産省［2013］は，「発電と廃炉とは一体の事業で

● 図表15-3　浜岡原発1，2号機の廃止決定に関する簿記処理（推定）

(借)浜岡1, 2号運転終了関連損失	153,698	(貸)建物・構築物・機械装置等*1	30,861百万円
・発電設備関連の損失等	53,625	核燃料資産（主に，装荷核燃料）	23,652
・発電設備の解体費用	48,008	使用済燃料再処理等準備引当金	4,065
・原子燃料の損失	52,064	原子力発電所運転終了関連損失引当金*2	87,009
および処理費用		その他資産の減少，負債の増加	8,111

(*1) 建物，構築物，機械装置等の減損損失については，**図表8-3**も参照のこと。
(*2) 運転終了に伴い発電設備の解体等により今後発生する費用または損失に備えるため，2008年度末における合理的な見積額を計上しています。後述の「原子力発電施設解体引当金」(2010年度以降は「資産除去債務」に振替) とは別の項目です。過年度に積み立てた (1，2号機の) 解体費用が振り替えられておらず，原子力発電施設解体引当金の対象とはならない作業に関連する費用見積額であると推定されます (平野［2014］5頁)。

（出所）第85期有価証券報告書にもとづき，筆者作成。

● 図表15-4　原子力発電施設の廃止決定が財務諸表へ与える影響の変遷

	2013年9月以前	2013年10月以降 （経産省［2013］）	2015年3月以降 （経産省［2015］）
原子力発電施設解体 引当金の引当不足額	特別損失へ一括計上	運転終了後10年間で 定額法により積立	同左
廃止措置資産[*1]の 残存簿価	特別損失へ一括計上	原子力発電設備として 引き続き資産計上	同左
発電資産等[*2]の 残存簿価	特別損失へ一括計上	同左	廃止仮勘定(a)へ振替
将来にわたる核燃料 資産の解体費用等	負債計上とともに同額を 特別損失へ一括計上	同左	負債と同額を 廃止仮勘定(b)へ計上

（＊1）廃止措置中も電気事業の一環として事業の用に供される設備（例）原子炉格納容器，原子炉容器。
（＊2）発電のみに使用する設備および核燃料資産（例）タービン，発電機，装荷核燃料。
（出所）平野［2016］表1を一部改変。

ある」という前提を設けました。原子炉格納容器などの廃止措置資産は電気事業の一環として事業の用に供されるという論理により，特別損失ではなく引き続き資産計上することと整理されています。

2015年3月に公表された経産省［2015］では，いわゆる運転期間延長認可制度（40年運転制限制）の導入を念頭に，経産省［2013］で措置しきれずに特別損失となっていた部分に原子力廃止関連仮勘定を新設する工夫が施されました。以下では，原子力廃止関連仮勘定を（a）発電資産等の残存簿価の部分（廃止仮勘定(a)）と，（b）将来にわたる核燃料資産の解体費用等の部分（廃止仮勘定(b)）とのふたつに分けて検討しましょう。もっとも，本書の理解によれば，理論的にも実践上も両者を区別する積極的な理由はない，という結論が導かれます（図表15-10）。

はじめに，原子力発電施設の一生涯を，t_0：着工，t_1：完成（運転開始），t_2：運転終了，t_3：本格的な廃止措置の開始，t_4：廃止措置の完了，の各時点に区切ります（図表15-5）。建設中（t_0からt_1まで）は建設仮勘定で処理されます。運転中（t_1からt_2まで）は主として定率法による減価償却がおこなわれています。廃止措置には約30年を要しますが，本格的な解体作業に取り掛かることができるまで放射能の減衰を俟つ10年間（t_2からt_3まで）に原子力発電設備および廃止仮勘定の帳簿価額を零まで下げていきます。便宜上，図表15-5では直線

● 図表15-5　原発の着工から廃止措置完了までに至る各勘定科目の帳簿価額

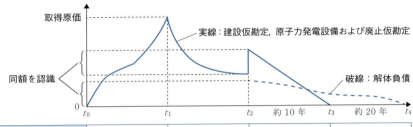

（出所）平野［2016］図1を一部改変。

的に示しましたが，廃止措置資産はそれまでの減価償却方法により残存耐用年数で減価償却をおこないます。一方で，廃止仮勘定は10年間の定額償却をおこないます（図表15-7，A）。

廃止を決定した時点ではじめて廃止仮勘定(b)と解体負債とを同額で認識することから，一見すると「資産除去債務に類似」した考え方とみることができそうです（経産省［2015］9頁）。ただし，廃止仮勘定(b)を廃炉損失の繰延と捉える本書の理解によれば，資産除去債務（以下，ARO）に見合う借方項目（将来除去費用）とは似て非なる考え方が存在しているはずです（2節）。

廃止仮勘定(a)の性格

経産省［2013］および経産省［2015］の措置にもとづき，2015年3月期に廃止を決定した電力四社のいずれにおいても特別損失は計上されていません（図表15-6）。中国電力株式会社で2015年3月期におこなわれた仕訳は次のように推定されます。

2015年3月期：（借）島根1号廃炉損失　18,086　（貸）原子力発電設備　11,711
　　　　　　　　　　　　　　　　　　　　　　　　　雑固定負債　　　　6,374

　　　　　　（借）廃止仮勘定　　　　　18,086　（貸）島根1号廃炉損失　18,086

斜字体の部分については，会計方針の変更として「従来の方法と比べて，税

図表15-6　廃止決定時における各社の財務数値

(単位：百万円)

	廃止決定年月	廃止措置資産	廃止仮勘定 (a) 発電資産等 / (b) 将来解体費用等		その他の項目 特別損失	当期純利益 / 利益剰余金
中部電力(株) 浜岡①②	2008/12	—	—		153,698	△36,631 / 928,224
東京電力(株) 福島第一⑤⑥	2014/01	122,494*1	—		39,849*2	398,905 / △904,713
関西電力(株) 美浜①②	2015/03	24,415	20,346	7,749	—	△176,721 / 129,357
中国電力(株) 島根①	2015/03	8,140	11,711	6,374	—	30,306 / 244,078
九州電力(株) 玄海①	2015/03	7,822	15,317	6,375	—	△119,010 / △48,605
日本原電(株) 敦賀①	2015/03	22,539	8,484	1,340	—	△3,813 / 39,587

(*1) 2013年度末には122,494百万円，2014年度末には198,843百万円とされています。減価償却を考慮すると，福島第一原子力発電所1～4号機の廃止措置に向けて新たに取得した設備の増加分が800億円を超えると推定されます（5・6号機は実機実証試験に活用されており，追加投資を度外視できます）。
　　事故の収束を図るこれらの投資は将来の収益獲得を期待し得ませんが，しかしまずは現状を少しでも打開するための投資をおこなうことが同社の宿命であるといっても過言ではありません。ただし，これらの投資は将来にわたって需要家に転嫁される点には留意されるべきであり，この限りで「事故炉廃止費用の負担責任は，あくまで事故を発生させた事業者にあるべき」といった指摘は的を射ているものと考えられます（大島［2014］16頁）。

(*2) 図表5-10も参照のこと。

(出所) 各社の個別財務諸表にもとづき，筆者作成。

金等調整前当期純利益が18,086百万円増加している」という注記がなされています（第91期有価証券報告書，64頁）。廃止決定に伴って特別損失が発生しましたが，間髪を容れず廃止仮勘定へ振り替えられたことで，廃炉損失の繰延がなされたと理解できるでしょう。

　経産省［2015］では，翌年度以降に次のような簿記処理が想定されています。
進捗に応じて：(借) 仮勘定償却費　xxx　(貸) 廃止仮勘定　xxx
　　　　　　　(借) 解体負債　　　xxx　(貸) 現金預金　　xxx

　廃止仮勘定は定額法により10年間で償却され，解体負債は約30年かけて廃止措置の進捗に応じて減少します（**図表15-5**）。仮勘定償却費を電気料金の原価

に算入できている点も，総括原価方式の適用が認められている点に負うところが大きいといえます。それは，中国電力株式会社では2016年３月期に仮勘定償却費4,605百万円が電気事業営業費用として計上され，約４年での償却を見込んでいる点からも窺えます。2018〜20年を目途に料金規制の経過措置の終了が予定されており，料金規制が撤廃された以降は託送料金の方法で回収する方向で議論が進められています（図表15-11）。もっとも，同様の計算をおこなうと，他の３社の償却年数は38，27，17年とバラバラのようです。廃止仮勘定の金額のみならず置かれている環境の違いが，各社の戦略に表れているといえるのかもしれません。

なお，仮勘定償却費は「現行制度下でも除却費等として料金に見込んで回収し得るものを対象とする」といった理由により，特別損失とされませんでした（経産省［2015］６頁）。したがって，廃止仮勘定(a)の本質を「廃炉債権の未収」といった金融資産のように捉えようとする向きもあるかもしれません（図表15-7，B）。つまり，仮勘定それ自体に将来の収益獲得能力を認めさせることとなりますが，「償却（費用化）」という概念が馴染まず，貸記される仮勘定の相手科目は現金収入とならざるを得ません。損益計算とは無関係に資産の勘定科目間で振り替えた仕訳となりますが，はたしてこのような簿記処理は現実の経済活動を表現できているでしょうか。たしかに，規制の影響を排除した収益を計上することで適正な業績表示が可能となり得ます（藤田［2014a］42頁）。しかし，そもそも電力会社は電気という商品を需要家に販売することで収益を計上しているのであって，その他に廃炉費用を回収できる術はありません。

現行制度では総括原価方式の適用が認められていますので，廃炉損失の繰延と整理できます（図表15-7，A）。2020年を目途に料金規制が撤廃されたとき，

● 図表15-7　廃止仮勘定(a)の捉え方と簿記処理

	（A）廃炉損失の繰延	（B）廃炉債権の未収
当初認識時	（借）廃炉損失　1,000　（貸）発電設備　1,000 （借）廃止仮勘定　1,000　（貸）廃炉損失　1,000	（借）廃止仮勘定　1,000　（貸）発電設備　1,000
事後測定	（借）仮勘定償却費　100　（貸）廃止仮勘定　100 （借）現金預金　100　（貸）売上　100	（借）現金預金　100　（貸）廃止仮勘定　100

（出所）平野［2016］表３を一部改変。

図表15-3の事例のように一般的な株式会社と同じく特別損失に計上するか，別の対処法を編み出すかが課題となっています。

15.2　資産除去債務会計との関係

原子力発電施設解体引当金

　原子力発電施設の約40年にわたる運転が終了すると，電力会社には，発電施設の解体，保有する核燃料物質の譲渡，核燃料物質による汚染の除去，核燃料物質によって汚染された物の廃棄が法律で義務づけられています（改正原子炉等規制法43条の3の33）。

　原子力発電施設の解体に要する費用について，「原子力発電施設解体引当金に関する省令」が1989年5月に制定されました。費用収益対応の原則にもとづいて発電時点の費用とし，同額を原子力発電施設解体引当金（以下，解体引当金）とすることで世代間負担の公平を図っています。すなわち，(1) 費用が多額であり，発電時点と廃止措置時点との間に相当の時間的ズレが生じること，(2) 発電をしたことで生じること，(3) 金額の合理的な見積が1985年に可能となったこと，といった理由から毎期末に［(借) 解体費 xxx　(貸) 解体引当金 xxx］といった簿記処理がおこなわれていました（経産省［2007］15頁）。

　AROの当初認識については，「有形固定資産の取得に付随して生じる除去費用の未払の債務を負債として計上すると同時に，対応する除去費用を当該有形固定資産の取得原価に含めることにより，当該資産への投資について回収すべき額を引き上げることを意味する」とされています（ASBJ［2008］41項）。一般的な株式会社では費用増加分について収益への転嫁は容易ではありませんが，電力会社にとっては総括原価方式にもとづいた料金回収が認められており，この考え方を受け入れやすかったと推察されます。

　これまで概観した解体引当金の制度については，電気事業会計規則では電気事業会計を基礎とした料金決定が要請されている一方で，実際には料金原価への算入を前提として原子力発電施設解体費が計上されている，といった指摘が

● 図表15-8　ARO会計の導入前後における解体引当金制度の変遷

	積立額の算定式	留意点
2000年3月	積立額 = { 解体に要する総見積額×90% × (累積発電電力量 / 想定総発電電力量) } − 前年度までの積立額	原子力発電施設は通常の火力発電所の約10倍の解体費用を要するとの試算をうけて，差額（×90％）を発電実績に応じて生産高比例法のごとく積み立てていました。
2010年3月	算定式の「×90％」が削除されました。	ARO会計の導入により，総見積額×100％を負債として計上しています[*1,*2]。
2013年10月（経産省[2013]）	(i) 生産高比例法から定額法へ変更されました。 (ii) 運転期間40年＋安全貯蔵期間10年＝50年が原則的な引当期間とされています。	(i) 多くの原子炉が運転停止を余儀なくされ，想定総発電電力量が見通せなくなったこと，(ii) 各期の積立額を平準化すること，が制度変更の理由とされています[*3]。

(*1) 中部電力株式会社では次のような簿記処理がなされたと推定されます（平野［2014］7-8頁）。
　　2010年4月：(借) 解体引当金　　　　　　　119,858　(貸) ARO（解体引当金）　128,505
　　　　　　　　　基準適用に伴う特別損失　　 8,647
　　　　　　　(借) 運転終了損失引当金　　　 40,738　(貸) ARO（その他）　　　　 89,678
　　　　　　　　　原子力発電設備　　　　　　48,940
　　積立額の算定式から「×90％」が削除された影響が，特別損失8,647百万円に表れています。

(*2) 日本原子力発電株式会社では次のような簿記処理がなされたと推定されます（平野［2014］9頁）。
　　2010年4月：(借) 解体引当金　　　　　　　143,221　(貸) ARO　　　　　　　　 206,841
　　　　　　　　　基準適用に伴う特別損失　　11,700
　　　　　　　　　除却仮勘定　　　　　　　　42,322
　　　　　　　　　原子力発電設備　　　　　　 9,597

(*3) 運転期間40年に対して解体費用を50年で積み立てるという枠組みは，安全貯蔵期間（10年）において，発電をしていないにもかかわらず営業費用が計上される「不均衡」をもたらします（平野［2014］12頁）。本書の理解によれば，適切な受益者負担の観点からは，引当期間は40年としたうえで，生産高比例法を原則としながらも，発電実績が低迷する期間は定額法による金額を積み立てる方法を検討すべきでしょう（平野［2014］20頁）。
　　なお，その後の議論においては，定額法を維持しつつ，引当期間を40年に前倒すことで総見積額の全額を事業者の負担とする解体引当金制度の見直しが提案されています（経産省［2016］8頁）。

(出所) 筆者作成。

なされています（金森［2016］142頁）。電力会社における会計の役割を考察するうえで重要な問題提起といえるでしょう。

廃止仮勘定(b)から得られる知見

　廃止仮勘定(b)は廃止決定時に解体負債と同額が認識されることから，ARO会計における資産負債両建方式と類似していると整理されていますが（経産省［2015］9頁），両者の相違点は明白です（図表15-9）。AROの算定においては，

● 図表15-9　廃止仮勘定(b)とARO会計における将来除去費用との比較

	廃止仮勘定(b)	ARO会計における将来除去費用
対象	将来に発生する核燃料資産の解体費用等に対応する債務	有形固定資産の取得等によって生じ，当該資産の除去に関して法令または契約で要求される法律上の義務等
算定	照射済核燃料の処理費および未照射核燃料の解体費を見積り，経済産業大臣から承認された額	資産の除去に要する割引前の将来CFを見積り，割引後の金額で算定します。
割引率	割引計算をおこないません。	貨幣の時間価値を反映させた無リスクの税引前の利率を用います。
事後測定	10年の定額償却。 ただし，同額が計上される解体負債については，廃止措置の進捗に応じて債務額を減少させます。	減価償却をつうじて当該資産の残存耐用年数にわたり，各期に費用配分されます。時の経過によるAROの調整額は発生時の費用として処理します。
簿記処理	当初認識時： （借）廃炉損失　1,000　（貸）解体負債　1,000 （借）廃止仮勘定 1,000　（貸）廃炉損失　1,000 事後測定（期末）： （借）仮勘定償却費　100　（貸）廃止仮勘定　100 （借）現金預金　100　（貸）売上　100	当初認識時： （借）諸資産　750　（貸）ARO　750 （＝将来除去費用） 事後測定（期末）： （借）ARO調整額　22　（貸）ARO　22 （借）減価償却費　75　（貸）諸資産　75

（出所）ASBJ［2008］および経産省［2015］にもとづき，筆者作成。

将来における要支出額1,000千円の割引価値（2.92％，10年）で当初認識し，期末には減価償却と併行させてAROの増額を記録します。AROの当初認識時に借記される「諸資産」の本質は将来除去費用であり，わが国の会計基準で規定される「付随費用」説には不合理な部分もあります（図表6-11）。

　ARO会計での議論をふまえて廃止仮勘定(b)に焦点を当てれば，何らかの資産の増加を観念することが困難であるという共通点はみてとれます。ただし，廃止仮勘定(b)の場合，正則的な仕訳によれば，解体負債と同時に認識される借方科目は廃炉損失となります。この特別損失はまぎれもなく既発生であり，未発生の将来費用を取り込むARO会計の議論とは峻別されるべきでしょう。経産省［2015］における思考の背後に，一時の損失として処理した場合に電力会社の債務超過につながり得るという懸念があったとすれば，まさしく廃止仮勘定(b)の性格は廃炉損失の繰延となります。資産と負債とに同額を計上する簿記処理は類似していても，当該費用（損失）が既発生か未発生かという観点において両者が相容れることはありません。

電力会社の貸借対照表に示される固定資産の意味

前項までの検討により，それぞれの仮勘定はいずれも既発生の費用または損失を繰り延べた項目であると整理できます（**図表15-10**）。同様に，経産省［2013］で定義された廃止措置資産も，その会計上の性格は廃止仮勘定(a)と軌を一にしており，これらを切り離す必要はもはやありません。むしろ，廃止措置資産も廃止仮勘定に組み込むことで，発電により今後も収益を生み出す可能性のある設備（電気事業固定資産）とそうでない設備とを峻別することが可能となり，ひいては，当該電力会社の財政状態をより適切に表示することができると考えられます。

電力会社の貸借対照表における仮勘定を「既発生の費用または損失の繰延」と整理した本章の議論は，会計学徒の直感を覆すものではなく，目新しいものではなかったかもしれません。ただし，幾つかの事例では，理解のやや難しい処理がなされているようです。

たとえば，中部電力株式会社がARO会計を導入した際の簿記処理について（**図表15-8，*1**），原子力発電設備48,940百万円が借記されています。同時に借記された運転終了損失引当金はもともと浜岡原発1，2号機の運転終了に伴って認識された引当金であって（**図表15-3，*2**），1，2号機に関する建物・構築物・機械装置等は未償却原価のすべてを減損処理していました（**図表15**

● 図表15-10　それぞれの仮勘定のまとめ

	建設仮勘定	除却仮勘定	廃止仮勘定(a)	廃止仮勘定(b)
当初認識時の一般的な貸方科目	現金預金	送電設備など	原子力発電設備	解体負債
当初認識時の正則的な貸方科目	材料費など	除却損失	廃炉損失	廃炉損失
当初測定の根拠	［過去支出額］＝［将来収入額］	［過去支出額］＝［将来収入額］	［過去支出額］＝［将来収入額］	［将来支出額*］＝［将来収入額］
費用化（償却）	設備の完成まで償却しません。	工事の進捗に応じて費用化します。	10年間にわたり定額償却します。	10年間にわたり定額償却します。

（＊）資産項目を［将来支出額］にもとづき測定する，という整理には違和感があるかもしれません。しかし，解体負債が［将来支出額］によって測定され，その同額が仮勘定に付されているのであって，資産項目が直接に測定されているわけではありません。ファイナンス・リース取引の借り手におけるリース資産の当初測定と同様に整理できます（**設例6-2**）。

（出所）平野［2016］表5を一部改変。

−3，＊1）。それから1年以上が経った2010年度期首に，AROの認識とともに如何なる固定資産を新たに認識したというのでしょうか（ASBJ［2008］10項も参照のこと）。また，その結果として将来にわたる減価償却費の計上が想定されることから，その意味が改めて問われることにもなります。これらの問題については，電力会社の貸借対照表に示される固定資産の意味が「固定資産そのものを示すというよりもむしろ未償却原価を将来の電気料金によって回収しようとする権利を示すものである」といった指摘が解決の糸口となるかもしれません（熊野［1969］92頁）。

かような解釈を敷衍させると，廃止仮勘定(a)を「廃炉債権の未収」とみなすことができるでしょうか。日本原子力発電株式会社がARO会計を導入した際の簿記処理について（図表15-8，＊2），除却仮勘定42,322百万円が借記されています。この点については，「運転停止後に発生する費用の取扱いについての基本協定に基づく受電会社の負担見積額42,322百万円を翌連結会計年度の資産除去債務に関する期首調整額として計上する」といった説明がなされています（第53期有価証券報告書，44頁）。すなわち，当該除却仮勘定には「除却損失の繰延」といった意味はなく，「受電会社との契約にもとづく未収入金」のように捉えることもできそうです。もっとも，この解釈は卸電気事業者たる同社の特殊性ゆえに成り立っており，自由化を目前に控えた電力会社一般に拡げることは困難と考えられます。

15.3　自由化を見据えた電力会社の会計

電力会社における会計の役割を再考する

電気事業の用に供される資産については，建設途中であっても使用終了後（除却決定時，廃止決定時）であってもその投資額を需要家から回収できることから，各仮勘定の当初測定は［過去支出額］とも［将来収入額］とも整理できました（図表15-10）。本来であれば「電気事業会計を基礎とした電気料金算定」がおこなわれるはずにもかかわらず，「電気料金を前提とした電気事業会

計」がおこなわれているという逆転現象といえますが（金森［2016］，194頁），これらは総括原価方式という料金規制が取り払われると途端に破綻する可能性があります。

　経産省［2013］や経産省［2015］からは，財政状態や経営成績の表示と料金原価の算定とを切り離せないでいる現状が窺えます。経過措置期間である2020年3月までは仮勘定償却費を料金原価に算入することで需要家から回収することができていますが，2020年4月からは一般送配電事業を除いて料金規制の撤廃が予定されています。

　許可制である送配電部門に新規参入はなく，送配電部門の人件費や減価償却費などの託送料金は経済産業大臣の認可により設定され，小売事業者を経由して最終的には需要家が負担します。原子力発電施設の計画外廃炉によって生じる廃止仮勘定の償却費を託送料金に組み込むか否かについて，経産省［2016］においては，小売部門での料金規制が撤廃された後も仮勘定償却費は託送料金の仕組みを利用することが妥当と結論づけられました（図表15-11）。託送料金として回収することで，既存の大手事業者にとっては廃止仮勘定の資産性は維持されることとなり，「電気料金を前提とした電気事業会計」という役割にも変化はないように思われます。

　とはいえ，許可制である送配電部門とは異なり，届出制による発電部門や登録制による小売部門においては「収益－費用＝当期純利益」という一般的な株式会社と同じ思考が必要となります。そして，仮勘定償却費はあくまで原子力発電施設から生じている点に鑑みれば，発電部門が負担すべき費用を送配電部門が回収する新たな関係ともいえそうです。会計の議論と料金算定の議論とを混在させている点に混乱の原因があるならば，「総括原価方式の撤廃」を料金規制と会計とを切り離す恰好の機会と捉えてはどうでしょうか。

　本書の理解によれば，廃止仮勘定の本質が廃炉損失の繰延であるいじょう，財産の質的な変動が認められるならば当該損失を明示することこそが簿記・会計に求められている役割です。当該損失の計上が事業の継続を困難にするという懸念もあり得ますが，公益事業という電力会社が実際に事業の停止に追い込まれることはないでしょう。むしろ，そのような状況であっても，他の企業と同じような簿記処理をおこなうことで適切な財産管理が可能となり，会計上も

図表15-11　経産省[2016]で提案された「自由化の下での廃炉会計制度の在り方」

・原発の運転・廃止に際して生じる費用は、今後も原則として原子力事業者が負担する。
・例外的に、原発依存度の低減のため早期廃炉を促し、廃炉を円滑に進める観点から、本制度を維持し、費用を分割して計上することを可能とするために必要な費用について、**託送料金の仕組みを利用して全ての需要家から段階的に費用回収する**。
・ただし、こうした例外措置を認めるに当たっては、当該措置の透明性の確保や、競争上の公平性を確保する観点から、例えば、原子力発電から得られる電気の一定量を小売事業者が広く調達できるようにするなど、一定の制度的措置を講じるべきである。

(出所)経産省[2016]11頁にもとづき、筆者作成。

当該企業の財政状態や経営成績の実態を示すことが可能となります。ひとつの会計処理が他の領域に一定の影響を与えることは否めませんが、会計みずから基礎概念を歪曲する必要はありません。このまま料金原価の算定に引き摺られたままの制度設計を続けていては、そのうち簿記・会計が社会から信用を失ってしまうような危惧の念すら抱きます。

★コラム　特別法上の引当金★

2014年改正前の電気事業法では、利益を調整するための渇水準備引当金が定められていました。河川の流量の増加により水力発電所における発電量が省令で定める量を超えたために、電気事業の収益が増加し、または費用が減少したときには、毎事業年度において引当金の積立が強制されました（旧法36条1項）。反対に、河川の流量の減少により水力発電所における発電量が省令で定める量を下回ったために、電気事業の収益が減少し、または費用が増加したときには、特別の理由がある場合に、経済産業大臣の許可を受けて、過年度に積み立てた引当金を取り崩して充当することができます（旧法36条2項）。

渇水準備引当金は「特別法上の引当金」として貸借対照表の負債の部に区分掲記されるほか、引当金の増減額は電気事業営業費用とは切り離されて、経常損益の下に掲記されます（**図表15-12**）。一般的な引当金とは、認識の論理や測定の方法が異なる点に留意しましょう（5章）。

東日本大震災以降、北海道電力で唯一の原子力発電施設である泊発電所の停止は同社の業績に大きく響いており、2013年度末には利益剰余金が負の値にまで落ち込みました。2013年度末の純資産が資本金を大幅に下回る見通し

● 図表15-12　北海道電力株式会社（個別）における財務諸表項目の推移

(単位：億円)

		10年度	11年度	12年度	13年度	14年度	15年度	2016年度
(B/S)	渇水準備引当金	105	154	168	194	—*	10	22
(P/L)	当期純利益	94	△745	△1,201	△642	42	171	52
(B/S)	利益剰余金	2,461	1,612	360	△282	△35	136	141

（＊）［(借)渇水準備引当金 194 (貸)渇水準備引当金取崩 194］という仕訳がおこなわれています。

(出所) 同社の有価証券報告書にもとづき，筆者作成。

であることは，改正前電気事業法に規定する「特別の理由」に該当するものとして引当金の取崩を経済産業大臣へ申請したところ，これが認められ，経常損失88億円でしたが税引前当期純利益106億円を確保しています（図表15-12，＊）。電力会社が渇水準備引当金を渇水以外の理由で取り崩した例はこれが初めて，という報道がなされています（日本経済新聞2014年4月4日（朝刊）4面）。

● ● ● ● ● ケース15の問題を考える ● ● ● ● ●

どの時点で廃止を決定するにしても，誰かが30年にわたる廃止措置の費用を負担しなければなりません。受益者負担の観点からは，運転している間に必要な金額を積み立てておきたいところですが，2015年3月に廃止が決定された5基については「40年運転制限制」という企業外部の規制が働いており，計画外廃炉と呼ばれています。福島第一原発の事故がなければ，各社とも老朽化している原発をそれまでと同様に稼働させ，より多くの投資回収を狙っていたと考えられます。このように考えると，廃止仮勘定は，規制によってさらなる稼働を断念せざるを得なくなった電力会社にとって，特別損失に計上することなく，（それまでの）投資を将来の需要家から回収する手段として利用されるとも捉えられます。

ただし，廃止仮勘定は「電気事業固定資産」とは区別されているとはいえ，それまでと同様に（廃止仮勘定(b)の部分を加えれば，それまで以上に），固定資産として貸借対照表に計上されています。どのような貸借対照表ならば電力会社の財政状態が適正に表示され，また，利害関係者の意

思決定を誤らせることなく適切な理解が得られるのか。2020年4月以降を見据えると，重要な論点は未だに数多く残されているのです。

参照文献

ASBJ ［2008］：企業会計基準委員会「資産除去債務に関する会計基準」，2008年3月31日。

井上 ［2012］：井上雅晴『電力改革論と真の国益』エネルギーフォーラム，2012年8月。

大島 ［2013］：大島堅一『原発はやっぱり割に合わない』東洋経済新報社，2013年1月。

大島 ［2014］：大島堅一ほか「福島原発事故のコストと国民・電力消費者への負担転嫁の拡大」『経営研究』65(2)，1-24頁，2014年8月。

金森 ［2016］：金森絵里『原子力発電と会計制度』中央経済社，2016年3月。

熊野 ［1969］：熊野実夫「公益事業を営む株式会社の財務会計」『企業会計』21(14)，87-92頁，1969年12月。

経産省 ［2007］：省内審議会「原子力発電投資環境整備小委員会報告書」，2007年5月。

経産省 ［2013］：省内ワーキンググループ「原子力発電所の廃炉に係る料金・会計制度の検証結果と対応策」，2013年9月。

経産省 ［2015］：省内ワーキンググループ「原発依存度低減に向けて廃炉を円滑に進めるための会計関連制度について」，2015年3月。

経産省 ［2016］：資源エネルギー庁「自由化の下での廃炉に関する会計制度について」，2016年12月9日。

小坂 ［2013］：小坂直人『経済学にとって公共性とはなにか』日本経済評論社，2013年6月。

佐藤 ［1981］：佐藤博明「公共料金の決定と会計の機能」『経済』212，174-185頁，1981年12月。

竹内 ［2014］：竹内純子『誤解だらけの電力問題』ウェッジ，2014年4月。

電気事業講座 ［2008］：電気事業講座編集委員会編『電気事業の経理』エネルギーフォーラム，2008年1月。

平野 ［2014］：平野智久「原子力発電施設の廃止措置に関する会計問題」『商学論集』83(3)，1-22頁，2014年12月。

平野 ［2016］：平野智久「電力会社の貸借対照表における仮勘定の性格」『日本簿記学会年報』31，62-70頁，2016年7月。

藤田 ［2014a］：藤田晶子「規制産業の市場と財務報告」『産業経理』74(1)，36-46頁，2014年4月。

藤田 ［2014b］：藤田晶子「§7　電気事業の簿記・会計」『業種別簿記実務の研究』(日本簿記学会)，43-49頁，2014年8月。

索 引

あ 行

- 圧縮記帳 …………………………197
- 後入先出法 …………………………49
- 洗替方式 ………………………25,31,55

- 一行連結 …………………………34
- 一時差異等 ……………………188,190
- 一般債権 …………………………88
- 移動平均法 …………………………46

- 打歩発行 …………………………29
- 売上原価 …………………………45
- 売上原価対立法 ……………………9,44
- 売上債権 ……………………5,10,264
- 売上高 ………………4,47,55,229,264
- 売上値引や割戻 ……………………17
- 上乗せ金利 …………………………105
- 運転資金日数 ………………………261

- 永久差異 …………………………188
- 営業活動によるキャッシュ・フロー
  …………………………………254

- オペレーティング・リース取引 ……109
- 親会社説 …………………………205

か 行

- 買入のれん …………………………177
- 開業費 ……………………………165
- 会計上の見積り ………………135,139
- 会計方針 …………………………135
- 回収可能価額 ………………149,153
- 開発費 ……………………………178
- 確定給付年金 ………………………110
- 確定拠出年金 ………………………110
- 確定決算主義 ………………131,187
- 過去勤務費用 ………………………114
- 貸倒懸念債権 ………………………88
- 貸倒引当金 …………………………87
- 加重平均原価法 ……………………46
- 課税所得 …………………………186
- 渇水準備引当金 ……………………283
- 株式交換 …………………………168
- 株式交付費 ……………………209,235
- 株式報酬型ストック・オプション …66
- 株式報酬費用 ………………………69
- 株主還元 ………………………221,225
- 株主資本 ………………………36,204
- 株主資本等変動計算書 ……………206
- 株主資本の計数変動 …206,208,211,238
- 株主持分 …………………………206
- 為替換算調整勘定 ……………179,205
- 為替予約 ……………………………4
- 監査意見 ……………………………18
- 完成工事未収入金 …………………8,91
- 間接表示法 ……………………256,261
- 関連会社 …………………………33
- 関連会社株式 ………………………30

- 期間定額基準 ………………………111
- 企業結合 …………………………167
- 期待運用収益 ………………………113
- 期待値 …………………………86,150
- 希薄化 …………………208,227,242,245
- 義務 ……………………86,115,121
- 義務解放益 …………………………89
- 逆基準性 ………………………131,188
- 逆取得 ……………………………167
- キャッシュ・フロー計算書 …………252

索 引

吸収合併 …………………………168
給付算定式基準 …………………111
給料 …………………………………64
業績連動型報酬 …………………65
切放方式 ………………………25,54
金庫株 ……………………………224
金銭債権 …………………………87
金銭債務 …………………………104
勤務費用 …………………………111
金融投資 …………………………57

偶発債務 ………………………86,94
クーポン利息 ……………………26
組替調整 ……………36,115,173,179
クリーン・サープラス関係 ……35,204
繰越欠損金 ………………………193
繰延資産 …………………165,178,221
繰延税金資産 ……………………191
繰延税金負債 ……………………192
黒字倒産 …………………………252

計画外廃炉 …………………282,284
軽減税率（消費税）……………15
軽減税率（法人税）……………214
経済的耐用年数基準 ……………108
継続性の原則 ……………………135
原因発生主義 …………………84,93
減価償却 …………………………127
原価低減活動 ……………………92
原価比例法 ………………………7
研究開発費 ………………………164,173
現金及び現金同等物 …………252
現金主義 ………5,44,64,72,76,106,128
現金又は現金等価物 ……………9
現在価値 ……………28,107,110,150
現在価値基準 ……………………107
検収日 ……………………………6
原子力損害賠償引当金 …………94
原子力廃止関連仮勘定 …………273
原子力発電施設解体引当金 …116,277
建設仮勘定 ………………………273

減損損失の戻入 ……………154,174
減損の兆候 …………………149,175
現物出資 …………………………239
減耗償却 …………………………140
権利確定条件付き有償新株予約権 …73
権利行使価格 ……………………66
権利不確定による失効 …………73
権利不行使による失効 …………73
鉱業権 ………………………156,164
工事完成基準 ……………………7
工事契約 ………………………8,18
工事進行基準 ……………………6
工事損失引当金 …………………8,90
工事負担金 ………………………258
公正価値振替説 ……………240,241
購買時価 ………………………24,55
コーポレートガバナンス・コード
　　　　　　　　　　　　32,230
子会社 ……………………………34
子会社株式 ………………………30
固定資産圧縮損 …………………197
誤謬 ………………………………137
個別法 ………………………45,47

さ 行

災害損失引当金 …………………95
在庫評価益 ………………………51
再調達原価 ……………………50,55
最頻値 ………………………86,150
債務額 …………………………104,122
財務活動によるキャッシュ・フロー
　　　　　　　　　　　　　258
債務超過 ……………………205,214,237
債務の株式化 ……………………236
財務報告の目的 …………………178
先入先出法 ………………………46
残存価額 …………………………130
三分法 ……………………………44

索　引

仕入 ……………………………44
仕掛研究開発 ……………169,173
事業投資 ………………………57
事業報酬率 …………………270
資金生成単位 ………………149
自己株式処分差益 ……226,244
自己株式の性格 ……………225
自己金融 ……………128,197,261
自己資本 …………………205,229
自己資本比率 ………109,237,246
自己資本利益率 ………228,242
自己創設のれん ……………177
資産除去債務 …………115,274
資産負債法 …………………195
資産負債両建方式 ………116,278
事前的報酬 ……………………71
実現主義 ………………………6
実効利率 …………………27,104
支配 …………………17,30,167
四半期決算 ………………50,57
資本金 …………………188,204
資本準備金 …………………223
資本剰余金 …………………204
資本的支出 ……………127,141
資本等金額 …………………221
資本取引 ………………………35
社債利息 ……………………104
収益性の低下 ……………52,148
収益的支出 ……………127,141
従業員賞与引当金 ………65,84
修正会計基準 ………………173
修理保証 ………………………86
受託販売手数料 ………………12
出荷日 ………………………6,18
取得関連費用 ………………169
取得企業 ……………………167
取得条項 ……………210,238,245
取得請求権 ……………210,238
種類株式 ………………209,235
純現金収支 …………………259
純資産 ……………………36,204

消化仕入取引 ……………12,17
使用価値 ……………………149
償却原価法 ……………27,104
償却保証額 …………………134
使用権資産 …………………107
条件付債務 ……………………85
消費税等 …………………14,17
正味売却価額 ……………52,149
消耗品費 ………………………44
剰余金の処分 ………………224
剰余金の配当 ……………206,219
将来加算一時差異 …………192
将来減算一時差異 …………190
将来除去費用 ……………118,279
除却仮勘定 ……………271,281
新株式申込証拠金 …………208
新株予約権 …………69,73,205
新株予約権戻入益 …………73
真実性の原則 ………………142
人的資産 ………………………78
信用力 ……………105,108,120

数理計算上の差異 …………114
ストック・オプション ………68

生産高比例法 ………131,164,278
正当な理由 …………32,135,138
税抜方式 ………………………15
製品保証引当金 …………84,86
全社新規出発法 ……………169
全体損益 ………………………47
全部純資産直入法 ……31,192,222
全部のれん …………………178
全部連結 ………………………34

総括原価方式 …………271,277
総還元性向 …………………228
総資産利益率 ……………109,229
相対的な真実 ………………142
総平均法 ……………………46,50
創立費 ………………………165

索　引

遡及適用 …………………………13,136
即時認識 ……………………………115
訴訟損失引当金 …………………86,93
租税公課 …………………………15,186
その他資本剰余金の配当 ……………219
その他の包括利益 ……………………35
その他の包括利益累計額 ………115,205
その他有価証券 …………………30,36
その他有価証券評価差額金
　………………………31,35,192,205,222
その他利益剰余金の配当 ……………219
ソフトウェア …………………164,195
損害賠償 ………………………………86
損金経理 …………………………135,189

た　行

対価要件 ……………………………5,9
退職給付債務 ………………………111
退職給付に係る負債 ………………115
退職給付引当金 …………………66,110
退職給付費用 ………………………111
耐用年数 ……………………………130
託送料金 …………………………276,282
棚卸減耗 …………………………9,46,51

中間資本 ……………………………209
長期前払費用 ………………………165
直接表示法 …………………………255
賃貸等不動産 ………………………155

追加借入利率 ………………………107

定額法 ………………27,132,275,278
低価法評価損 …………………………52
定率法 ………………………………133
適正な利潤 …………………………270
デュポン・システム ………………229
転換価格 ……………………………245
転換社債型新株予約権付社債 ……242
電気事業会計規則 ………………270,277

電気事業固定資産 ………271,280,284
電子記録債権 ………………………263
投下資本利益率 ……………………247
当期純利益 ………………35,205,229
投機目的の棚卸資産 ……………55,57
当座比率 ……………………………263
投資活動によるキャッシュ・フロー
　………………………………………258
投資のリスクからの解放 ……………38
投資有価証券評価損益 ……………192
動的貸借対照表論 …………………121
特別修繕引当金 ………………………96
独立販売価格 ……………………16,89
特許権 ………………………………164
取替法 ………………………………141

な　行

年金資産 ……………………………113

のれん …………………………33,169
のれん償却 …………………………172
のれん等調整額 ……………………221

は　行

廃棄法 ………………………………141
売却時価 …………………………24,55
廃止措置資産 ………………………273
買収法 ………………………………168
配当政策 ……………………………221
売買目的有価証券 ……………………24
配分思考 …………………153,164,172
破産更生債権等 ………………………88
発行可能株式総数 …………………207
発生主義 ………………5,44,67,72,77,85,
　　　　　　　　　110,119,128,164,252
発電資産等 …………………………273
払込資本 ……………………………204
半額償却法 …………………………142

索 引

販売促進費 …………………………10,12

引渡要件 …………………………………5
非金融負債 ……………………………87,96
非支配株主持分 ………………………37,205
100％減資 ……………………………213,240
評価思考 ………………………………153
評価性引当額 …………………………195
費用収益対応の原則
　……12,44,47,88,96,128,166,178,277
表面利率 ………………………………104

ファイナンス・リース取引 ……107,280
福利厚生費 ……………………………67
付随費用 ………………………………119
不正経理 ……………………………4,93
附属明細表 ……………………………128
負ののれん …………………………34,169
部分純資産直入法 …………………31,192
不利な契約 ……………………………98
分配可能額 …………………………221,265

変更の適時性 …………………………138
返品調整引当金 ………………………13

ポイント引当金 ………………………88
包括利益 ………………………………35
法人税，住民税及び事業税 …………186
法人税等調整額 ………………………188
法人税等の性格 ………………………194
法定実効税率 ……………………135,187,194
法定耐用年数 ………………………130,188
法定福利費 ……………………………64
簿価振替説 ……………………………240
簿記上の取引 ………………………44,121
ボランティア評価費用 ………………67
本来的なのれん ………………………171

ま 行

マイナス金利 ………………………105,122

前払費用 ………………………………165
満期保有目的債券 ……………………26

未実現収益 ……………………………5
未成工事支出金 ………………………8,92
未払金 ………………………………65,85,94
未払費用 ………………………………65

無形固定資産 …………………………163
無借金経営 ……………………………261
無償減資 ………………………………211
無償増資 ………………………………209

持ち合い ………………………………31
持分の結合 ……………………………168
持分比率 ……………………………32,39
持分法 ………………………………30,33
持分法による投資損益 ……………34,38

や 行

役員賞与 ………………………………65

有価証券利息 ………………………27,29
遊休 …………………………………130,149
有給休暇 ………………………………75
有償減資 ………………………………211
有償増資 ………………………………208
優先配当 ………………………………239
有利子負債対株主資本比率 …………237

予測給付債務方式 …………………111,120
予測税率 ………………………………191
預託金 …………………………………119

ら 行

リース債務 ……………………………106
利益準備金 ……………………………223
利益剰余金 ……………………………205
リキャップCB ………………………242

索　引

履行義務の充足 …………………16	連結財務諸表 ……………33,115
リサイクル料金 …………………118	
利息費用 …………………………112	労働用役 …………………67,74,85
利息法 ……………………………27	

わ　行

利付債 ……………………………28	和解 ……………………………86,94
リベート …………………………11	割引価値 …………………………115
流動比率 …………………………263	割引債 ……………………………26
留保利益 …………………………204	
臨時償却 ……………………136,154	

著者紹介

平野　智久（ひらの　ともひさ）

1985年　神奈川県に生まれる
2010年　修士（商学）（慶應義塾大学）
2012年　福島大学経済経営学類講師
2013年　慶應義塾大学大学院商学研究科後期博士課程単位取得退学
2015年　福島大学経済経営学類准教授，現在に至る

主要論文

「電力会社の貸借対照表における仮勘定の性格」『日本簿記学会年報』31号，2016年
　　（平成28年度日本簿記学会奨励賞）
　　（平成29年度福島大学学長学術研究奨励賞）
「原子力発電施設の廃止措置に関する会計問題」『商学論集』83巻3号，2014年
「顧客へ付与する特典に関する会計問題」『三田商学研究』55巻1号，2012年

ライブラリ ケースブック会計学＝3
ケースブック 財務会計
2018年4月25日©　　　　　　　初 版 発 行

著者　平野智久　　発行者　森平敏孝
　　　　　　　　　印刷者　加藤純男
　　　　　　　　　製本者　米良孝司

【発行】　　　　株式会社　新世社
〒151-0051　東京都渋谷区千駄ヶ谷1丁目3番25号
編集☎(03)5474-8818(代)　　サイエンスビル

【発売】　　　　株式会社　サイエンス社
〒151-0051　東京都渋谷区千駄ヶ谷1丁目3番25号
営業☎(03)5474-8500(代)　　振替 00170-7-2387
FAX☎(03)5474-8900

印刷　加藤文明社　　　　製本　ブックアート
《検印省略》

本書の内容を無断で複写複製することは，著作者および
出版者の権利を侵害することがありますので，その場合
にはあらかじめ小社あて許諾をお求めください。

サイエンス社・新世社のホームページのご案内
http://www.saiensu.co.jp
ご意見・ご要望は
shin@saiensu.co.jp まで．

ISBN 978-4-88384-272-8
PRINTED IN JAPAN